L'Homme.
Europäische Zeitschrift für Feministische Geschichtswissenschaft

Herausgegeben von
Ingrid Bauer/Wien und Salzburg, Anna Becker/Aarhus, Mineke Bosch/
Groningen, Bożena Chołuj/Warschau, Maria Fritsche/Trondheim,
Christa Hämmerle/Wien, Gabriella Hauch/Wien, Almut Höfert/Oldenburg,
Anelia Kassabova/Sofia, Claudia Kraft/Wien, Ulrike Krampl/Tours,
Christina Lutter/Wien, Sandra Maß/Bochum, Claudia Opitz-Belakhal/Basel,
Kristina Schulz/Neuchâtel, Xenia von Tippelskirch/Frankfurt am Main,
Heidrun Zettelbauer/Graz

Initiiert und mitbegründet von Edith Saurer (1942–2011)

Wissenschaftlicher Beirat
Angiolina Arru/Rom, Sofia Boesch-Gajano/Rom, Susanna Burghartz/Basel,
Kathleen Canning/Ann Arbor, Jane Caplan/Oxford, Krassimira Daskalova/
Sofia, Barbara Duden/Hannover, Ayşe Durakbaşa/Istanbul, Ute Frevert/Berlin,
Ute Gerhard/Bremen, Francisca de Haan/Budapest, Hanna Hacker/Wien,
Karen Hagemann/Chapel Hill, Daniela Hammer-Tugendhat/Wien,
Karin Hausen/Berlin, Waltraud Heindl/Wien, Dagmar Herzog/New York,
Claudia Honegger/Bern, Isabel Hull/Ithaca, Marion Kaplan/New York,
Christiane Klapisch-Zuber/Paris, Gudrun-Axeli Knapp/Hannover,
Daniela Koleva/Sofia, Margareth Lanzinger/Wien, Brigitte Mazohl/Innsbruck,
Hans Medick/Göttingen, Herta Nagl-Docekal/Wien, Kirsti Niskanen/
Stockholm, Helga Nowotny/Wien, Karen Offen/Stanford, Michelle Perrot/
Paris, Gianna Pomata/Bologna, Helmut Puff/Ann Arbor, Florence Rochefort/
Paris, Lyndal Roper/Oxford, Raffaela Sarti/Urbino, Wolfgang Schmale/Wien,
Gabriela Signori/Konstanz, Brigitte Studer/Bern, Marja van Tilburg/
Groningen, Maria Todorova/Urbana-Champaign, Claudia Ulbrich/Berlin,
Kaat Wils/Leuven

L'Homme. Europäische Zeitschrift für
Feministische Geschichtswissenschaft
35. Jg., Heft 2 (2024)

vor Gericht

Herausgegeben von
Maria Fritsche und Ulrike Krampl

V&R unipress

Inhalt

Maria Fritsche und Ulrike Kampl
Editorial 9

Beiträge

Mala Loth
Zur falschen Zeit am falschen Ort. Die Verhandlung des Rechts auf
Gleichbehandlung von Männern vor dem Europäischen Gerichtshof
(1971–1984) 17

Maria Fritsche
Aushandlungen (homo-)sexueller Identitäten vor Wehrmacht- und
SS-Gerichten im besetzten Norwegen (1940–1945) 35

Anne Montenach
Gender, Fraud and Labour Justice in Lyon's Silk Industry in the Eighteenth
Century. The Case of *piquage d'once* 53

Didier Lett
Frauen vor Gericht. Zur Rolle von Geschlecht in der Rechtspraxis der
zentralitalienischen Kommunen Tolentino und San Severino im
15. Jahrhundert 69

Extra

Lisa Kirchner
„Hätte nur jede Nation so ein diszipliniertes Heer …"
Geschlechterbeziehungen und sexuelle Gewalt in autobiografischen
Aufzeichnungen des Ersten Weltkrieges (Österreich-Ungarn) 85

Forum

Marta Bucholc and Marta Gospodarczyk
The Anti-Gender Offensive and the Right to Abortion in Poland 103

Brenna McCaffrey
Aiding, Abetting, and America's Bitter Abortion Pill 113

Im Gespräch

Maria Fritsche und Ulrike Krampl im Gespräch mit Elisabeth Holzleithner
„Einer queer*feministischen Juristin geht die Arbeit nie aus" 119

Aktuelles & Kommentare

Lina Gafner und Simona Isler
Unter neuen Sternen. Das Gosteli-Archiv zur Geschichte schweizerischer
Frauenbewegungen 129

Sandra Maß und Xenia von Tippelskirch
In memoriam Regina Schulte (1949–2024) 139

Aus den Archiven

Christina Holzmann
Geschlecht vor Gericht. Norwegische Kollaborationsprozesse und
Geschlechterordnung nach dem Zweiten Weltkrieg 143

Rezensionen

Ellinor Forster
Teresa Phipps und Deborah Youngs (Hg.), Litigating Women. Gender and
Justice in Europe, c.1300–c.1800 149

Rita Voltmer
Liv Helene Willumsen, The Voices of Women in Witchcraft Trials. Northern
Europe 151

Anna Schiff
Sonja Matter, Das sexuelle Schutzalter. Gewalt, Begehren und das Ende der
Kindheit (1950–1990) 156

Tim Buser
Sandro Guzzi-Heeb, Sexe, impôt et parenté. Une histoire sociale à l'époque
moderne, 1450–1850 161

Anne-Laure Briatte
Elisa Heinrich, Intim und respektabel. Homosexualität und Freundinnenschaft
in der deutschen Frauenbewegung um 1900 163

Klaus Wieland
Benno Gammerl, Queer. Eine deutsche Geschichte vom Kaiserreich bis
heute 166

Abstracts 171

Anschriften der Autor*innen 175

Editorial

Im aktuellen Filmgeschehen hat das Genre Gerichtsfilm wieder Konjunktur. Die mehrfach international ausgezeichneten Justizdramen „Anatomie eines Falls"[1] von Justine Triet (Anatomie d'une chute, FR 2023) und „Saint Omer"[2] von Alice Diop (FR 2022)[3] sind Teil einer Tradition, die seit den Anfängen des Kinos unsere Vorstellungswelt vom Gerichtssaal als Ort des Verhandelns von Schuld und Unschuld prägt. Die Schuldfrage beantworten die beiden Filme jedoch nicht eindeutig. Vielmehr untersuchen Triet und Diop anhand der Inszenierung von physisch und rhetorisch präsenten und gleichzeitig nicht greifbaren Frauenfiguren, wie Geschlecht, Macht, soziale (Un-)Gleichheit und Diskriminierung miteinander verwoben sind. Der Gerichtssaal fungiert in diesen Filmen als Bühne, aber auch als Akteur. Er ist der materialisierte Ausdruck staatlicher Macht und gesellschaftlicher Ordnung und beeinflusst dadurch die Personen, die sich in ihm befinden. Gleichzeitig wirken jedoch auch die Menschen durch ihre Handlungen und ihr Auftreten an der Konstruktion dieses Raumes mit und machen ihn erst zu dem, was er ist: ein Gerichtsraum.

Das Gericht als rechtlicher, sozialer und physischer Raum, in dem sich grundlegende Fragen der Gesellschaft verdichten, steht im Mittelpunkt dieses Themenheftes. Anders als in der L'Homme-Ausgabe „Innenräume-Außenräume", die 2019 ebenfalls die historische Grundkategorie „Raum" aufgriff,[4] positioniert sich das vorliegende Heft im Feld

---

1 Zum Film vgl. Dieter Kanthak, Kritik zur Anatomie eines Falls, in: epd film, 27.10.2023, unter: https://www.epd-film.de/filmkritiken/anatomie-eines-falls, Zugriff: 24.6.2024.
2 Zum Film vgl. Peter Bradshaw, Saint Omer Review – Witchcraft and Baby Killing in Extraordinary Real-life Courtroom Drama, in: The Guardian, 2.2.2023, unter: https://www.theguardian.com/film/2023/feb/02/saint-omer-review-alice-diop, Zugriff: 24.6.2024.
3 Der Film über eine junge Frau, die in der nordfranzösischen Kleinstadt Saint Omer des Mordes ihrer einjährigen Tochter angeklagt ist, verhandelt das komplexe Zusammenspiel von intersektional bedingter Unterdrückung, von Selbstbestimmung, Recht und Mutterschaft. Vgl. Caroline Arni, Mütter sind Monster (aber überaus menschliche), in: WOZ – Die Wochenzeitung, 9, 2.3.2023, unter: https://www.woz.ch/2309/saint-omer/muetter-sind-monster-aber-ueberaus-menschliche/!9VPXYYDQ9GDZ, Zugriff: 1.6.2024.
4 Vgl. L'Homme. Z. F. G., 30, 2 (2019): Innenräume – Außenräume, hg. von Maria Fritsche, Claudia Opitz-Belakhal und Inken Schmidt-Voges.

der Rechts-, Justiz- und Kriminalitätsgeschichte. Der Fokus liegt jedoch nicht auf der Normierung oder Anwendung von Recht und dessen Auswirkungen, auch wenn diese Aspekte berührt werden. Vielmehr steht der Aushandlungsprozess *vor* Gericht im Mittelpunkt unseres Erkenntnisinteresses sowie die Frage, welche Rolle Geschlecht in diesem Prozess spielt. Wie positionieren sich Beschuldigte oder Kläger*innen vor Gericht? Wie interagieren sie *im*, aber auch *mit* dem gerichtlichen Raum, um sich gegen Vorwürfe zu verteidigen oder sich Gehör für ihr Anliegen zu verschaffen? Wie verhalten sie sich gegenüber den im Raum materialisierten Machtstrukturen und (Geschlechter-)Normen, und wie werden diese durch das Handeln reproduziert oder unterwandert?

Die Beschäftigung mit Recht, Gericht und Justiz spielte gerade in der Entwicklung der Frauen- und Geschlechtergeschichte eine maßgebliche Rolle.[5] Denn in den von den Gerichten produzierten Quellen kommen – freiwillig oder unfreiwillig – Frauen und andere subalterne Gruppen zu Wort, denen es anderswo verwehrt war zu sprechen. Solches Material eröffnet Einblicke in Mechanismen gesellschaftlicher Ordnungen und offenbart Konfliktlinien und soziale Handlungsspielräume. Umgekehrt können Gerichtsquellen selbst als Produkte eines Aushandelns des Sozialen und insbesondere von Geschlecht gelesen werden.[6] In der wissenschaftlichen Auseinandersetzung mit diesen Quellen wurden jedoch die Materialität des Raums[7] sowie die räumliche Dimension des Prozessverlaufs und des Strafvollzugs beziehungsweise der „Rituale der Justiz"[8] in geschlechtsspezifischer Hinsicht wenig berücksichtigt. Das Erkenntnisinteresse der Frauen- und Geschlechtergeschichte lag hier lange auf eindeutig geschlechtlich markierten Vergehen wie Hexerei, Prostitution, Vergewaltigung, Abtreibung und Kindsmord, aber auch auf Ehrkonflikten oder physischer und verbaler Gewalt.[9] Mikroanalytische Studien haben die Durchlässigkeit von Justiz und Gesell-

---

5 Vgl. dazu früh Ute Gerhard (Hg.), Frauen in der Geschichte des Rechts, München 1997.
6 Vgl. Andrea Griesebner, Konkurrierende Wahrheiten. Malefizprozesse vor dem Landgericht Perchtoldsdorf im 18. Jahrhundert, Wien 2000.
7 Vgl. z. B. Territoires et lieux de la justice, Themenheft von Histoire de la justice, 21, 1 (2011).
8 Vgl. Richard van Dülmen, Theater des Schreckens. Gerichtspraxis und Strafrituale in der frühen Neuzeit, München 1995; Claude Gauvard u. Robert Jacob (Hg.), Les rites de la justice. Gestes et rituels judiciaires au Moyen Âge occidental, Paris 1999; jüngst auch die 2022 in den Archives nationales in Paris veranstaltete Tagung: Justices manifestes. L'enregistrement de la scène judiciaire (Moyen Âge – Époque moderne), unter: https://lamop.hypotheses.org/8140, Zugriff: 1. 6. 2024. Die gefilmte Rechtspraxis bietet dazu neues Material, vgl. die audiovisuelle Ausstellung „Filmer les procès, un enjeu social", Archives nationales, Paris, 14. 10. 2020–18. 12. 2021; auf Deutsch: „Prozesse filmen, eine soziale Frage", Institut français Berlin, 3.5.–26. 6. 2021, unter: https://www.archives-nationales.culture.gouv.fr/filmer-les-proces-un-enjeu-social, sowie https://www.institutfrancais.de/de/berlin/event/prozesse-filmen-18049#/, Zugriff: 1. 6. 2024.
9 Vgl. Regina Schulte, Das Dorf im Verhör. Brandstifter, Kindsmörderinnen und Wilderer vor den Schranken des bürgerlichen Gerichts, Hamburg 1989; Richard van Dülmen, Frauen vor Gericht. Kindsmord in der Frühen Neuzeit, Frankfurt am Main 1991; Ulinka Rublack, Magd, Metz' oder Mörderin. Frauen vor frühneuzeitlichen Gerichten, Frankfurt am Main 1998; Garthine Walker, Crime, Gender and Social Order in Early Modern England, Cambridge 2003; Frédéric Chauvaud, Genre et criminalité, XIXe–XXe siècle, in: Encyclopédie d'histoire numérique de l'Europe, unter:

schaft sowie die Rolle des Leumunds bei der Rechtsfindung betont.[10] Untersuchungen zu den NS-Kriegsverbrecherprozessen zeigten, wie gesellschaftlich verankerte Geschlechternormen die juristische Beurteilung von Tätern und Täterinnen beeinflussten und zu sehr unterschiedlichen Ergebnissen führten.[11] Auf einen wichtigen Aspekt des Verhältnisses zwischen Gesellschaft und Justiz verwiesen auch Studien, welche die narrativen Strategien der Angeklagten beleuchteten[12] und dabei verdeutlichten, wie Angeklagte zeitgenössische Vorstellungen von Geschlecht aktiv – und zu ihren Gunsten – nutzten.[13] Mittels geschlechtergeschichtlicher Perspektiven auf Recht und Justiz gelang es, die unterschiedlichen und sozial bestimmten Handlungsspielräume von Männern und Frauen vor Gericht aufzuzeigen und damit auch den Gerichtsprozess als soziale Interaktion, in der Geschlecht verhandelt wird, sichtbar zu machen.[14]

Der Raum spielt in der geschlechter- und frauengeschichtlichen Forschung zur Rechts- und Kriminalitätsgeschichte eine wichtige, jedoch meist implizite Rolle, die insbesondere über den Begriff der Öffentlichkeit diskutiert wird. Fragen wie jene, ob eine Straftat im öffentlichen oder privaten Raum stattfand, wo und in welcher Form der Strafprozess durchgeführt wurde, wer wann welche Räumlichkeiten betreten durfte oder nicht, schließen immer eine räumliche Dimension mit ein. Unser Anliegen ist es, den Raum explizit zu thematisieren, um zu zeigen, wie Geschlecht, Macht und Raum miteinander verknüpft sind und aufeinander einwirken. Die Historikerin Susanne Rau argumentiert, dass ein raumanalytischer Ansatz uns ermöglicht, „mehr [zu] sehen" und

---

https://ehne.fr/fr/node/12341, Zugriff: 3.6.2024; neuerdings der empirisch angelegte Tagungsband von Pascal Hepner u. Martine Valdher (Hg.), La femme devant ses juges, de la fin du Moyen Âge au XXe siècle, Arras 2021, unter: http://books.openedition.org/apu/25810, Zugriff: 3.6.2024; für eine geschlechterhistorische Perspektive vgl. Didier Lett, Crime, genre et châtiment au Moyen Âge, Paris 2024; Maren Lorenz, Das Rad der Gewalt. Militär und Zivilbevölkerung in Norddeutschland nach dem Dreißigjährigen Krieg (1650–1700), Köln u. a. 2007.

10 Ein Überblick findet sich bei Joachim Eibach, Männer vor Gericht – Frauen vor Gericht, in: Christine Roll u. a. (Hg.), Grenzen und Grenzüberschreitungen. Bilanz und Perspektiven der Frühneuzeitforschung, Köln 2010, 559–572.

11 Vgl. Ljiljana Heise, KZ-Aufseherinnen vor Gericht. Greta Bösel – „another of those brutal types of women"?, Frankfurt am Main 2009; Ulrike Weckel u. Edgar Wolfrum (Hg.), „Bestien" und „Befehlsempfänger". Frauen und Männer in NS-Prozessen nach 1945, Göttingen 2003.

12 Zu den klassischen Werken zählt Natalie Zemon Davis, Fiction in the Archives. Pardon Tales and Their Tellers in Sixteenth-Century France, Stanford 1987; jüngst Gabriela Signori, Erzählen vor Gericht: Die Basler Zeugenverhörprotokolle der Jahre 1475 bis 1480, in: Zeitschrift für Rechtsgeschichte, 140 (2023), 170–207.

13 Vgl. etwa Ljiljana Heise, Auswirkungen von Geschlechter- und Medizindiskursen vor Gericht. Der Fall Walter Sonntag im vierten britischen Ravensbrück-Prozess 1948, in: Anette Dietrich u. Ljiljana Heise (Hg.), Männlichkeitskonstruktionen im Nationalsozialismus. Formen, Funktionen und Wirkungsmacht von Geschlechterkonstruktionen im Nationalsozialismus und ihre Reflexion in der pädagogischen Praxis, Frankfurt am Main 2013, 165–182.

14 Vgl. u. a. Ulrike Gleixner, „Das Mensch" und „der Kerl". Die Konstruktion von Geschlecht in Unzuchtsverfahren der Frühen Neuzeit (1700–1760), Frankfurt am Main 1994; jüngst Elisabeth Greif, Verkehrte Leidenschaft. Gleichgeschlechtliche Unzucht im Kontext von Strafrecht und Medizin. Aus- und Verhandlungsprozesse vor dem Landesgericht Linz 1918–1938, Wien 2019.

Zusammenhänge zu erkennen, die ansonsten nicht sichtbar werden.[15] Worin liegt nun dieses *Mehr* an Erkenntnis? Die Berücksichtigung der Kategorie Raum erlaubt, das Gericht sowohl in seiner Funktion als Handlungsraum wie auch als Handlungs*spiel*raum zu fassen.[16]

Mit dem Begriff „Raum" ist hier also nicht nur der physische, greifbare Raum gemeint, sondern, basierend auf den Pionierarbeiten des Philosophen Henri Lefebvre, der durch soziale Praktiken konstruierte Raum.[17] Dieser soziale Raum ist historisch gebunden – „jede Gesellschaft […] produziert ihren Raum, ihren eigenen Raum"[18] – und eng mit Macht verknüpft, da er Individuen und Gruppen bestimmte Orte zuweist. Wie Lefebvre, der den sozialen Raum als Resultat eines Prozesses betrachtet, der nie abgeschlossen ist, weil er immer neue Handlungen anstößt,[19] betont auch die Soziologin Martina Löw die Verwobenheit von Raum und Handeln, weswegen sie begrifflich nicht zwischen einem sozialen und materiellen Raum unterscheiden will.[20] Löw fordert in ihrer relational konzipierten Raumsoziologie explizit eine Geschlechterperspektive ein. Sie argumentiert, dass „Verteilungssysteme machtrelevanter Ressourcen und geschlechtsdifferent gültige Raumregeln […] die Konstruktion von Raum" bestimmen und umgekehrt die „geschlechtsdifferenten Erfahrungen mit Raum zu unterschiedlichen Handlungen führen" können.[21]

Die Auseinandersetzung mit dem Raum ist in der Geschichtswissenschaft nicht neu. So sind etwa die Anfänge der europäischen Sozialgeschichte eng mit der Humangeografie verknüpft. Deren Versuche, die Beziehungen zwischen Menschen und ihrer Umwelt, zwischen Kultur und Natur, methodologisch zu fassen, inspirierten die ersten Historiker der französischen *Annales*-Schule wesentlich. Auch die Soziologie, Kulturanthropologie und Philosophie entwarfen fruchtbare Raumkonzepte, die von anderen Disziplinen wie der Architekturwissenschaft, den *Urban, Cultural, Postcolonial* oder *Cinema History Studies* aufgegriffen und weiterentwickelt wurden. Die Vielfalt an Themen und unterschiedlichen, oft transdisziplinären Perspektiven auf die räumliche Dimension spiegelt sich auch in der geschichtswissenschaftlichen Forschung wider, welche durch den sogenannten *spatial turn* Ende der 1980er Jahre neue Impulse erhielt. Eine Vielzahl von Untersuchungen zu den sozialen und kulturellen Funktionen von öffentlichen und halböffentlichen Räumen – wie Wirtshäusern, Kirchen, Bars, Schiffen oder Zügen in verschiedenen historischen und geografischen Kontexten –, zur

---

15 Susanne Rau, Räume, Frankfurt/New York 2017, 121.
16 Vgl. Rau, Räume, wie Anm. 15, 182–83, 241.
17 Henri Lefebvre, The Production of Space, Oxford 1991, 31–32.
18 […] „every society […] produces a space, its own space", Lefebvre, Production, wie Anm. 17, 31.
19 Lefebvre, Production, wie Anm. 17, 73.
20 Martina Löw, Die Konstituierung sozialer Räume im Geschlechterverhältnis, in: Stefan Hradil (Hg.), Differenz und Integration: die Zukunft moderner Gesellschaften, Frankfurt am Main 1997, 451–463, 452, 459.
21 Löw, Konstituierung, wie Anm. 20, 460.

Bedeutung von Grenzzonen oder der Überwindung von Grenzen sowie zur Konstruktion und Wirkung räumlicher Imaginationen wie Landkarten, Malereien oder filmischer Fiktionen illustrieren die Fruchtbarkeit eines raumanalytischen Ansatzes.[22] Dessen Potenzial zeigt sich auch in Untersuchungen zu geschlechtsspezifischen Erfahrungen und Markierungen von Räumen[23] oder der Aneignung öffentlicher urbaner Räume durch sexuelle Minderheiten.[24]

Die in diesem Heft versammelten vier Fallstudien zu verschiedenen europäischen Regionen analysieren das Aushandeln und das Herstellen von Geschlecht vor Gericht und zeigen damit, wie die im gerichtlichen Raum eingewobenen Machtstrukturen die Handlungen der Akteur*innen strukturierten. Die Aufsätze spannen den Bogen von der jüngsten Zeitgeschichte bis zurück zum Spätmittelalter und nehmen dabei unterschiedliche Rechtsinstanzen, Gerichtsräume und Themen in den Blick.

Den Auftakt macht Mala Loth mit ihrer Untersuchung zu Gleichbehandlungsklagen vor dem Europäischen Gerichtshof in Luxemburg (EuGH). Loth beleuchtet, wie die Rechtsvertreter*innen von männlichen Klägern den 1975 im Europäischen Recht verankerten Grundsatz der Gleichbehandlung nutzten, um gleiche Rechte als Elternteil beziehungsweise den Zugang zum Hebammenberuf zu erstreiten. Der gerichtliche Raum ist hier vornehmlich ein virtueller Raum, da die Anwältinnen und Anwälte der klagenden Parteien, die von den EU-Staaten ernannten Richter*innen sowie die Generalanwältin oder der Generalanwalt des EuGH ihre Argumente vorwiegend schriftlich austauschen. Loths Analyse unterstreicht, wie gesellschaftlich tief verankerte traditionelle Vorstellungen von Männlichkeit eine vollständige Umsetzung der Gleichbehandlungsrichtlinie verhinderten.

Mit einem gänzlich anderen Gerichtstypus setzt sich Maria Fritsche in ihrem Beitrag zur strafrechtlichen Verfolgung von männlicher Homosexualität auseinander. Fritsche analysiert die Verteidigungsstrategien von deutschen und norwegischen Männern, die während des Zweiten Weltkrieges in Norwegen wegen des Verbrechens der „Unzucht zwischen Männern" von SS- und Wehrmachtgerichten angeklagt wurden. Die norwegischen Angeklagten waren hier nicht nur mit einem exklusiv männlichen und militaristischen Gerichtsraum konfrontiert, sondern auch mit einem andersgearteten rechtlichen Raum, denn homosexuelle Kontakte waren in Norwegen bis zur deutschen Besetzung im April 1940 praktisch straffrei gewesen.

Ins Frankreich des 18. Jahrhunderts führt uns Anne Montenachs Beitrag, der Strafprozesse vor dem städtischen Gericht für wirtschaftliche Belange (*consulat*) in

---

22 Vgl. etwa Riccardo Bavaj, Konrad Lawson u. Bernhard Struck (Hg.), Doing Spatial History, London 2022.
23 Vgl. etwa Kathryne Beebe u. Angela Davis (Hg.), Space, Place and Gendered Identities. Feminist History and the Spatial Turn, London 2015.
24 Vgl. Simon Gunn u. Robert John Morris (Hg.), Identities in Space. Contested Terrains in the Western City since 1850, Aldershot/Burlington, VT 2001; George Chauncey, Gay New York. Gender, Urban Culture, and the Making of the Gay Male World 1890–1940, New York 1994.

Lyon analysiert, dem damaligen Zentrum der französischen Seidenproduktion. Montenach geht der Frage nach, wie die männlichen und weiblichen Angeklagten auf den Vorwurf der *piquage d'once*, das heißt der gesetzlich als Betrug definierten Aneignung von Stoffabfällen in der Seidenindustrie, reagierten. Sie kann zeigen, wie aus prekärsten Verhältnissen stammende weibliche Beschuldigte gegenüber den Richtern – die sowohl Männer als auch Angehörige der ökonomischen Elite waren – oft geschlechterstereotyp argumentierten, um diese für sich einzunehmen, zugleich aber selbstbewusst agierten. Insgesamt unterstreicht diese Fallstudie, dass Geschlecht zwar eine gewichtige Rolle spielte, letztlich jedoch ökonomischen Kriterien untergeordnet blieb, zumal Vergehen von Männern und Frauen ähnlich sanktioniert wurden.

Im vierten Hauptbeitrag geht es mit Didier Lett in die zentralitalienische Region der Marken des Spätmittelalters. Deutlicher als im Lyon des 18. Jahrhunderts war der Gerichtsraum der zwei untersuchten Gemeinden klar geschlechterhierarchisch organisiert. Obwohl die weibliche Zeugenschaft in familiären Belangen oft unverzichtbar war, spielten Frauen aufgrund ihrer theoretischen Rechtsunfähigkeit eine klar untergeordnete Rolle. Sie wurden nicht wie Männer im Amtssitz der Kommune angehört, sondern durften nur vor oder in einer Kirche aussagen. Der eigentliche Gerichtsraum, so Lett, bedurfte einer geschlechterdifferenzierten Erweiterung, da die Richter der weiblichen Zeugenschaft misstrauten und diese durch die örtliche Nähe zum Gotteshaus abzusichern suchten.

Den Themen Recht, Justiz und Gericht widmet sich auch unser Gespräch mit der queerfeministischen Rechtswissenschaftlerin und -philosophin Elisabeth Holzleithner. Im Interview diskutiert sie die rechtliche und politische Relevanz der *Legal Gender Studies*, die Schwierigkeiten, Gleichbehandlungsrichtlinien in die Praxis umzusetzen und die Bedrohung des demokratischen Rechtssystems durch illiberale Bewegungen.[25]

In der Rubrik „Aus den Archiven" stellt Christina Holzmann einen Bestand norwegischer Strafprozessakten aus der unmittelbaren Nachkriegszeit vor, der erst vor wenigen Jahren einer breiteren Öffentlichkeit zugänglich gemacht wurde. Die rechtliche Aufarbeitung norwegischer Kollaboration untersucht Holzmann aus einer geschlechtergeschichtlichen Perspektive, indem sie die Behandlung und Verteidigungsstrategien von Frauen in den Verfahren in den Blick nimmt.

Von Bedeutung ist der Schauplatz Gericht auch in den beiden Forumsbeiträgen, die sich mit dem Thema Abtreibung beschäftigen. Ein internationaler Vergleich der jüngsten politischen Entwicklungen in dieser umkämpften Rechtsmaterie offenbart zum Teil diametral entgegengesetzte Tendenzen. Während etwa in Frankreich im März 2024 das Recht auf Abtreibung in der Verfassung verankert wurde, hatten kurz zuvor mehrere US-amerikanische Bundesstaaten die in den 1970er Jahren erkämpfte Legalisierung von Abtreibung rückgängig gemacht. Brenna McCaffreys Beitrag untersucht

---

25 Vgl. zu Rechtswissenschaften und Geschlecht auch das französische Projekt REGINE, unter: https://regine.parisnanterre.fr/, Zugriff: 10.6.24.

die jüngsten Schritte zur Kriminalisierung der Abtreibung in den USA, die auch Helfer*innen betrifft, sowie die Bedeutung der Abtreibungspille, die es Frauen ermöglicht, nationale Verbote zu umgehen, aber von feministischen Gruppen durchaus kritisch gesehen wird. Historische Erklärungen für die restriktive polnische Gesetzgebung liefern Marta Bucholc und Marta Gospodarczyk. Ihre Analyse offenbart, dass die historischen Wurzeln für das weitgehende Verbot der Abtreibung in der politischen Wende von 1989 und dem Sturz des kommunistischen Regimes liegen. Die Allianz von katholischer Kirche und Regimegegnern ebnete konservativen Kräften den Weg, um feministische Anliegen zurückzudrängen und Abtreibung zu kriminalisieren.

Den Themenschwerpunkt des Heftes beschließen drei Rezensionen von Ellinor Forster, Rita Voltmer und Anna Schiff, die die aktive Rolle von Klägerinnen vor verschiedenen zivil- und kriminalrechtlichen Instanzen der europäischen Vormoderne verdeutlichen, den Stimmen von Frauen in Hexenprozessen in Nordwesteuropa nachgehen sowie Strafverfahren wegen sexueller Gewalt an Kindern in Niederösterreich nach dem Zweiten Weltkrieg untersuchen.

Der „L'Homme-Extra"-Beitrag von Lisa Kirchner befasst sich mit den „Regeln des Sprechens und Schweigens" über sexuelle Gewalt im Kriegszusammenhang. Anhand von Kriegstagebüchern und retrospektiv verfassten Erinnerungsberichten von Soldaten der k. u. k. Armee und anderen Teilnehmern am Ersten Weltkrieg verdeutlicht die Autorin, dass diese spezifischen Gewalterfahrungen oder -beobachtungen nur dann sagbar waren, wenn sie beispielsweise einem kulturell oder politisch definierten „Anderen" – insbesondere dem Feind – zugeschrieben wurden.

In der Rubrik „Aktuelles und Kommentare" stellen Lina Gafner und Simona Isler das bei Bern gelegene Gosteli-Archiv vor. Sie eröffnen mit ihrem Beitrag die neue L'Homme-Serie zu *Public History* und Geschichtsvermittlung. Die 1982 von der Schweizer Frauenrechtlerin Marthe Gosteli gegründete Dokumentationsstelle ist heute als Bibliothek und Archiv eine der wichtigsten Institutionen zur Auseinandersetzung mit der Geschichte der Schweizer Frauenbewegungen. Im offenen Rezensionsteil finden sich Besprechungen von Tim Buser, Klaus Wieland und Anne-Laure Briatte zu einer Geschichte der Sexualitäten, die den Zusammenhang von Familie und vormoderner Staatlichkeit beleuchtet, zur queeren Geschichte Deutschlands seit dem 19. Jahrhundert sowie zu Homosexualität und Freundinnenschaft in der ersten Deutschen Frauenbewegung.

Dieses Heft möchten wir unserer langjährigen L'Homme-Mitherausgeberin Regina Schulte widmen, die im Februar 2024 viel zu früh verstorben ist. Sie hätte ohne Zweifel Wichtiges zum Thema zu sagen gewusst. Sandra Maß und Xenia von Tippelskirch würdigen in einem Nachruf Reginas reiches und im besten Sinne eigensinniges Lebenswerk, das uns weiterhin inspirieren wird.

Maria Fritsche und Ulrike Kampl

Mala Loth

Zur falschen Zeit am falschen Ort. Die Verhandlung des Rechts auf Gleichbehandlung von Männern vor dem Europäischen Gerichtshof (1971–1984)

1. Einleitung

Im Jahr 2005 beantragte der frisch gebackene Vater Pedro Manuel Roca Álvarez bei seinem spanischen Arbeitgeber den sogenannten Stillurlaub. Dieses Recht gewährte „abhängig beschäftigten Mütter[n] in den ersten neun Monaten nach der Geburt ihres Kindes einen Anspruch auf eine tägliche Reduzierung der Arbeitszeit".[1] Das 1900 eingeführte Recht auf Stillurlaub war durch spanische Gerichte im folgenden Jahrhundert auch auf Mütter ausgedehnt worden, die ihre Kinder nicht stillten, sondern mit der Flasche ernährten, sowie auf Väter, wenn die Mütter keinen Gebrauch vom Stillurlaub machten. Einen direkten Rechtsanspruch hatten Väter also nicht, sondern nur vermittelt über jenen der Mutter des Kindes. Auf dieser Grundlage lehnte der Arbeitgeber von Roca Álvarez den Antrag mit der Begründung ab, dass dessen Ehefrau als Selbstständige keinen Anspruch auf bezahlten Stillurlaub habe.[2] Eines der mit dem Fall betrauten spanischen Gerichte bezweifelte die Vereinbarkeit des spanischen Rechts mit der Gleichbehandlungsrichtlinie des Rates der Europäischen Gemeinschaften (EG) aus dem Jahr 1976,[3] da es erwerbstätige Mütter gegenüber erwerbstätigen Vätern bevorzugte.[4] Der Europäische Gerichtshof in Luxemburg (EuGH) teilte diese Bedenken und entschied 2010 daher, dass sich „männliche und weibliche Arbeitnehmer, die Vater bzw. Mutter von Kleinkindern sind, [...] in einer vergleichbaren Lage"

---

1 Die Schlussanträge der Generalanwälte sind auf der Homepage des Europäischen Gerichtshofes (EuGH) abrufbar, unter: https://curia.europa.eu/juris/recherche.jsf, Zugriff: 14. 4. 2024. Schlussantrag der Generalanwältin Juliane Kokott vom 6. 5. 2010, Pedro Manuel Roca Álvarez gegen Sesa Start España ETT SA, Rechtssache 104/09, ECLI:EU:C:2010:254, Rn. 2.
2 Vgl. Schlussantrag, Pedro Manuel Roca Álvarez, wie Anm. 1, Rn. 36–38.
3 Vgl. ABl. L 39, vom 14. 2. 1976, Richtlinie 76/207/EWG des Rates vom 9. Februar 1976 zur Verwirklichung des Grundsatzes der Gleichbehandlung von Männern und Frauen hinsichtlich des Zugangs zur Beschäftigung, zur Berufsbildung und zum beruflichen Aufstieg sowie in Bezug auf die Arbeitsbedingungen, unter: http://data.europa.eu/eli/dir/1976/207/oj, Zugriff: 14. 4. 2024, 39–42, 39.
4 Vgl. Schlussantrag, Pedro Manuel Roca Álvarez, wie Anm. 1, Rn. 19.

befänden.[5] Männer wie Roca Álvarez würden in ihrer Eigenschaft als berufstätige Väter diskriminiert.[6]

Mit dem Fall Roca Álvarez schlug der EuGH einen neuen Weg bezüglich der Arbeitnehmerrechte von Männern und der Gleichbehandlung aufgrund des Geschlechts im Europarecht ein.[7] Der 1976 etablierte Grundsatz der Gleichbehandlung hatte zum Zweck, das 1957 in den Römischen Verträgen festgelegte Recht auf gleiche Bezahlung von Männern und Frauen um weitere ähnliche Rechte zu ergänzen. So sollten unter anderem hinsichtlich der Berufsausbildung künftig keine gesetzlichen Unterschiede mehr zwischen den Geschlechtern bestehen.[8] Anfänglich durch die mitgliedstaatlichen Regierungen der EG ignoriert, wurden das Recht auf gleiche Bezahlung und der Grundsatz der Gleichbehandlung seit den 1970er Jahren zum Gegenstand einer Reihe von Verfahren vor dem EuGH. Zwar zielten diese rechtlichen Regelungen auf Frauen ab, doch in sechs von 43 einschlägigen Verfahren zwischen 1957 und 1990[9] sahen sich die Richter_innen des EuGH mit der Diskriminierung von Männern konfrontiert. Diese sechs Fälle, die dem EuGH in den 1980er Jahren zur Entscheidung vorgelegt wurden, beschäftigten sich entweder mit dem Recht auf gleiche Bezahlung oder mit dem Recht auf Gleichbehandlung. Quantitativ offenbar nachrangig, waren die Implikationen dieser Fälle weitreichend, beendeten sie doch die Gleichsetzung von Frauen mit Geschlechterdiskriminierung.

Während in Verfahren, die sich mit dem Recht auf gleiche Bezahlung befassten, sozialversicherungsrechtliche Ansprüche im Vordergrund standen, nicht jedoch soziale Praktiken von Geschlecht, liegt der Fokus des vorliegenden Aufsatzes auf den Fällen, in denen es um das Recht auf Gleichbehandlung ging. Anhand von drei Fällen aus Großbritannien, Italien und Westdeutschland, die den EuGH von 1982 bis 1984 beschäftigten, nimmt der Beitrag die seit den 1970er Jahren laufenden spezifischen nationalen Gleichbehandlungsdebatten als Ausgangspunkt, um die vor und im Laufe des Verfahrens vor dem EuGH vorgebrachten Argumente der beteiligten Akteure auf sich wandelnde Konzepte von Geschlecht hin zu untersuchen. Im Zuge dessen soll gezeigt werden, wie das Europarecht von den klagenden Parteien genutzt wurde, um das nationale Recht der Mitgliedstaaten der EG und die darin zum Ausdruck kommenden Vorstellungen von Geschlecht vor dem EuGH zu bestätigen oder zu ändern.

---

5 Die Urteile des Europäischen Gerichtshofes (EuGH) sind auf dessen Homepage abrufbar, unter: https://curia.europa.eu/juris/recherche.jsf, Zugriff: 14.4.2024. Urteil des Gerichtshofes vom 30.9.2010, Pedro Manuel Roca Álvarez gegen Sesa Start España ETT SA, Rechtssache C-104/09, ECLI: EU:C:2010:561, Rn. 24.
6 Vgl. Urteil, Pedro Manuel Roca Álvarez, wie Anm. 5, Rn. 44.
7 Vgl. Eugenia Caracciolo di Torella, Brave New Fathers for a Brave New World? Fathers as Caregivers in an Evolving European Union, in: European Law Journal, 20, 1 (2014), 88–106, 88–89.
8 Vgl. Richtlinie 76/207/EWG des Rates vom 9. Februar 1976, wie Anm. 3, 1.
9 Aus forschungspragmatischen Gründen endet die empirische Untersuchung mit dem Jahr 1990.

Dabei soll veranschaulicht werden, dass sich vor dem EuGH in den 1980er Jahren traditionelle Vorstellungen von Geschlecht durchsetzten.

Feministische Wissenschaftler_innen der 1990er Jahre kritisierten, dass das durch Sozialwissenschaftler und Ökonomen geprägte Konzept des Wohlfahrtsstaates auf männlich-geprägten Prämissen basierte und Frauen diskriminierte.[10] Auf Grundlage der hier präsentierten Fällen argumentiere ich jedoch, dass Männer in ihrer Eigenschaft als Arbeitnehmer und Kläger auf Gleichbehandlung am Arbeitsmarkt vor dem EuGH keineswegs privilegiert waren, sondern gegen traditionelle Männlichkeitsvorstellungen[11] ankämpfen mussten, bei denen sie auf verlorenem Posten standen.

Während sich Politik- und Rechtswissenschaftler_innen schon seit den 1990er Jahren mit der europäischen Gleichstellungspolitik und der Rolle des EuGH auseinandersetzen,[12] befassen sich historische Forschungen erst neuerdings mit europäischer Gleichstellungspolitik[13] und der Rolle von Anwält_innen bei der juristischen Durchsetzung des Grundsatzes auf Gleichbehandlung bei Frauen und Männern vor dem EuGH.[14] Daher wird zunächst knapp die historische Entwicklung des Grundsatzes auf Gleichbehandlung und die Rolle des EuGH in diesem Prozess skizziert. Anschließend wird auf der Basis der Urteile, der Schlussanträge der Generalanwält_innen, der Stellungnahmen der Prozessbeteiligten und Presseberichterstattung analysiert, wie Männer vor dem EuGH ihre Gleichbehandlung bei der Berufswahl als Hebamme, beim Vaterschaftsurlaub nach der Geburt ihres Kindes und bei der Adoption vor dem EuGH einklagten.

---

10 Vgl. Ann Shola Orloff u. Marie Laperrière, Gender, in: Daniel Béland u.a. (Hg.), The Oxford Handbook of the Welfare State, Oxford 2021², 346–363, 348–349.
11 Mehr zu Konzepten von Männlichkeiten findet sich in R.W. Connell, Masculinities, Cambridge 2005².
12 Vgl. etwa Karen J. Alter u. Jeannette Vargas, Explaining Variation in the Use of European Litigation Strategies. European Community Law and British Gender Equality Policy, in: Comparative Political Studies, 33, 4 (2000), 452–482; Sean Pager, Strictness vs. Discretion. The European Court of Justice's Variable Vision of Gender Equality, in: The American Journal of Comparative Law, 51, 3 (2003), 553–609; Anna van der Vleuthen, The Price of Gender Equality. Member States and Governance in the European Union, Aldershot 2007.
13 Vgl. Mariette Fink, Erwerbstätige Frauen in Frankreich und der Bundesrepublik Deutschland. Die Rolle der Europäischen Gemeinschaften und nationaler Akteure von 1969–1986, Wiesbaden 2019; Mechthild Roos, The Parliamentary Roots of European Social Policy. Turning Talk into Power, London 2021.
14 Vgl. Mala Loth, Last Stop Luxembourg. Lawyers' Dynamism and the European Court of Justice's Contribution to Social Equity, c. 1970–1990, Dissertation, Universität Oslo 2020.

2. Europäische Gleichbehandlung in legislativer und judikativer Perspektive

2.1 Vom Recht auf gleiche Bezahlung zum Grundsatz der Gleichbehandlung

Der Grundsatz der Gleichbehandlung auf dem Arbeitsmarkt, der 1976 in die Gleichbehandlungsrichtlinie aufgenommen wurde, war aus der Idee des Rechts auf gleiche Bezahlung entstanden und zielte auf die Gleichstellung von Frauen ab. Für die Entstehungsgeschichte der Idee des Rechts auf gleiche Bezahlung wiederum ist insbesondere die Gründung der Internationalen Arbeitsorganisation (IAO) im Jahre 1919 von Bedeutung. Nach jahrzehntelanger Lobbyarbeit durch Frauenverbände wurde 1951 im IAO-Übereinkommen Nr. 100 die Forderung nach „[e]qual remuneration for work of equal value" formuliert.[15] Es sollte allerdings noch viele Jahre dauern, bis das Übereinkommen Nr. 100 in der praktischen Sozialpolitik auf nationaler Ebene Umsetzung fand. Eine ähnliche Zurückhaltung der Mitgliedstaaten zeigte sich auch im Zusammenhang mit Art. 119 der Römischen Verträge von 1957, der das IAO-Übereinkommen 100 in „gleiche[s] Entgelt […] bei gleicher Arbeit" umsetzte.[16] Obwohl alle Mitglieder verpflichtet waren, die Gleichbehandlung von Frauen und Männern bei der Entlohnung zu gewährleisten, unternahmen die Regierungen der Mitgliedstaaten im ersten Jahrzehnt nach der Ratifizierung der Römischen Verträge aus Sorge vor zu hohen Lohnkosten kaum ernsthafte Versuche, Art. 119 zu implementieren.[17]

In diesem ersten Jahrzehnt hielt sich die Kommission der EG auch in der Umsetzung des Rechts auf gleiche Bezahlung zurück, da sie den Regierungen nicht vorgreifen wollte und unter den Kommissionsbeamten traditionelle Vorstellungen von Geschlecht vorherrschten. Unter dem Druck einer hohen Inflation und steigenden Arbeitslosigkeit in den frühen 1970er Jahren beschlossen die sozialdemokratischen Regierungen indes stärker in der Sozialpolitik zusammenzuarbeiten.[18] In diesem Zusammenhang – und unter Einfluss der zweiten Welle der Frauenbewegung – erließ der Rat der EG nach Vorarbeiten der Kommission 1976 die Gleichbehandlungsrichtlinie, um Unterschiede in den nationalen Gesetzgebungen und die daraus resultierende

---

15 Eileen Boris, Making the Woman Worker. Precarious Labor and the Fight for Global Standards, 1919–2019, New York 2019, 55.
16 Laura Levine Frader, International Institutions and Domestic Reform: Equal Pay and British Membership in the European Economic Community, in: Twentieth Century British History, 29, 1 (2018), 104–128, 109.
17 Vgl. Aurélie Dianara Andry, Social Europe, the Road Not Taken. The Left and European Integration in the Long 1970s, Oxford 2022, 72.
18 Vgl. Andry, Social Europe, 97–98, wie Anm. 17. Zur Kommission vgl. Catherine Hoskyns, Integrating Gender. Women, Law and Politics in the European Union, London/New York 1996, 102.

Diskriminierung von Frauen auf dem Arbeitsmarkt zu nivellieren.[19] Trotz der Absichtsbekundung stärkerer Zusammenarbeit gestaltete sich die Umsetzung der Gleichbehandlungsrichtlinie schleppend und unzureichend. Da zudem die Frage nach der direkten Anwendbarkeit dieser Richtlinie umstritten war, bedurfte es einer gerichtlichen Auslegung.[20]

2.2   Vor dem EuGH: verfahrensrechtliche und methodische Besonderheiten

Diese Aufgabe der gerichtlichen Interpretation fiel dem EuGH zu. Die ersten drei Fälle zur Gleichbehandlungsrichtlinie wurden von der belgischen Juristin Éliane Vogel-Polsky im Laufe der 1970er Jahre vor den EuGH gebracht und betrafen in unterschiedlichen Konstellationen die belgische Stewardess Gabrielle Defrenne. Die drei Verfahren gründeten in der Ungleichbehandlung von Flugbegleiterinnen, die deutlich früher in den Ruhestand geschickt wurden als ihre männlichen Kollegen, wodurch auch ihre Altersrenten niedriger ausfielen. Die unterschiedlichen Ruhestandsregelungen ergaben sich daraus, dass Stewardessen am weiblichen Schönheitsideal ‚jung ist gleich attraktiv' gemessen wurden und daher mit Erreichen des 40. Lebensjahres nicht mehr länger als Bordpersonal arbeiten durften.[21] Vogel-Polsky inspirierte als „pathfinder" im Kampf für Gleichbehandlung zwischen Frauen und Männern in den Folgejahrzehnten Anwält_innen aus anderen EG-Staaten dazu, ähnlich gelagerte Fälle vor den EuGH zu bringen und damit nationale Gesetzgebung europarechtskonform auslegen zu lassen.[22]

Der EuGH bestand und besteht aus einem_r Richter_in pro Mitgliedsstaat, die von den nationalen Regierungen ernannt werden und wurden. Erst 1999 wurde mit Fidelma O'Kelly Macken eine Frau Richterin am EuGH.[23] Daneben gibt es die Generalanwält_innen, die in ihren Schlussanträgen in völliger Unparteilichkeit die jeweilige Rechtssache in die bisherige Rechtsprechung des Gerichtshofs einbetten. Sie

---

19   Vgl. Van der Vleuthen, Price, wie Anm. 12, 98. Zur Frauenbewegung vgl. Johanna Kantola, Gender and the European Union, New York 2010, 34.
20   Zur direkten Anwendbarkeit von Richtlinien vgl. Morten Rasmussen, How to enforce European law? A new history of the battle over the direct effect of Directives, 1958–1987, in: European Law Journal, 23, 3/4 (2017), 290–308.
21   Vgl. Urteil des Gerichtshofes vom 25.5.1971, Gabrielle Defrenne gegen Belgischen Staat, Rechtssachen 80/70, ECLI:EU:C:1971:55; vgl. Urteil des Gerichtshofes vom 8.4.1976, Gabrielle Defrenne gegen Société anonyme belge de navigation aérienne Sabena, Rechtssache 43/75, ECLI:EU:C:1976:56; vgl. Urteil des Gerichtshofes vom 15.6.1978, Gabrielle Defrenne gegen Société anonyme belge de navigation aérienne Sabena, Rechtssache 149/77, ECLI:EU:C:1978:130.
22   Loth, Last Stop, wie Anm. 14, 217. Für mehr zu Vogel-Polsky vgl. Eliane Gubin, Éliane and Vogel-Polsky. A Woman of Conviction, Brüssel 2007.
23   Vgl. Jessica Guth, The Court of Justice of the European Union, Gender, and Leadership, in: Henriette Müller u. Ingeborg Tömmel (Hg.), Women and Leadership in the European Union, Oxford 2022, 273–289, 280.

übernehmen die „Rolle eines Vordenkers", der zur einheitlichen Auslegung des Europarechts beitragen soll.[24] Obwohl die Schlussanträge der Generalanwält_innen für die Richter_innen nicht bindend sind, hatten sie in der Regel großen Einfluss auf den Ausgang der jeweiligen Verfahren.[25] Während der EuGH in den Anfangsjahren nur zwei Generalanwälte hatte, stieg die Zahl in den Folgejahrzehnten aufgrund der Zunahme der Fälle und der Erweiterung der EG.[26]

Als supranationale Gerichtsinstanz legt der EuGH europäisches Recht aus. In den 1960er Jahren entschied der EuGH in zwei Grundsatzurteilen, dass das Europarecht nicht nur unmittelbare Wirkung auf das Individuum, sondern auch auf nationale Gerichte habe, und dass das Europarecht dem nationalen Recht der Mitgliedstaaten übergeordnet sei.[27] Der EuGH kennt verschiedene Verfahrensarten, wovon zwei für die vorliegende Untersuchung relevant sind: zum einen das Vertragsverletzungsverfahren, in dem die Kommission, vertreten durch ihren juristischen Dienst, gegen einen Mitgliedstaat wegen Verletzung des Europarechts klagt. Entscheidet der EuGH auf Vertragsverletzung, wird die entsprechende Regierung verpflichtet, das nationale Gesetz europarechtskonform zu ändern.[28]

Zum anderen ist das Vorabentscheidungsverfahren von Bedeutung, in dem ein nationales Gericht dem EuGH Fragen zur Auslegung und Anwendbarkeit des Europarechts vorlegt. Beim Vorabentscheidungsverfahren handelt sich somit um ein Zwischenverfahren, in dessen Folge ein nationalstaatliches Gericht auf Grundlage der Entscheidung des EuGH über die Anwendung und die Auslegung des Europarechts den Fall entscheidet. Beide Verfahren bestehen aus einem schriftlichen und einem mündlichen Teil, der jeweils in einer Sprache der EG (jetzt Europäische Union) vorgetragen werden kann. Neben den Kläger_innen und Beklagten – die sowohl natürliche als auch juristische Personen sein können – sind auch die europäischen Organe, wie etwa die Kommission und die nationalen Regierungen, Prozessparteien.[29] Anders als an anderen internationalen Gerichtshöfen ist kein Minderheitenvotum (*dissenting opinion*) vorgesehen. Die Richter_innen am EuGH entscheiden daher mit einer Stimme, was die Arbeit von Historiker_innen verkompliziert, weil unterschiedliche Auslegungen des Rechts so schwieriger (oder unmöglich) zu erfassen sind.[30]

---

24 Daniel Dittert, Europarecht, München 2017[5], 50.
25 Vgl. Matthias Herdegen, Europarecht, München 2011[13], 93.
26 Vgl. Noreen Burrows u. Rosa Greaves, Introduction, in: dies. (Hg.), The Advocate General and EC Law, Oxford 2007, 19.
27 Vgl. Morten Rasmussen, Revolutionizing European Law. A History of the Van Gend en Loos judgment, in: International Journal of Constitutional Law, 12, 1 (2014), 136–163.
28 Vgl. Luca Prete, Infringement Proceedings in EU Law, Alphen aan den Rijn 2017, 29.
29 Vgl. Herdegen, Europarecht, wie Anm. 25, 196–198.
30 Für eine methodische Annäherung aus juristischer Perspektive vgl. Sophie Turenne, Advocate Generals' Opinions or Separate Opinions? Judicial Engagement in the CJEU, in: Cambridge Yearbook of European Legal Studies, 14 (2012), 723–744, 724.

3. Männliche Kläger vor dem EuGH

3.1 Von Männern auf die Welt gebracht. Zugang zum Beruf der Hebamme im Vereinigten Königreich

Während Frauen von medizinischen Berufen lange Zeit ganz ausgeschlossen waren und durch die Medikalisierung der Geburt seit dem 18. Jahrhundert auch zunehmend auf dem Gebiet der Geburtshilfe zurückgedrängt wurden, war die Frage, ob Männer als Hebammen zum Einsatz kommen sollten, im 19. Jahrhundert unter Medizinern umstritten.[31] Kritiker_innen befürchteten, dass Männer den Geburtsvorgang in eine „surgical operation" verwandeln würden.[32] In Großbritannien beschloss das Parlament mit dem Midwives Act von 1951, den Beruf der Hebamme ausschließlich Frauen vorzubehalten. Allerdings wurde im Laufe der 1960er Jahre innerhalb des medizinischen Fachpersonals immer wieder diskutiert, ob Männern nicht doch Zugang zu dieser Berufssparte gewährt werden sollte.[33]

Im Vorfeld der Einführung des Sex Discrimination Act 1975 gab diese Frage Anlass zu einer hitzigen Debatte. Während das britische Innenministerium und das Arbeitsministerium Bereitschaft signalisierten, Männer als Hebammen zuzulassen, sofern es den Gebärenden überlassen blieb, zwischen männlichen und weiblichen Hebammen zu wählen, lehnte etwa der britische Hebammenverband (Royal College of Midwives, RCM) männliche Hebammen strikt ab.[34] Das RCM begründete seine Position mit der Notwendigkeit weibliche Intimität zu schützen, argumentierte aber auch biologistisch. So verwies das RCM auf tiefsitzende Vorbehalte gegenüber dem Zugang von Männern zum Beruf der Hebamme seitens der Patientinnen. Gebärende argumentierten beispielsweise, dass männlichen Hebammen der nötige „maternal instinct" für Schwangerschaft und Geburt fehle.[35] Aus diesen Gründen übte das RCM, an der Seite anderer Berufsverbände, erheblichen Druck auf die damalige Ministerin für Gesundheit und Soziales, Barbara Castle, aus, den Entwurf des Sex Discrimination Act zu ändern. Um die Verabschiedung des Gesetzes im Parlament nicht zu erschweren, sah sich Castle zu einem Kompromiss genötigt. Der abgeänderte Gesetzesentwurf gestand Frauen das Recht zu, ihre Hebamme nach Geschlecht zu wählen

---

31 Vgl. Claudia Honegger, Die Ordnung der Geschlechter. Die Wissenschaften vom Menschen und das Weib, 1750–1859, Frankfurt am Main/New York 1992, 6.
32 Elizabeth Pittman u. Les Fitzgerald, The Campaigns for Men to Become Midwifes in the 1970s, in: Health and History, 13, 2 (2011), 158–171, 158.
33 Vgl. Hugh P. McKenna, The developments and trends in relation to men practising midwifery: a review of the literature, in: Journal of Advanced Nursing, 16 (1991), 480–489, 482.
34 Vgl. Masana Sannomiya, Kento Morie, Anna Kubota, u. Masako Kanai-Park, The evaluation of men introduced in midwifery in the United Kingdom: A gender perspective, in: Sexuality, Gender & Policy (2023), 1–8, 5–6.
35 McKenna, Developments, wie Anm. 33, 485.

und legte außerdem fest, dass männliche Hebammen nur unter weiblicher Aufsicht arbeiten durften.[36]

Nach einer kontroversen Debatte im Oberhaus trat 1975 der Sex Discrimination Act in Kraft, der den Hebammenberuf durch Änderung des Midwives Act von 1951 explizit für Männer öffnete, zugleich aber die Berufsausbildung und -praxis für männliche Hebammen de facto erheblich einschränkte, indem er ihre Ausbildung und Berufsausübung auf bestimmte Institutionen eingrenzte. Aufgrund eines ministeriellen Erlasses von 1977 wurden Männer an zwei Hebammenschulen in England und Schottland zur Ausbildung zugelassen; die Berufsausübung war allerdings auf drei, mit den Ausbildungsinstitutionen verbundene, Krankenhäuser beschränkt. Die Resonanz auf die neugewonnene Ausbildungsmöglichkeit fiel jedoch schwach aus: Zwischen 1977 und 1979 meldeten sich in England nur vier Männer für die Ausbildung an. Als Gründe für das fehlende Interesse von Männern am Hebammenberuf wurde in der Literatur unter anderem die allgemein geringere Anzahl von Männern im Pflegebereich angeführt.[37]

Trotz der stark begrenzten Zulassung von Männern zum Hebammenberuf verstummte die Kritik an der Gesetzesänderung nicht. So befürchteten weibliche Hebammen Konkurrenz durch ihre männlichen Kollegen, was mit verschiedenen gesellschaftlichen Trends der damaligen Zeit einherging: Zum einen brachten die hohen Geburtenraten der 1960er Jahre die britischen Krankenhäuser an ihre Belastungsgrenze.[38] Zum anderen hatte sich der Peel Report von 1970 dafür ausgesprochen, dass alle in Großbritannien geborenen Kinder in Krankenhäusern zur Welt kommen sollten, und spiegelte damit modernes Sicherheitsdenken und den Einfluss der starken Ärztelobby wider.[39] Der Ruf nach Hospitalisierung ging mit der Technologisierung der Geburtshilfe einher, die seit den 1960er Jahren ihr Repertoire geburtsmedizinischer Interventionen erweitert hatte. Diese Entwicklung machte den Beruf der Hebamme technisch anspruchsvoller und ließ ihre soziale Anerkennung innerhalb des medizinischen Sektors steigen, führte aber auch dazu, dass immer häufiger Ärzte – und damit überwiegend Männer – bei der Geburt anwesend waren.[40] Durch die Zulassung männlicher Hebammen fürchteten weibliche Hebammen, auf niederrangige Tätigkeiten während der Geburt verwiesen zu werden.[41] Diese Sorge spiegelte die weibliche Kollektiverfahrung am Arbeitsmarkt wider, zumal Frauen in den meisten Berufen hinsichtlich sozialer und monetärer Anerkennung hinter den Männern zurückstanden.

---

36 Vgl. McKenna, Developments, wie Amn. 33, 483.
37 Vgl. McKenna, Developments, wie Anm. 33, 483.
38 Vgl. Jean Towler u. Joan Bramall, Midwives in History and Society, London/New York 1986, 254.
39 Vgl. Tania McIntosh, A Social History of Maternity and Childbirth. Key Themes in Maternity Care, London/New York, 2012, 109–110.
40 Vgl. Towler/Bramall, Midwives, wie Anm. 38, 260.
41 Vgl. McKenna, Developments, wie Anm. 33, 487.

Doch auch die Medical Defence Union, eine britische Ärztevereinigung, sah bei der Intimpflege einer Patientin die Anwesenheit einer weiblichen Hebamme als unabdingbar, um die Gebärende vor Übergriffen zu schützen und gleichzeitig die männliche Hebamme vor Anschuldigungen zu bewahren.[42] Im Gegensatz dazu verglichen die Befürworter einer Zulassung männlicher Hebammen letztere mit dem männlichen Geburtshelfer – für gewöhnlich ein auf Geburten spezialisierter Arzt. Dieses Argument wurde wiederum vom RCM genau andersherum interpretiert: Während Geburtshelfer nur kurz in Kontakt mit der Gebärenden kämen, und dies immer im Beisein weiblichen Personals, würden männliche Hebammen die Frau von der Zeit vor der Geburt bis zur Nachsorge allein betreuen, und dies sogar ambulant.[43] Der RCM betrachtete somit den Schutzraum der Wöchnerin als bedroht.

Die Befürchtung, männliche Hebammen könnten sich an ihren Patientinnen vergreifen, blieb das Hauptargument der Gegnerinnen. Auf diese Vorbehalte konterten männliche Krankenpfleger mit der Frage, warum es ihren Kolleginnen im Gegenzug ohne jegliche Bedenken gestattet sei, männliche Patienten in ihren Intimzonen ohne Aufsicht zu waschen.[44] Sie argumentierten, dass das biologische Geschlecht keine Rolle für einen pflegerischen Beruf spiele.[45] Das Argument der Krankenpfleger, das sich gegen einen Generalverdacht gegenüber allen Männern richtete, muss indes im (historischen) Kontext struktureller Gewalt gegenüber Frauen und deren realen Ängsten vor sexuellen Übergriffen durch Männer betrachtet werden.

Welche konkreten Auswirkungen der Sex Discrimination Act hatte, zeigt der Fall von Norman Imms aus Peterlee, Durham. Als Krankenpfleger und Vater von drei Kindern wollte sich Imms zu Beginn der 1970er Jahre zur Hebamme ausbilden lassen. Seine Bewerbungen an verschiedenen Hebammenschulen des Landes wurden jedoch unter Bezugnahme auf den Midwives Act von 1951 abgewiesen. Doch Imms ließ nicht locker, informierte zuständige lokale und nationale Behörden und Interessensgruppen von seinem Wunsch und schaffte es damit sogar in die nationalen Medien.[46] Durch die Änderungen des Sex Discrimination Act neuen Mut schöpfend, bewarb er sich an der Hebammenschule in Sunderland direkt in der Nachbarschaft, die ihn mit dem Verweis auf die ministeriell verfügten Einschränkungen ablehnte. Da die für Männer zugänglichen Hebammenschulen mit seinen familiären Verpflichtungen unvereinbar waren, legte Imms schließlich 1980 eine Beschwerde bei Roland Boyes ein, dem Labour-Abgeordneten für die Grafschaft Durham im Europäischen Parlament. Boyes setzte die Kommission von dem Fall in Kenntnis, und als diese Unterstützung für Imms si-

---

42 Vgl. McKenna, Developments, wie Anm. 33, 483.
43 Vgl. Jean Donnison, Midwives and Medical Men. A History of Inter-Professional Rivalries and Women's Rights, London 1977, 199–200.
44 Vgl. McKenna, Developments, wie Anm. 33, 484.
45 Vgl. Lyn Owen, Umbilical discord, in: The Guardian, 20.2.1974, 9.
46 Vgl. Charles Catchpole, I'll be a midwife soon – male nurse Norman, Evening Standard, 15.4.1976, 5.

gnalisierte, entschied sich der Pfleger, vor Gericht und notfalls bis zum EuGH zu gehen.[47]

In der Zwischenzeit hatte der Rat der EG im Juni 1980 eine neue Richtlinie erlassen, welche die gegenseitige Anerkennung von Hebammendiplomen vereinfachen sollte. Die Richtlinie beruhte auf einer früheren Initiative der Kommission, Bildungsabschlüsse innerhalb der EG gegenseitig anzuerkennen.[48] Deshalb warf die Kommission der (inzwischen von Margaret Thatcher geführten) britischen Regierung 1980 vor, mit dem Sex Discrimination Act die Gleichbehandlungsrichtlinie von 1976 zu eng auszulegen, indem sie Männer vom Beruf der Hebamme ausschloss.[49] Im Kern entspann sich der Streit an der Auslegung der Gleichbehandlungsrichtlinie, die vorsah, dass die Mitgliedstaaten ein spezifisches Geschlecht für Berufe und deren Ausbildung zur „unabdingbare[n] Voraussetzung" machen konnten, die Kriterien dafür aber offen ließ.[50]

Während also die Kommission das Geschlecht nicht als entscheidendes Kriterium für die Ausübung des Hebammenberufs ansah, hielt die britische Regierung dagegen. Nach zweijährigem Briefwechsel, in dem sich keine außergerichtliche Einigung in der Sache abzeichnete, erhob die Kommission 1982 Klage vor dem EuGH wegen Vertragsverletzung.[51] Fünf Tage vor Prozessbeginn räumte die britische Regierung ein, dass der Sex Discrimination Act tatsächlich Männer diskriminiere und geändert werden müsse.[52] Was wie ein Zugeständnis klang, war faktisch ein Spiel auf Zeit. Denn zugleich verwies die britische Regierung auf Art. 9 der Gleichbehandlungsrichtlinie, demzufolge nationale Regierungen „in regelmäßigen Abständen" nachzuprüfen hätten, ob der Ausschluss eines Geschlechts zu einem Beruf immer noch der „sozialen Entwicklung" entspreche oder ob einem gesellschaftlichen Wandel Rechnung getragen werden müsse, der eine Ungleichbehandlung nicht mehr rechtfertige.[53] Für die britische Regierung stand jedenfalls fest, dass die Zeit für männliche Hebammen noch nicht reif sei.[54]

In ihrer schriftlichen Erklärung führte die Kommission aus, dass Frauen auch von männlichen Gynäkologen untersucht würden, was in vielen Fällen auch nicht in Gegenwart weiblichen Personals erfolge. Außerdem, so das Hauptargument des Vertreters

---

47 Vgl. EEC backs man's fight to be midwife, The Times, 24. 4. 1981, 3; vgl. Europe favours male midwives, The Guardian, 24. 4. 1981, 3.
48 Vgl. ABl. L 33, vom 11. 2. 1980, Richtlinie 80/154/EWG des Rates vom 21. Januar 1980 über die gegenseitige Anerkennung der Diplome, Prüfungszeugnisse und sonstigen Befähigungsnachweise für Hebammen und über Maßnahmen zur Erleichterung der tatsächlichen Ausübung des Niederlassungsrechts und des Rechts auf freien Dienstleistungsverkehr, unter: http://data.europa.eu/eli/dir/1980/154/oj, Zugriff 14. 4. 2024.
49 Vgl. Urteil des Gerichtshofes vom 8. 11. 1983, Kommission der Europäischen Gemeinschaften gegen das Vereinigte Königreich, Rechtssache 165/82, ECLI:EU:C:1983:311, 3437.
50 Richtlinie 76/207/EWG des Rates vom 9. Februar 1976, Art. 2, wie Anm. 3, 39.
51 Vgl. Urteil, Kommission gegen das Vereinigte Königreich, wie in Anm. 49, 3436.
52 Vgl. Lucy Hodges, British men win fight to become midwives, The Times, 17. 3. 1983, 1.
53 Urteil, Kommission gegen das Vereinigte Königreich, wie Anm. 49, 3439.
54 Vgl. Urteil, Kommission gegen das Vereinigte Königreich, wie Anm. 49, 3439.

des juristischen Dienstes der Kommission, John Forman, sei das Problem eher ein theoretisches, da davon auszugehen sei, dass es auch in Zukunft nur wenige männliche Hebammen geben würde.[55] Die britische Regierung warf der Kommission ihrerseits Unkenntnis des Berufs der Hebamme vor, der keinesfalls mit dem eines Gynäkologen zu vergleichen sei. Sie folgte der Argumentation des RCM bezüglich der intensiveren Pflegebeziehung zwischen Patientin und Hebamme. Während ein Gynäkologe nur kurze Zeit und meist in Begleitung einer Assistentin die Patientin untersucht, verbringe eine Hebamme viel mehr Zeit mit der Patientin, kümmere sich um die Intimpflege und Nachsorge, zudem allein und im privaten Umfeld. Außerdem warnte die britische Regierung davor, dass Frauen die Dienste von männlichen Hebammen verweigern und damit ihr eigenes sowie das Leben ihres Neugeborenen gefährden könnten. Sie verwies auch darauf, dass männliche Hebammen in Großbritannien keine „Tradition" hätten, und deshalb die Ausbildung sowie Beschäftigung von männlichen Hebammen nur vorsichtig und schrittweise durchgesetzt werden könne.[56] Auf diese Weise solle auch auf ethische und soziale Unterschiede Rücksicht genommen werden.[57] Die britische Regierung berief sich dabei auf wissenschaftliche Studien, die gezeigt hatten, dass männliche Hebammen (wie auch männliche Geburtshelfer) besonders von indisch- und pakistanisch-stämmigen Frauen, aber auch von Teenager-Müttern abgelehnt wurden.[58] Das Recht darauf zwischen männlichen und weiblichen Hebammen wählen zu können sei demnach unerlässlich.[59]

Im Juni 1983 schloss sich Simone Rozès, die als erste Frau das Amt der Generalanwältin bekleidete, der Ansicht der Kommission an. Sie betonte, dass die Wahlfreiheit ausreichend sei und deswegen die Beschränkung des Zugangs zum Hebammenberuf für Männer in Großbritannien aufgehoben werden müsse.[60] Das Urteil des EuGH im November 1983 folgte jedoch den Argumenten der britischen Regierung. Zwar sei letztere – wie sie selbst beteuert hatte – verpflichtet, künftig Gleichheit zwischen Männern und Frauen im Beruf der Hebamme herzustellen, allerdings teilte der EuGH die Meinung, dass die Zeit dafür noch nicht gekommen sei. Da „persönliche Empfindsamkeiten"[61] – wie der RCM konstatiert hatte – in der Sozialbeziehung zwischen Patientin und Hebamme immer noch eine Rolle spielten, verstoße die britische Gesetzgebung zurzeit nicht gegen die Gleichbehandlungsrichtlinie.[62]

---

55 Vgl. Urteil, Kommission gegen das Vereinigte Königreich, wie Anm. 49, 3441.
56 Urteil, Kommission gegen das Vereinigte Königreich, wie Anm. 49, 3439.
57 Vgl. Urteil, Kommission gegen das Vereinigte Königreich, wie Anm. 49, 3439–3440.
58 Vgl. McKenna, Developments, wie Anm. 33, 485.
59 Vgl. Urteil, Kommission gegen das Vereinigte Königreich, wie Anm. 49, 3440.
60 Vgl. Schlussantrag der Generalanwältin Simone Rozès vom 7.7.1983, Kommission der Europäischen Gemeinschaften gegen das Vereinigte Königreich, Rechtssache 165/82, ECLI:EU: C:1983:161, 3460. Für mehr Informationen zu Simone Rozés siehe Loth, Last Stop, wie Anm. 14, 303–304.
61 Urteil, Kommission gegen das Vereinigte Königreich, wie Anm. 49, 3449.
62 Vgl. Urteil, Kommission gegen das Vereinigte Königreich, wie Anm. 49, 3450.

Bemerkenswerterweise schien nur ein Jahr später die Zeit für eine Veränderung dann doch gekommen. 1983 erließ die britische Regierung die Sex Discrimination (Midwives) Order, die nun auch Männern den vollen Zugang zum Beruf der Hebamme gewährte.[63] Trotz dieses Erlasses blieb die Anzahl der männlichen Hebammen jedoch gering. Zwar stieg sie von vier im Jahre 1977 auf 167 im Jahr 2022 an, machte damit aber immer noch nur 0,3 Prozent aller Hebammen aus.[64] Studien der späten 1970er und frühen 1980er Jahren ergaben, dass die überwiegende Zahl der Patientinnen mit der Betreuung durch männliche Hebammen zufrieden war. Und auch die Befürchtung des RCM, dass die Anwesenheit von männlichen Hebammen bei den Vätern „sexual anxieties" hervorrufen könnte – auch hier manifestierte sich die Reduktion des Mannes auf seine Sexualität –, war nicht eingetreten.[65] Viele Männer schienen kein Problem darin zu sehen, dass ihre Ehefrauen von männlichen Hebammen betreut wurden. Dass werdende Väter mehrheitlich nichts gegen eine Versorgung ihrer Partnerin durch männliche Hebammen einzuwenden hatten, führten die Studien indes auch darauf zurück, dass Männer das Konzept ‚Hebamme' und ihren Beitrag zur Geburt des Kindes möglicherweise nicht zur Gänze verstanden hätten.[66]

Wie im Verfahren zur Gleichbehandlung von Männern gegenüber Frauen im Hebammenberuf ging es auch bei den im folgenden Abschnitt untersuchten Klagen von Vätern auf Mutterschaftsurlaub in Westdeutschland und Italien um Gleichbehandlung in traditionell als weiblich verstandenen Lebensbereichen. Dabei wird deutlich, dass Männer auch in Bezug auf die Elternschaft vor dem EuGH nicht gleichbehandelt wurden.

3.2 Vater werden: Zugang zum Mutterschaftsurlaub in der BRD und Italien

In der Bundesrepublik erlaubte das Gesetz zum Schutz der erwerbstätigen Mutter von 1968 (Mutterschutzgesetz) Müttern acht Wochen nach der Geburt bei Gehaltsfortzahlung durch die Krankenkasse bei ihrem Kind zu bleiben.[67] Unter der sozialdemokratisch-liberalen Regierungskoalition wurde das Gesetz 1979 dahingehend erweitert, dass es Müttern bezahlten Mutterschaftsurlaub gewährte, bis das Kind sechs Monate alt war. In dieser Zeit war die Frau von ihrer Erwerbstätigkeit befreit und erhielt von der

---

63 Vgl. Sex Discrimination (Midwives) Order 1983. Abrufbar in der online zur Verfügung stehenden Gesetzessammlung Großbritanniens, unter: Legislation.gov.uk, Zugriff: 16.4.2024.
64 Vgl. Sannomiya/Morie/Kubota/Kanai-Park, Evaluation, wie Anm. 34, 12.
65 McKenna, Developments, wie Anm. 33, 486.
66 Vgl. McKenna, Developments, wie Anm. 33, 486.
67 Vgl. Gesetz zum Schutze der erwerbstätigen Mutter (Mutterschutzgesetz) vom 18.4.1968 (BGBl. Nr. 24), § 6, 317.

Krankenkasse eine Tagespauschale.[68] In der Debatte um die Gesetzesänderung von 1979 war zwar ein Anspruch auf Mutterschaftsurlaub durch Väter diskutiert, jedoch vom Deutschen Bundestag abgelehnt worden.[69]

Der in Hamburg lebende Ulrich Hofmann und seine Partnerin Gerda Blaschke waren 1979 zum ersten Mal Eltern geworden. Damit beide eine gleichberechtigte Beziehung zu ihrer Tochter aufbauen konnten, hatten sie vereinbart, dass Hofmann vier Monate Mutterschaftsurlaub nehmen sollte. Die Entscheidung hatte auch finanzielle Gründe, da Blaschke als Lehrerin 700 DM im Monat mehr verdiente als Hofmann. Der Plan des Paares sollte jedoch nicht aufgehen, da Hofmanns Krankenkasse seinen Antrag auf Mutterschaftsgeld über vier Monate ablehnte, mit der Begründung, dass das Gesetz sich (buchstäblich) nur an Mütter und nicht an Väter richte.[70]

Durch einen Freund, den Hamburger Arbeitsrechtsanwalt Klaus Bertelsmann,[71] rechtlich beraten, ließ Hofmann die Ablehnung nicht auf sich beruhen. Zunächst legte er vor dem Bundesverfassungsgericht (BVerfG) in Karlsruhe eine Verfassungsbeschwerde gegen das novellierte Mutterschaftsgesetz ein, da dieses Gesetz Männer aufgrund ihres Geschlechts diskriminiere. Das Bundesministerium für Arbeit und Sozialordnung, das die Bundesregierung vor dem BVerfG vertrat, erwiderte in seiner schriftlichen Replik, dass die Monate nach den Strapazen der Geburt zum Schutz der Frau vorgesehen seien.[72] Dank Bertelsmanns Vernetzung mit der Hamburger Frauenbewegung und den lokalen Printmedien bekam Hofmanns Fall mediale Aufmerksamkeit und brachte ihn auf das Cover der frauenbewegten „Emma".[73] Zugleich brachte Bertelsmann Hofmanns Fall auch vor das Hamburger Sozialgericht, mit dem Argument, dass das Mutterschaftsgesetz gegen die Gleichbehandlungsrichtlinie verstoße. Die Richterin sah jedoch keinen Anlass, das Europarecht zu bemüßigen und schloss sich der Begründung der Krankenkasse an. In der Berufung vor dem Hamburger Landessozialgericht 1983 kritisierte Bertelsmann, dass das Mutterschutzgesetz traditionelle Geschlechterrollen perpetuiere. Das Landessozialgericht folgte Bertelsmanns Vorschlag, ein Vorabentscheidungsverfahren vor dem EuGH anzustrengen, mit der Bitte um die Überprüfung der Vereinbarkeit des Mutterschutzgesetzes mit der Gleichbehandlungsrichtlinie von 1976, die Ausnahmen für die „Schwangerschaft und Mutterschaft" machte.[74]

---

68 Vgl. Gesetz zur Einführung eines Mutterschaftsurlaubs vom 25. 6. 1979 (BGBl. Nr. 32), § 8a, § 9a, § 13, 797–798.
69 Vgl. Silke Bothfeld, Vom Erziehungsurlaub zur Elternzeit. Politisches Lernen im Reformprozess, Frankfurt 2005, 176.
70 Vgl. Urteil des Gerichtshofes vom 12.7.1984, Ulrich Hofmann gegen Barmer Ersatzkasse, Rechtssache 184/83, ECLI:EU:C:1984:273, 3050.
71 Für eine ausführliche Analyse zu Klaus Bertelsmanns Wirken vor dem EuGH vgl. Loth, Last Stop, wie Anm. 14, Kapitel 8.
72 Vgl. Archiv der sozialen Demokratie, DGB-Bundesvorstand, Abteilung Arbeitsrecht, 5/DGBR000568, Verfassungsbeschwerde, 8.7.1979.
73 Vgl. Susanne von Paczensky, Auch ich will Mutterschaftsurlaub!, in: Emma, 9 (1979), 8–10.
74 Urteil, Hofmann, wie Anm. 70, 3050–3051.

Dies sollte das erste Vorabentscheidungsverfahren sein, das beruhend auf dem Fall eines *männlichen* Klägers vor dem EuGH die Gleichbehandlungsrichtlinie interpretierte. In der schriftlichen Erklärung an den EuGH wiederholte Bertelsmann das Argument, dass das westdeutsche Mutterschutzgesetz unter dem Deckmantel des Schutzes der weiblichen Gesundheit erlassen wurde. In Wirklichkeit sei es jedoch „kulturell, ökonomisch, traditionell und ideologisch" motiviert, erhalte traditionelle Familienstrukturen aufrecht und nehme Müttern somit die Möglichkeit, beruflich Karriere zu machen.[75] Das biologische Argument, die Gesundheit der Frau schützen zu wollen, würde außerdem, so Bertelsmann, nicht konsequent verfolgt, da das Gesetz im Falle des Kindstods den Mutterschaftsurlaub sofort für beendet erkläre. Er argumentierte, dass das westdeutsche Recht dem europäischen Recht und seiner sozialen Vorstellung von Geschlecht zuwiderliefe. Während das deutsche Gesetz, so Bertelsmann, die viel diskutierte „Doppelbelastung" der Frau bei der Vereinbarkeit von Familie und Beruf untermauere, ziele die Gleichbehandlungsrichtlinie darauf ab, den gleichberechtigten Zugang von Frauen zum Arbeitsmarkt zu stärken.[76]

Unterstützung bekam Hofmann von der Kommission, die auf die verschiedenen, von ihr parallel auf mögliche Vertragsverletzungen überprüften Mutterschaftsgesetze in der EG hinwies.[77] Die Argumentation der Kommission folgte dabei der Linie, welche sie zuvor bezüglich des Erziehungsurlaubs entwickelt hatte. Im Jahr 1981 hatte das Europäische Parlament im Rahmen des Neuen Aktionsprogramms für Chancengleichheit vorgeschlagen, die Gleichbehandlungsrichtlinie um eine Richtlinie zum Erziehungsurlaub zu erweitern. In einem entsprechenden Entwurf hatte die Kommission einen gleichberechtigten Anspruch auf Elternurlaub von Müttern und Vätern vorgesehen, der Entwurf war jedoch von den nationalen Regierungen wegen der zu erwartenden Kosten abgelehnt worden.[78] Der Vaterschaftsurlaub bot somit die Gelegenheit, denselben Grundsatz neu aufzunehmen und möglicherweise Unterstützung seitens des EuGH zu erhalten.

Die mittlerweile christdemokratisch-liberal geführte westdeutsche Bundesregierung hielt vor dem EuGH an dem biologistischen Argument fest, dass Frauen aufgrund ihres Geschlechts untrennbar mit der Kinderbetreuung verbunden seien.[79] Diese Auffassung vertrat auch der französische Generalanwalt Marco Darmon in seinem Schlussantrag. Die Sache schien klar: Offensichtliche Unterschiede im Geschlecht erforderten Unterschiede im Gesetz. Laut Darmon verstieß das deutsche Mutterschutzgesetz nicht gegen die Gleichbehandlungsrichtlinie, denn diese verpflichte, wie Darmon bedauerte, die Mitgliedstaaten nicht, neues Recht dazu zu produzieren und ließe die nationalen Gesetzgeber frei darüber entscheiden, wie die Gleichbehandlung erreicht werden sol-

---

75 Urteil, Hofmann, wie Anm. 70, 3055.
76 Urteil, Hofmann, wie Anm. 70, 3052.
77 Vgl. Urteil, Hofmann, wie Anm. 70, 3062.
78 Vgl. Van der Vleuthen, Price, wie Anm. 12, 115.
79 Vgl. Urteil, Hofmann, wie Anm. 70, 3067.

le.⁸⁰ Im Juli 1984 bestätigte das Plenum des EuGH den Antrag des Generalanwalts und damit auch die Position der deutschen Bundesregierung auf voller Linie.⁸¹ Abermals setzten sich also traditionelle Perspektiven auf Geschlechterrollen durch. Gleichzeitig spiegelt das Urteil die Zurückhaltung der europäischen Richter wider, die offensichtlich die überwiegend konservativ geführten europäischen Regierungen nicht durch sozialkonstruktivistische Vorstellungen von Geschlecht vor den Kopf stoßen wollten.⁸² Das Landessozialgericht folgte dem Urteil des EuGH im November 1984 und Hofmanns Klage wurde abgewiesen.⁸³

Diese Vorsicht des EuGH bezüglich der sozialen Rolle von Vätern (und Müttern) hatte sich bereits im Herbst 1983 in der Frage der Gleichbehandlung von Männern in Italien gezeigt. In diesem Fall ging es um ein italienisches Gesetz von 1977 zur Gleichbehandlung von Männern und Frauen am Arbeitsplatz. Dieses sah vor, dass Arbeitnehmerinnen, die die Pflegschaft eines Kindes übernommen oder ein Kind adoptiert hatten, einen Anspruch auf einen bezahlten dreimonatigen Mutterschaftsurlaub hatten, sofern das Kind jünger als sechs Jahre alt war.⁸⁴ Das Gesetz bezog sich seinerseits auf ein Mutterschaftsurlaubsgesetz von 1971, das berufstätige Mütter bis zu einem Jahr nach der Adoption über eine Dauer von sechs Monaten von der Arbeit freistellte und eine Rückkehrgarantie gab. Auch berufstätigen Adoptivvätern verlieh das Gesetz das Recht freigestellt zu werden. Allerdings hatte der Adoptivvater im Gegensatz zur Adoptivmutter keinen Anspruch auf finanzielle Kompensation.⁸⁵

In diesem Vertragsverletzungsverfahren gegen die Republik Italien argumentierte die Kommission vor dem EuGH, dass das italienische Gesetz gegen die Gleichbehandlungsrichtlinie verstoße, die Ausnahmen vom Diskriminierungsverbot lediglich „zum Schutze der Frau, insbesondere bei Schwangerschaft und Mutterschaft" zulasse.⁸⁶ Indem das italienische Gesetz Frauen Betreuungszeit für Kinder bis zum Alter von sechs Jahren einräume, ziele es weniger auf Mutterschaft als auf Familie ab.⁸⁷

Wie die deutsche Bundesregierung im Falle Hofmanns widersprach auch die italienische Regierung dieser Interpretation. Vielmehr habe das Gesetz zum Zweck, Adoptivmütter mit biologischen Müttern gleichzustellen und Müttern und ihren Kindern – adoptiert oder biologisch – die Möglichkeit zu geben, eine „emotionale Beziehung" zueinander aufzubauen.⁸⁸ Gerade für die Integration in die Familie und die

---

80 Vgl. Schlussanträge des Generalanwalts Marco Darmon vom 27.6.1984, Ulrich Hofmann gegen Barmer Ersatzkasse, Rechtssache 184/83, ECLI:EU:C:1984:231, 3088.
81 Vgl. Urteil, Hofmann, wie Anm. 70, 3077.
82 Vgl. Loth, Last Stop, wie Anm. 14, 313–314.
83 Vgl. Bundestagsdrucksache, 10/3904, Übersicht 12 des Rechtsausschusses, 26.9.85, 7.
84 Vgl. Urteil des Gerichtshofes vom 26.10.1983, Kommission der Europäischen Gemeinschaften gegen Italienische Republik, Rechtssache 163/82, ECLI:EU:C:1983:295, 3287.
85 Vgl. Urteil, Kommission gegen Italien, wie Anm. 84, 3288.
86 Art. 2 Absatz 3 der Richtlinie 76/207/EWG des Rates vom 9. Februar 1976, wie Anm. 3.
87 Vgl. Urteil, Kommission gegen Italien, wie Anm. 84, 3279.
88 Urteil, Kommission gegen Italien, wie Anm. 84, 3281.

Entwicklung einer stabilen Beziehung zur Mutter sei die erste Zeit nach der Geburt beziehungsweise der Adoption von großer Bedeutung.[89] Mit anderen Worten war die italienische Regierung willens, die Beschränkung der „Mutter" auf biologische Verwandtschaft aufzugeben, nicht aber ihre biologistische Sicht auf die Mutter als Trägerin der emotionalen Familienarbeit.

Simone Rozès, die in diesem Verfahren abermals als Generalanwältin fungierte, unterstützte auch hier die Kommission. Zweck des Mutterschaftsurlaubes sei es, der Frau Zeit zu geben, sich nach der Geburt körperlich zu regenerieren. In diesem Szenario sei es sinnvoll, den Mutterschaftsurlaub nur der Mutter zu gewähren. Bei einer Adoption gebe es aber keinen Grund, nicht auch dem Vater das Recht auf Urlaub einzuräumen, um ihm dieselbe Chance zu geben, eine emotionale Beziehung zum Kind aufzubauen.[90] Von den Ausführungen Rozès' unbeeindruckt folgte der EuGH der Argumentation der italienischen Regierung. Er urteilte im Oktober 1983, dass das italienische Gesetz nicht gegen die Gleichbehandlungsrichtlinie verstoße, weil es „auf das legitime Bestreben zurückgehe, die Umstände, unter denen das Kind in die Adoptivfamilie aufgenommen wird, für diesen sehr schwierigen Zeitraum so weit wie möglich denjenigen anzugleichen, unter denen das Neugeborene Aufnahme in die Familie findet".[91] Kurz: Italienische Väter – und auch alle anderen Väter in der EG – hatten keinen Anspruch auf den Mutterschaftsurlaub, unabhängig davon, ob es sich um ein biologisches oder adoptiertes Kind handelte.

In der juristischen Öffentlichkeit wusste dieses Urteil des EuGH – wegen der offensichtlich fehlenden Geburtsstrapazen und der damit fehlenden Basis für eine biologische Argumentation – nicht zu überzeugen. Rozès' Argumentation vor dem EuGH fand erheblich mehr Zustimmung.[92] Für die Kommission waren die Urteile in den Vertragsverletzungsverfahren gegen Großbritannien und gegen Italien ein Zeichen dafür, dass der EuGH Ausnahmen vom Gleichstellungsgebot fast automatisch gewährte, sobald es um Schwangerschaft, Geburt und Mutterschaft ging.[93]

Juristischer Zuspruch half den Betroffenen allerdings nicht viel, ebenso wenig konnten spätere Gesetzesänderungen mehr als retrospektive Genugtuung bieten. Davon, dass das bundesdeutsche Recht das Mutterschutzgesetz ab 1985 auf den Vater ausdehnte und ab 1986 der einjährige Mutterschaftsurlaub auch im staatlichen Rentensystem anerkannt wurde, hatte Ulrich Hofmann nichts mehr. Seine Entscheidung,

---

89 Vgl. Urteil, Kommission gegen Italien, wie Anm. 84, 3281.
90 Vgl. Schlussanträge der Generalanwältin Simone Rozès vom 7. 6. 1983, Kommission der Europäischen Gemeinschaften gegen Italien, Rechtssache 163/82, ECLI:EU:C:1983:160, 3297–3298.
91 Urteil, Kommission gegen Italien, wie Anm. 84, 3288.
92 Vgl. Kevin J. Mills, Childcare Leave. Unequal Treatment in the European Economic Community, in: University of Chicago Legal Forum, 1, 22 (1992), 497–515, 511.
93 Vgl. Historical Archives of the European Commission, BAC 371/1991, No. 3647, Note for the Members of the Commission, 15. 11. 1983, 0491.

Vaterschaftsurlaub zu nehmen war indes kaum repräsentativ: Ende der 1980er Jahre nahmen nur 1,5 Prozent der westdeutschen Väter diese Möglichkeit in Anspruch.[94]

4. Schlussbetrachtung

Im Kampf um Geschlechtergerechtigkeit standen in den 1970er und 1980er Jahren vor allem wegen der weit verbreiteten Diskriminierung von Frauen Frauenrechte im Fokus sozialpolitischen Handelns. Männer, die als Väter und männliche Hebammen die gleichen Rechte wie Mütter und weibliche Hebammen einforderten, hatten damit weder in den jeweiligen Nationalstaaten noch vor dem EuGH Erfolg. Obwohl die Kommission in den 1980er Jahren die Gleichbehandlungsrichtlinie von 1976 zusammen mit der Generalanwältin Simon Rozès im Sinne einer Gleichbehandlung von Frauen *und* Männern interpretierte, gelang es den durchweg konservativ geführten Regierungen Westdeutschlands, Italiens und Großbritanniens, ihre Positionen und Vorstellungen von Geschlecht durchzusetzen. Alle Versuche, Elternschaft sozial zu definieren beziehungsweise den Hebammenberuf als geschlechtsneutrale professionelle Kompetenz einzustufen, wurden vom EuGH abgeschmettert. In den Entscheidungen des EuGH wurden Schwanger-, aber auch Mutterschaft weiterhin mit der Biologie der Frau verknüpft – und damit auch mit jener der dazugehörigen Männer. Dies lässt sich zum einen darauf zurückführen, dass bis in die Mitte der 1980er Jahre die direkte Anwendbarkeit der Gleichbehandlungsrichtlinie vor dem EuGH unter den beteiligten Akteuren noch immer umstritten war. Zum anderen spiegelte sich in den Entscheidungen des EuGH der Versuch wider, den nationalen Regierungen nicht vorzugreifen, wie vor allem im Falle der männlichen Hebammen deutlich wurde.

Zudem legen die Urteile nahe, dass die Richter des EuGH bei allem Bemühen für Geschlechtergerechtigkeit vom traditionellen Familienmodell des männlichen Familienversorgers geprägt waren. So entschied sich der EuGH im Falle Ulrich Hofmanns gegen eine Gleichbehandlung im Mutterschutz, obgleich ein Elternschutz die Position von Frauen am Arbeitsmarkt gestärkt hätte – im Unterschied zur Zulassung von männlichen Hebammen. Wäre also dem EuGH die arbeitsrechtliche Gleichbehandlung von Frauen ein wirkliches Anliegen gewesen, hätte er sich für eine Gleichverteilung des Mutterschutzes zwischen Ulrich Hofmann und der Mutter seines Kindes entscheiden können. Aber dafür war der EuGH in den 1980er Jahren der falsche Ort. Erst 26 Jahre später war im Fall Pedro Manuel Roca Álvarez die Zeit für eine solche Entscheidung reif.

---

94 Vgl. Christine Kuller, Familienpolitik im föderativen Sozialstaat. Die Formierung eines Politikfeldes in der Bundesrepublik 1949–1975, München 2004, 343–344; Katrin Drasch, Zwischen familiärer Prägung und institutioneller Steuerung. Familienbedingte Erwerbsunterbrechungen von Frauen in Ost- und Westdeutschland und der DDR, in: Peter A. Berger, Karsten Hank u. Angelika Tölke (Hg.), Reproduktion von Ungleichheit durch Arbeit und Familie, Wiesbaden 2011, 171–200, 176.

Maria Fritsche

Aushandlungen (homo-)sexueller Identitäten vor Wehrmacht- und SS-Gerichten im besetzten Norwegen (1940–1945)[*]

1. Einleitung

Der Einmarsch deutscher Truppen in Norwegen am 9. April 1940 erschütterte die Gesellschaftsordnung auf vielen Ebenen, auch auf jener des Rechts. Handlungen, die bislang erlaubt gewesen waren, wie etwa das Hören von ausländischen Sendern oder das Verlassen des Landes, waren plötzlich strafbar. Gleichzeitig verschärften die deutschen Machthaber Strafen für Vergehen, die in Norwegen bislang mit geringeren Strafen geahndet worden waren. Das betraf auch männliche Homosexuelle. Sexuelle Handlungen zwischen Männern waren zwar auch in Norwegen illegal, wurden aber in der Praxis kaum strafrechtlich verfolgt.[1] Die Okkupation veränderte die Lebenssituation homosexueller Norweger vor allem in zwei Punkten: Sie erweiterte einerseits die Möglichkeiten sexueller Kontakte durch den massiven Zustrom an Männern, erhöhte andererseits aber auch den Verfolgungsdruck, da bei sexuellen Kontakten mit Angehörigen der deutschen Besatzungsmacht die deutlich strengeren deutschen Strafgesetze zur Anwendung kamen.

Dieser Beitrag untersucht die Verteidigungs- und Argumentationsstrategien von Männern, die während des Zweiten Weltkrieges wegen homosexueller Betätigung von einem deutschen Gericht in Norwegen angeklagt wurden. Anhand einer Analyse von Gerichtsverfahren will ich herausarbeiten, wie Männlichkeit vor Gericht definiert, verhandelt und normiert wurde. Eine Anklage wegen homosexuellen Umgangs bedrohte nicht nur die gesellschaftliche und materielle Existenz der Beschuldigten.[2] Sie

---

[*] Ich danke den beiden Gutachter*innen sowie Ulrike Krampl, Hans Wiggo Kristiansen und Jürgen Thomas für ihre wertvollen Kommentare.
[1] Vgl. Runar Jordåen u. Raimund Wolfert, Homoseksualitet i det tyskokkuperte Norge – Sanksjoner mot seksuelle forhold mellom menn i Norge 1940–1945 [Homosexualität im deutschbesetzten Norwegen – Sanktionen gegen sexuelle Beziehungen zwischen Männern], in: Historisk tidsskrift, 94, 3 (2015), 455–485, 469.
[2] Vgl. Andreas Pretzel, Sonderstrafrecht gegen Homosexuelle, in: Andreas Pretzel (Hg.), NS-Opfer unter Vorbehalt. Homosexuelle Männer in Berlin nach 1945, Münster 2002, 51–61; Jürgen Müller, Ausgrenzung der Homosexuellen aus der „Volksgemeinschaft". Die Verfolgung von Homosexuellen in Köln 1933–1945, Köln 2003, 168–69.

stellte auch ihre Männlichkeit in Frage, denn in weiten Teilen der Gesellschaft galten Homosexuelle als ‚weibisch', ‚anormal' oder ‚krankhaft', auf jeden Fall aber als ‚unmännlich'[3] – eine Einschätzung, die auch manche Angeklagten teilten. Dieser Aufsatz fragt nach den Reaktionen der Beschuldigten auf die Anklage. Wie sprachen sie über ihre sexuelle Orientierung und über ihre (Geschlechts-)Identität? An welchen gesellschaftlichen, geschlechtlichen, rechtlichen oder medizinischen Normen orientierten sich ihre (Selbst-)Beschreibungen? Inwieweit unterschieden sich die Verteidigungsstrategien von Zivilisten und Soldaten, von Deutschen und Norwegern? Ziel ist es, die Gerichtssituation als Handlungsraum zu fassen und damit die Beschuldigten als Akteure sichtbar zu machen.

Meine Untersuchung geht von der Annahme aus, dass Verteidigungsstrategien immer auch Aushandlungsstrategien waren. Die Angeklagten suchten nicht nur einen Freispruch beziehungsweise ein mildes Urteil zu erreichen, sondern auch ihre Identität zu verteidigen. Welche Rolle dominante Vorstellungen von Männlichkeit in der Konstruktion von Identitäten spielten, möchte ich mit Raewyn Connells Konzept hegemonialer Männlichkeit beleuchten. Connells „hegemoniale Männlichkeit" erklärt die patriarchale Gesellschaftsordnung als eine von Dominanz und Konkurrenz geprägte männliche Hierarchie, die von der Überzeugung einer ‚natürlichen' Überlegenheit gegenüber Frauen zusammengehalten wird.[4] Das hegemoniale Ideal des ‚harten', also physisch starken, rational handelnden, gefühlskontrollierten und risikobereiten Mannes, der immer weiß und heterosexuell gedacht ist, konnte spätestens seit der Mitte des 19. Jahrhunderts bis weit ins 20. Jahrhundert immensen gesellschaftlichen Einfluss entfalten.[5] Am unteren Ende dieser Männlichkeitshierarchie angesiedelt – und damit mit deutlich geringerem gesellschaftlichen Status und auch weniger Macht ausgestattet – waren homosexuelle, nicht-weiße oder behinderte Männer.[6]

Wie hegemoniale Männlichkeit in der Praxis funktionierte, soll hier am Beispiel des gerichtlichen Raumes untersucht werden, der nach Henri Lefebvre als sozialer, durch Interaktionen erfahrener und geformter Raum definiert wird.[7] Im Fall der Wehrmacht- und SS-Gerichte handelte es sich um einen Raum, der rein männlich normiert und von mehreren Machtasymmetrien durchzogen war. Wie zu zeigen ist, reagierten die Be-

---

3 Vgl. dazu aber auch Gegenentwürfe: Eleanor Hancock, „Only the Real, the True, the Masculine Held its Value": Ernst Röhm, Masculinity, and Male Homosexuality, in: Journal of the History of Sexuality, 8, 4 (1998), 616–641.
4 Vgl. Robert/Raewyn Connell, Masculinities, Cambridge 1996; Lothar Böhnisch, Männliche Sozialisation, Weinheim/München 2004.
5 Vgl. Connell, Masculinities, wie Anm. 4; George L. Mosse, The Image of Man. The Creation of Modern Masculinity, New York/Oxford 1998, 56–66.
6 Zur Abgrenzung von homosexueller Männlichkeit vgl. Martin Dinges, „Hegemoniale Männlichkeit" – Ein Konzept auf dem Prüfstand, in: Martin Dinges (Hg.), Männer – Macht – Körper. Hegemoniale Männlichkeiten vom Mittelalter bis heute, Frankfurt am Main 2005, 7–33.
7 Vgl. Henri Lefebvre, The Production of Space, Oxford 1991, 32, 73.

schuldigten auf den Vorwurf der Unmännlichkeit, der in der Anklage wegen homosexueller Handlungen immer mitschwang, durchaus unterschiedlich.

Der vorliegende Aufsatz untersucht den Nexus von Sexualität, Männlichkeit und (Besatzungs-)Macht anhand einer qualitativen Analyse von 35 Gerichtsverfahren, die während des Zweiten Weltkrieges von deutschen Gerichten in Norwegen geführt wurden.[8] In allen Fällen lautete die Anklage auf Verstoß gegen § 175 des deutschen Strafgesetzbuches (StGB), der meist mit der Kurzformel „Unzucht zwischen Männern" oder „widernatürliche Unzucht" umschrieben wurde. Weibliche Homosexualität wurde im Übrigen weder in Deutschland noch in Norwegen strafrechtlich verfolgt. Die (strafrechtliche) Verfolgung und Lebenssituation der Homosexuellen im nationalsozialistischen Deutschland ist – mit Ausnahme der Verfolgungspraxis in der Wehrmacht und der SS[9] – mittlerweile recht umfassend erforscht.[10] Beträchtliche Forschungslücken gibt es jedoch bei der Verfolgung Homosexueller in den von Deutschland besetzten und annektierten Gebieten.[11] Gegen wie viele Männer in Norwegen wegen des Vorwurfs der „Unzucht" strafrechtlich ermittelt wurde und wie sich die Spruchpraxis im Laufe des Krieges entwickelte, ist nach wie vor nicht bekannt.[12] Auch dieser Beitrag kann aufgrund der schwierigen Quellenlage keine statistisch-repräsentativen Aussagen zur Verfolgungspraxis treffen. Vielmehr geht es darum, exemplarisch die Konstruktionen männlicher Identitäten im gerichtlichen Raum zu beleuchten und damit auch unseren Erkenntnisstand zu den vielfältigen sexuellen Beziehungen mit dem ‚Feind' zu erweitern. Denn dass die Sexualität im besetzten Europa eine zentrale Rolle spielte, haben etwa die Studien von Anette Warring, Birgit

---

8 16 Verfahren wurden im Zuge eines systematischen Durchgangs des im Riksarkiv Oslo (RA) archivierten (unvollständigen) Aktenbestands des SS- und Polizeigerichts Nord/IX ermittelt, bei den anderen Fällen handelt es sich um Zufallsfunde im Zuge von Recherchen im Bundesarchiv-Militärchiv Freiburg (BA-MA), im Archiv der Republik, Wien (AdR) und im Staatsarchiv Hamburg (StaHa).

9 Einer internen Statistik zufolge wurden zwischen September 1939 und Juli 1944 6.952 Wehrmachtangehörige nach § 175 verurteilt. Vgl. Günter Grau, Homosexualität in der NS-Zeit. Dokumente einer Diskriminierung und Verfolgung, Frankfurt am Main 2004, 210. Der Verfolgungsdruck nahm mit Kriegsbeginn im Vergleich zu den drei vorhergehenden Jahren jedoch ab. Vgl. Alexander Zinn, „Aus dem Volkskörper entfernt"? Homosexuelle Männer im Nationalsozialismus, Frankfurt am Main 2018, 63–70, 321.

10 Für einen Überblick vgl. Günter Grau, Lexikon zur Homosexuellenverfolgung 1933–1945. Institutionen – Kompetenzen – Betätigungsfelder, Berlin/Münster 2011.

11 Vgl. Régis Schlagdenhauffen, Outlawed desires. Punishing „homosexuals" in annexed Alsace (1940–1945), in: Clio. Femmes, Genre, Histoire, 39 (2014), 78–98; Pieter Koenders, Die Bekämpfung der Homosexualität in den besetzten Niederlanden, in: Burkhard Jellonnek u. Rüdiger Lautmann (Hg.), Nationalsozialistischer Terror gegen Homosexuelle. Verdrängt und ungesühnt, Paderborn 2002, 265–272; Mario Kramp, Homosexuelle im besetzten Frankreich 1940–1944/45. Fragmente einer noch zu schreibenden Geschichte, in: Jellonek/Lautmann, Terror, 273–298.

12 Jordåen und Wolfert publizierten 2015 als erste einen ausführlicheren Aufsatz zum Thema (siehe Anm.1), der jedoch, wie die Autoren selbst einräumen, noch viele Fragen offenlässt. Das norwegische Grini Museum erfasst derzeit alle Männer (auch deutsche), die während des Zweiten Weltkrieges wegen homosexuellen Umgangs verhaftet wurden.

Beck, Fabrice Virgili, Regina Mühlhäuser, Maren Röger und Laura Fahnenbruck anschaulich gezeigt, auch wenn sie in erster Linie heterosexuelle Kontakte zwischen einheimischen Frauen und männlichen Besatzern in den Blick nehmen.[13]

Gerichtsquellen ermöglichen einzigartige Einblicke in den Lebensalltag Homosexueller, stellen gleichzeitig aber auch eine methodologische Herausforderung dar, da die Beschuldigten häufig nur indirekt zu Wort kommen. Übersetzer, Gutachter oder Protokollführer stellten die Aussagen der Betroffenen häufig verkürzt, gefiltert oder auch ideologisch verfärbt dar. Lässt sich bei umfangreicheren Akten, die beispielsweise verschiedene Zeugenaussagen, Lebensläufe, medizinische Gutachten sowie Verhör- und Verfahrensprotokolle enthalten, eine Stimme rekonstruieren, sind in manchen Fällen die auswertbaren Informationen begrenzt. Um die Analyse der Gerichtsakten besser einordnen zu können, werde ich zunächst die Rechtslage, Organisation und Spruchpraxis der Gerichte skizzieren. Darauf aufbauend analysiere ich drei zentrale Argumentationsstrategien der Beschuldigten und reflektiere abschließend über den Gerichtsraum als Aushandlungsort von Männlichkeit.

2. Rechtslage und Strafverfolgung im besetzten Norwegen

Nach der deutschen Besetzung Norwegens am 9. April 1940 blieben zwar die norwegische Gerichtsbarkeit und die norwegische Rechtsordnung bestehen, doch war die Bevölkerung in allen Belangen, welche die deutsche Besatzungsmacht berührten, der deutschen Gerichtsbarkeit unterworfen.[14] Das betraf insbesondere Verstöße gegen Verordnungen des Reichskommissars oder Straftaten, die Angehörige der deutschen Besatzungsmacht beziehungsweise deren Eigentum involvierten. Im Januar 1942 wurde die Strafverfolgung norwegischer Zivilpersonen, die bislang den Wehrmachtgerichten oblag, in weiten Teilen dem neugegründeten SS- und Polizeigericht Nord übertragen.[15] Grundlage der Strafverfolgung bildeten in erster Linie das deutsche StGB von 1871 sowie das Militärstrafgesetzbuch (MStGB) in der Fassung von 1940.[16]

---

13 Vgl. Anette Warring, Tyskerpiger. Under besættelse og retsopgør [Deutschenmädchen. Unter der Besatzung und der rechtlichen Aufarbeitung], København 1994; Birgit Beck, Wehrmacht und sexuelle Gewalt. Sexualverbrechen vor deutschen Militärgerichten, 1939–1945, Paderborn 2004; Fabrice Virgili, La France virile. Des femmes tondues à la Libération, Paris 2000; Regina Mühlhäuser, Eroberungen. Sexuelle Gewalttaten und intime Beziehungen deutscher Soldaten in der Sowjetunion 1941–1945, Hamburg 2010; Laura Fahnenbruck, Ein(ver)nehmen. Sexualität und Alltag von Wehrmachtsoldaten in den besetzten Niederlanden, Göttingen 2018.
14 Rechtliche Grundlage bildeten § 4 Kriegssonderstrafrechtsverordnung (KSSVO) und § 2 Kriegsstrafverfahrensordnung (KStVO), die am 26. August 1939 in Kraft traten. Reichsgesetzblatt RGBl. I (1939), Nr. 147.
15 Ausgenommen blieben Straftaten, welche die Interessen der Wehrmacht berührten. Zweite Verordnung über die Erweiterung der Zuständigkeit des SS- und Polizeigerichts Nord, Verordnungsblatt für die besetzten norwegischen Gebiete, Oslo, 24. Januar 1942.
16 Vgl. § 161 Verordnung über die Neufassung des Militärstrafgesetzbuches, RGBl. I (1940), Nr. 181.

2.1 Kriminalisierung männlicher Homosexualität

Schon vor der Machtergreifung durch die Nationalsozialisten galt in Deutschland „widernatürliche Unzucht [...] zwischen Personen männlichen Geschlechts" nach § 175 StGB als Straftat, die mit Gefängnis geahndet wurde. Das NS-Regime verschärfte die anti-homosexuelle Rhetorik und die Verfolgung Homosexueller.[17] 1935 wurde mittels einer Novellierung des § 175 StGB der Straftatbestand der Unzucht von „beischlafähnlichen Handlungen" auf jegliche sexuelle Handlung zwischen Männern erweitert.[18] Weiters wurde § 175a eingeführt, der Strafen für bestimmte gleichgeschlechtliche Handlungen deutlich erhöhte. Homosexuelle Kontakte unter Ausübung von Zwang oder Ausnutzung eines Abhängigkeitsverhältnisses, sexuelle Kontakte zu Männern unter 21 Jahren sowie homosexuelle Prostitution konnten nun mit bis zu zehn Jahren Zuchthaus bestraft werden.[19]

Auch in Norwegen war männliche Homosexualität strafbar. 1902 wurde jedoch im Zuge einer Strafrechtsreform die Strafverfolgung eingeschränkt. § 213 des Allgemeinen Bürgerlichen Strafgesetzes bedrohte den „unzüchtigen Umgang zwischen Personen männlichen Geschlechts" mit Gefängnis bis zu einem Jahr, allerdings war eine Strafverfolgung nur dann einzuleiten, wenn es „das öffentliche Interesse erfordert[e]".[20] Tatsächlich blieb die Zahl der gerichtlichen Verfahren nach diesem 1905 in Kraft getretenen § 213 sehr niedrig.[21] Nach einer Schätzung des Norwegischen Statistischen Zentralamtes sollen zwischen 1905 und 1950 lediglich 119 Männer nach § 213 verurteilt worden sein.[22] Unter der deutschen Besatzung kam es jedoch zu einem deutlichen Anstieg der Verurteilungen durch deutsche Gerichte. Homosexuelle Handlungen von Norwegern wurden allerdings nur verfolgt, wenn deutsche Reichsangehörige oder Wehrmacht- beziehungsweise SS-Angehörige beteiligt waren.[23]

---

17 Vgl. Andreas Pretzel, Vom Staatsfeind zum Volksfeind. Zur Radikalisierung der Homosexuellenverfolgung im Zusammenwirken von Polizei und Justiz, in: Susanne zur Nieden (Hg.), Homosexualität und Staatsräson. Männlichkeit, Homophobie und Politik in Deutschland 1900–1945, Frankfurt 2005, 217–252, 228–245.
18 Gesetz zur Änderung des Strafgesetzbuches, 28. 6. 1935, RGBl. I (1935), Nr. 70. Ausführlich dazu vgl. Müller, Ausgrenzung, wie Anm. 2, 64–68.
19 Vgl. Grau, Lexikon, wie Anm. 10, 1949–153.
20 § 213 Allmindelig borgerlig straffelov [Allgemeines bürgerliches Strafrecht], 22. Mai 1902.
21 Vgl. Jordåen u. Wolfert, Homoseksualitet, wie Anm. 1, 469.
22 Vgl. Martin S. Halsos, § 213 i almindelig borgerlig straffelov av 1902. Homoseksualitet i Norge og rettslige sanksjoner mot dem fra slutten av 1800-tallet til 1972 [§ 213 im Allgemeinen bürgerlichen Strafrecht von 1902. Homosexualität in Norwegen und rechtliche Sanktionierung vom Ende des 19. Jahrhunderts bis 1972], Diplomarbeit, Universitetet i Oslo 2001, 125. Nach Halsos weist die Statistik jedoch einige Schwächen auf.
23 Jordåen und Wolfert eruierten 15 Norweger, die von einem deutschen Gericht nach §175 verurteilt wurden. Vgl. Jordåen und Wolfert, Homoseksualitet, wie Anm. 1, 483. Ich konnte weitere 22 Norweger erfassen.

Die hier untersuchten Gerichtsverfahren wurden von unterschiedlichen Wehrmachtgerichten sowie von dem in Oslo ansässigen SS- und Polizeigericht Nord und IX (letzteres zuständig für interne SS-Angelegenheiten) geführt. Die Gerichtsfälle umfassen sehr unterschiedliche Handlungen, von einvernehmlichen sexuellen Kontakten über sexuelle Belästigungen bis hin zu einigen schwerwiegenden sexuellen Übergriffen, auch gegen Minderjährige. In etwa der Hälfte der untersuchten 35 Verfahren waren ein oder mehrere norwegische Zivilisten involviert. Diese Verfahren wurden zumeist vom SS- und Polizeigericht Nord geführt. Bei der anderen Hälfte handelte es sich vorwiegend um sexuelle Kontakte *zwischen* deutschen Wehrmachtangehörigen, die von Wehrmachtgerichten geahndet wurden. Unter den Angeklagten fanden sich auch zwei Franzosen und ein Däne, die für die Wehrmacht arbeiteten. Die Beschuldigten waren zwischen 17 und 65 Jahre alt und entstammten unterschiedlichen sozialen Milieus, wobei gerade bei den norwegischen Angeklagten die Mittelklasse stark vertreten war.[24]

Die gerichtliche Untersuchung wurde in der Regel durch eine Anzeige eingeleitet, die ersten Einvernahmen der Beschuldigten und Zeugen erfolgten durch die Sicherheitspolizei oder Militärpolizei, manchmal auch durch norwegische Polizeibeamte. Die Gerichtssprache war Deutsch. Bei nicht-deutschsprachigen Beschuldigten wurde ein Übersetzer („Sprachmittler") herangezogen, zumeist ein Angehöriger der Wehrmacht oder SS. Die Mehrheit der norwegischen Angeklagten sprach indes so gut Deutsch, dass kein Übersetzer nötig war. Während der sich oft monatelang hinziehenden Ermittlungsverfahren saßen die norwegischen Beschuldigten meist in Untersuchungshaft. Die eigentlichen Gerichtsverhandlungen waren hingegen sehr kurz und dauerten selten länger als eine Stunde. Zugegen waren neben den Angeklagten nur der verfahrensleitende Richter, zwei Wehrmacht- oder SS-Angehörige als Beisitzer, der Ankläger sowie der Protokollführer und allenfalls ein Übersetzer. Anwaltlich vertreten wurde in den untersuchten Verfahren lediglich einer der (norwegischen) Beschuldigten. Gegen das Urteil eines Wehrmacht- oder SS-Gerichts gab es keinerlei Rechtsmittel – der Verurteilte konnte lediglich ein Gnadengesuch einreichen.[25] Norweger*innen, die zu einer Freiheitsstrafe über drei Monate (Wehrmachtgericht) beziehungsweise über einem Jahr (SS- und Polizeigericht) verurteilt wurden, mussten ihre Strafe in einer zivilen Haftanstalt in Deutschland abbüßen, in der Regel in der Vollzugsanstalt Hamburg-Fuhlsbüttel.[26] Für den Strafvollzug von Wehrmacht- und SS-Angehörigen stand ein komplexes Netz an Haftanstalten und Strafabteilungen zur Verfügung,[27]

---

24 Vgl. dazu die Situation im Elsass: Schlagdenhauffen, Desires, wie Anm. 11, 81.
25 Vgl. § 76 KStVO.
26 Vgl. Peter Kalmbach, Wehrmachtjustiz, Berlin 2012, 191; Robert Bohn, Reichskommissariat Norwegen. „Nationalsozialistische Neuordnung" und Kriegswirtschaft, München 2000, 110.
27 Vgl. Maria Fritsche, Entziehungen. Österreichische Deserteure und Selbstverstümmler in der Deutschen Wehrmacht, Wien 2004, 126–151.

wobei der als „Gerichtsherr" fungierende Kommandeur der Einheit, der das Urteil bestätigte, entscheiden konnte, ob und wie die Haft vollzogen wurde.[28]

2.2 Die gerichtliche Urteilspraxis und Bewertung homosexueller Handlungen

Die nationalsozialistische Gerichtsbarkeit war eine unverzichtbare Stütze des NS-Regimes. Sie fungierte als williges Instrument nationalsozialistischen Terrors, gab aber dem Regime auch den Anstrich von Legalität, indem sie sich auf Recht und Gesetz berief und teilweise – im Einklang mit dem Völkerrecht – Rücksicht auf nationale Rechtsordnungen nahm.[29] Diese Janusköpfigkeit der NS-Justiz zeigt sich deutlich in der Behandlung von Verstößen gegen § 175 StGB im besetzten Norwegen. In Fällen, in denen Norweger und Deutsche gemeinsam angeklagt waren, wurden Norweger mit Verweis auf die norwegische Rechtslage *immer* milder bestraft. Anders sah es bei Strafverfahren aus, in denen ausschließlich Norweger oder Deutsche auf der Anklagebank saßen. Hier konnte das Strafmaß beträchtlich variieren. Die meisten Strafen lauteten auf sechs bis zwölf Monate Gefängnis und bewegten sich damit eher am unteren Ende der Strafskala. Sieben Beschuldigte – es handelte sich meist um den Vorwurf gewerbsmäßiger Prostitution beziehungsweise des sexuellen Missbrauchs von Kindern und Jugendlichen – wurden zu einer Zuchthausstrafe verurteilt, zwei sogar zu 15 Jahren.

Ebenfalls bedeutsam sind die Unterschiede zwischen Wehrmachtjustiz und der SS- und Polizeigerichtsbarkeit. Zwar zeigen sich in Hinblick auf das Strafmaß kaum Unterschiede, wohl aber – zumindest tendenziell – hinsichtlich des Umfangs der Untersuchung und der formellen Bewertung der Straftat. Das SS- und Polizeigericht Nord befasste sich weit intensiver mit der Frage, ob die zu beurteilenden Handlungen als Ausdruck einer homosexuellen Veranlagung einzuordnen und erblich oder sozial bedingt waren. Diese Frage schien die Wehrmachtgerichte, trotz diesbezüglicher Weisungen der Wehrmachtführung, offensichtlich kaum zu interessieren, was sich auch in einer häufig oberflächlicheren Untersuchung widerspiegelte.[30]

Dass der homosoziale Charakter des Militärs homosexuelle Kontakte begünstigte, war der Wehrmacht durchaus bewusst. Die Gerichtsakten zeigen, dass diese offensichtlich als unvermeidlicher Bestandteil des soldatischen Alltags in Kauf genommen und keineswegs automatisch als Ausdruck von Homosexualität bewertet wurden. Zum Problem wurden solche Kontakte erst, wenn sie öffentlich bekannt wurden und durch

---

28 Vgl. § 112 KStVO.
29 Vgl. dazu Michael Wildt, der Ernst Fraenkels These vom Nebeneinander eines Normen- und Maßnahmenstaates diskutiert. Michael Wildt, Die Ambivalenz des Volkes. Der Nationalsozialismus als Gesellschaftsgeschichte, Berlin 2019, 317–321.
30 Vgl. Chef des OKW, Richtlinien für die Behandlung von Strafsachen wegen widernatürlicher Unzucht, 19. 5. 1943, RA, RAFA-3182, 0001/G/Ga, L0011.

eine befürchtete Ausbreitung den Zusammenhalt der Truppe zu gefährden drohten. Die Wehrmachtführung sorgte sich aber nicht nur um die Truppenmoral, sondern auch um die Sicherheit der Truppen in den besetzten Gebieten, weshalb sie *jeglichen* – auch heterosexuellen – Beziehungen von Soldaten mit Zivilpersonen skeptisch gegenüberstand.[31] Sie vertrat damit einen anderen Standpunkt als die SS, die Beziehungen zwischen deutschen Soldaten und ‚arischen' Norwegerinnen aus ideologischen Gründen förderte,[32] aber „rücksichtslose Strenge" gegen die als „gefährlich und ansteckende Pest" charakterisierte Homosexualität forderte.[33]

Die unterschiedlichen Argumentations- und Deutungsmuster der Gerichte stellen uns vor methodologische Herausforderungen. Während die *SS- und Polizeigerichte* die Beschuldigten zwangen, über ihre homosexuelle Veranlagung und damit auch über ihre geschlechtliche Identität zu reflektieren, blieb in den *Wehrmachtgerichtsverfahren* vieles ungesagt, weil ungefragt. In der Regel sind die dokumentierten Aussagen der Beschuldigten und Zeugen in letzteren Verfahren viel knapper, Fragen beschränkten sich meist auf die Feststellung der Tat und den Tathergang. Der wehrmachtgerichtliche Raum, so lässt sich vielleicht als These folgern, war so stark von traditionell militärisch-männlichen Werten durchdrungen, dass alternative Lebensentwürfe nicht denkbar oder zumindest nicht sagbar waren. Homosexuelle Handlungen wurden vorrangig als moralisch verwerfliche und die militärische Disziplin bedrohende Verirrung diskutiert, konnten aber auch nur als solche gestanden werden. Diesen ideologisch unterschiedlich konnotierten gerichtlichen Raum gilt es bei der folgenden Analyse der Verteidigungsstrategien mitzudenken.

3. Verteidigungsstrategien der Beschuldigten

In Bezug auf die Argumentation der Beschuldigten lassen sich grob drei Verteidigungsstrategien unterscheiden: Eingeständnis beziehungsweise Identifikation als homosexuell, die Relativierung einer homosexuellen Neigung sowie deren vollständige Negierung. Allen Strategien gemein war das Bemühen, die eigene Identität zu verteidigen, wobei die Frage der Männlichkeit ein wichtiges Moment darstellte, auch wenn sie nicht direkt benannt wurde. Meine Analyse offenbart bemerkenswerte nationale Unterschiede: Während die meisten norwegischen Beschuldigten sich entweder offen

---

31 Vgl. Anette Warring, Intimate and Sexual Relations, in: Robert Gildea, Olivier Wieviorka u. Anette Warring (Hg.), Surviving Hitler and Mussolini. Daily Life in Occupied Europe, Oxford 2006, 88–128, 105–106.
32 Vgl. Terje Emberland, Pure-Blooded Vikings and Peasants. Norwegians in the Racial Ideology of the SS, in: Anton Weiss-Wendt u. Rory Yeomans (Hg.), Racial Science in Hitler's New Europe, 1938–1945, Lincoln 2013, 108–128, 111, 117.
33 Der Reichsführer SS und Chef der deutschen Polizei, Befehl Betr. Erlass des Führers zur Reinhaltung der SS und Polizei, 7. 3. 1942, RA, RAFA-3182, 0001/G/Ga, L0011.

zu ihrer homosexuellen Orientierung bekannten oder diese zumindest zögerlich eingestanden, so bestritten die deutschen Angeklagten mit wenigen Ausnahmen eine homosexuelle Neigung. Wie lassen sich diese Unterschiede deuten? Ein Erklärungsansatz liegt im divergierenden Erfahrungshorizont der Angeklagten. Zwar war auch in Norwegen Homosexualität gesellschaftlich verpönt, doch schürte die homosexuellenfeindliche Politik im nationalsozialistischen Deutschland ein Klima der Angst, das auch das Verhalten der deutschen Beschuldigten prägte. Eine zweite Erklärung ist, dass viele Angeklagte sich selbst tatsächlich nicht als homosexuell definierten, auch wenn sie sexuelle Kontakte zu anderen Männern pflegten.[34] Ob diese Männer die Stationierung im ‚freieren' Ausland nutzten, um eine möglicherweise unterdrückte homosexuelle Neigung auszuleben oder einfach ihre sexuelle Lust – mit wem auch immer – zu befriedigen suchten, darüber geben die untersuchten Quellen keine Auskunft.[35] Die Forschung zu historischen homosexuellen Milieus verweist jedoch auf die Vorliebe Homosexueller für besonders ‚männlich' wirkende heterosexuelle Männer.[36] Lassen sich die nationalen Unterschiede also auch damit erklären, dass hier Norweger, die sich als homo- oder bisexuell verstanden, den sexuellen Kontakt zu äußerlich heterosexuellen deutschen Uniformierten suchten, die wiederum diese Gelegenheit gerne nutzten?

3.1 Eingeständnis der homosexuellen Veranlagung

Verglichen mit den Aussagen der deutschen Beschuldigten wirken manche der norwegischen Angeklagten erstaunlich freimütig. Der 43-jährige norwegische Gärtner Thomas W., der in einer öffentlichen Toilette in Oslo mit einem Wehrmachtsoldaten erwischt wurde, gab unumwunden zu: „Wenn ich nicht verheiratet bin, so kann ich das nur darauf zurückführen, dass ich homosexuell veranlagt bin und für Frauen keine Gefühle habe."[37] Der Arzt Hans S., der versucht hatte, mit einem Soldaten auf der Straße ‚anzubandeln' und von diesem verhaftet wurde, machte bei seiner ersten Einvernahme noch „einen sehr aufgeregten Eindruck". Drei Monate später gab er jedoch deutlich selbstsicherer zu Protokoll: „Ich weiss selbst, dass ich homosexuell veranlagt bin."[38]

---

34 Vgl. Helen Smith, Masculinity, Class and Same-Sex Desire in Industrial England, 1895–1957, London 2015, 62–67, 70–71.
35 Zur Frage, wieso ‚richtige', also offensichtlich maskuline heterosexuelle Männer homosexuelle Kontakte suchten, vgl. etwa Arne Nilsson, Sâna & riktiga karlar. Om manlig homosexualitet i Göteborg decennierna kring andra världskriget [Solche & richtige Kerle. Über männliche Homosexualität in Göteborg rund um den Zweiten Weltkrieg], Göteborg 1998, 138–155.
36 Vgl. Nilsson, Sâna, wie Anm. 35, 131–137; George Chauncey, Gay New York. Gender, Urban Culture, and the Making of the Gay Male World, 1890–1940, New York 1994.
37 Thomas W., RA, RAFA-3182, 0001/D/Da, L0110.
38 Hans S., RA, RAFA-3182, 0001/D/Da, L0168.

Auch der 63-jährige norwegische Kunstmaler Anton M. machte aus seiner Vorliebe für „schöne Mannskörper" keinen Hehl. Seine etwas unbeholfenen sexuellen Annäherungsversuche an einen deutschen Polizisten, den er in einem Dampfbad kennengelernt hatte, rechtfertigte er mit der schlichten Erklärung: „Er war mein Typ und ich konnte dagegen nicht ankämpfen." Dass M. sein Begehren offen eingestand, lag vielleicht auch daran, dass er sich als Künstler nicht an die gesellschaftlichen Konventionen gebunden fühlte. Dennoch war es ihm wichtig zu unterstreichen, dass er „für weibische Männer" nichts übrighabe, er sich vor homosexuell veranlagten Männern „ekelte" und sich immer nur für „100prozentige Männer" interessiere.[39] Mit seiner Bewunderung für maskuline Männer und seiner Ablehnung femininer Homosexueller bestätigte er die hegemoniale Männlichkeitsnorm, übernahm aber gleichzeitig den weiblichen Part, der für ‚richtige' Männer schwärmte.

Die Identifikation als homosexuell ging allerdings fast immer mit dem Versuch einher, die eigene sexuelle Orientierung zu legitimieren. Etliche Beschuldigte verwiesen auf medizinische Lehrmeinungen oder vorausgegangene Behandlungen, um zu belegen, dass ihre Homosexualität unveränderbar oder unüberwindbar sei, weil es sich um eine angeborene Veranlagung handle. So erklärte der bereits zitierte Kunstmaler M., dass er den berühmten Sexualwissenschaftler Magnus Hirschfeld in Berlin aufgesucht habe „um mich wegen homosexueller Veranlagung ärztlich behandeln zu lassen, doch hat dies nichts genuetzt". Auch der Arbeiter Willy A., der in einem Wehrmachtlager arbeitete, berief sich auf eine Konsultation mit seinem Arzt, „… der mir versicherte, dass es schwer sei, davon zu lassen, da es eine angeborene Veranlagung sei".

Hier zeigt sich, dass der diskursive Raum, in dem sich die norwegischen Beschuldigten positionierten, sich vom nationalsozialistischen Raum deutlich unterschied, was den Beschuldigten offensichtlich nicht klar war. Denn während Befürworter einer Entkriminalisierung in Norwegen damit argumentierten, dass Homosexualität angeboren war und deshalb nicht bestraft werden sollte,[40] sahen die Nationalsozialisten in einer möglichen Veranlagung ein strafverschärfendes Moment.[41]

---

39 Anton M., RA, RAFA-3182, 0001/D/Da, L0072.
40 Vgl. Runar Jordåen, Frå synd til sjukdom? Konstruksjonen av manneg homoseksualitet i Norge, 1886–1950 [Von Sünde zu Krankheit? Konstruktionen männlicher Homosexualität in Norwegen, 1886–1950], Diplomarbeit, Universitet Bergen 2003, 33–34.
41 Vgl. OKW, Richtlinien. Zur nationalsozialistischen Wissenschaftsdiskussion zur Homosexualität vgl. Carola von Bülow, Der Umgang der nationalsozialistischen Justiz mit Homosexuellen. Dissertation, Carl von Ossietzky Universität Oldenburg 2000, 47–54.

3.2 Relativierung der homosexuellen Orientierung

Während sich einige norwegische Angeklagte offen zu ihrer Homosexualität bekannten, gestanden andere ihre homosexuelle Orientierung nur zögerlich ein und versuchten, sie durch eine ‚Historisierung' zu relativieren. Sie präsentierten ihre Homosexualität als eine Phase jugendlichen Experimentierens oder erklärten sie für erledigt, indem sie behaupteten, dass sich ihr Geschlechtstrieb durch das Älterwerden abgeschwächt habe. Mit der Formulierung „es drängt mich nicht mehr so sehr zum Geschlechtstrieb" versuchte der 60-jährige norwegische Hotelbesitzer Hans L. das Gericht von seiner Ungefährlichkeit zu überzeugen.[42] Auch der Verweis auf lange Perioden der (homosexuellen) Enthaltsamkeit während heterosexueller Beziehungen, des Dienstes in der Heilsarmee oder als Folge einer gerichtlichen Verurteilung diente der Relativierung der Homosexualität.

Ein häufig vorgebrachtes Argument war, dass die homosexuelle Neigung „nur im Alkoholrausch durchbricht".[43] Der im Dienst der Wehrmacht stehende norwegische Lagerarbeiter Karl H., der in den 1930er Jahren bereits von einem norwegischen Gericht wegen Unzucht mit Männern zu einer Arreststrafe verurteilt worden war, gab an: „An solche Unsittlichkeiten denke ich nur, wenn ich betrunken bin."[44] Der verheiratete norwegische Arzt Hans S., der bereits von einem Marinegericht wegen sexueller Belästigung eines deutschen Lazarettpatienten bestraft worden war, gab sich einsichtig: „Die Gefuehle werden in dieser Beziehung immer dann geweckt, wenn ich Alkohol getrunken habe. Aus diesem Grund enthalte ich mich alkoholischer Getränke."[45] Den Beschuldigten war es wichtig hervorzuheben, dass sie ihre Homosexualität (zumindest zeitweise) unter Kontrolle hatten beziehungsweise sich bemühten, ihre ‚Triebe' zu disziplinieren. So auch Jens J., Geschäftsführer eines namhaften Hotels, der regelmäßig Mitglieder der städtischen Elite zu Trinkgelagen lud. Mitunter bot er seinen Gästen sein Schlafzimmer zur Übernachtung an, unter anderen auch einem Major der norwegischen Polizei, was bei der deutschen Sicherheitspolizei die Alarmglocken schrillen ließ. Im Verhör betonte J. jedoch, dass der Major nicht „wusste [...], dass ich homosexuell veranlagt bin und [ich] habe mich ihm gegenueber auch stets beherrscht".[46] Wie J. wurde auch der Norweger Karl H. vom Objekt seines Begehrens, in diesem Fall ein deutscher Marinesoldat, dem er sich bei einem Privatfest sexuell genähert hatte, niedergeschlagen und angezeigt. Im Verhör betonte H. sein Bemühen seine homosexuellen Neigungen unter Kontrolle zu halten: „[...] obwohl ich keine Lust auf Verkehr mit Frauen hatte, habe ich mich auch beherrscht Männern gegen-

---

42 Hans L., RA, RAFA-3182, 0001/D/Da, L0042.
43 Hans L., RA, RAFA-3182, 0001/D/Da, L0042.
44 Karl H., RA, RAFA-3182, 0001/D/Da, L0107.
45 Hans S., RA, RAFA-3182, 0001/D/Da, L0168.
46 Jens J., RA, RAFA-3182, 0001/D/Da, L0137.

über, notfalls Onanie getrieben".⁴⁷ Die Angeklagten präsentierten sich also als Männer, die ihren Geschlechtstrieb im Griff hatten. Damit vermittelten sie einerseits, dass keine Gefahr von ihnen ausging, andererseits beanspruchten sie für sich ‚richtige' Männer zu sein, da Disziplin und Selbstbeherrschung als zentrale Merkmale ‚harter' Männlichkeit galten. Implizit distanzierten sie sich damit auch vom Stereotyp des effeminierten Homosexuellen, das die Verhörenden auf sie projizierten.

3.3 Negieren und Gegenbeweise

Die meisten Beschuldigten, darunter fast alle deutschen, distanzierten sich jedoch vehement vom Vorwurf der Homosexualität. Wie oben erwähnt, lässt sich das mit der strengen Strafverfolgung Homosexueller in Deutschland erklären, aber auch damit, dass viele der beschuldigten Männer sich als heterosexuell betrachteten, auch wenn sie Sex mit anderen Männern hatten. Studien zu homosexuellen Lebenswelten in Nordengland, Norwegen oder Schweden zeigten, dass insbesondere Angehörige der Arbeiterschicht homosexuelle Kontakte pflegten, „ohne dass dies anscheinend ihr Selbstbild als ‚normale' oder ‚echte Männer' beeinträchtigte".⁴⁸ Auch die Wehrmacht als Institution sah in sexuellen Handlungen zwischen Männern nicht automatisch einen Beleg für Homosexualität, wie die Verfahrensakten illustrieren. Diese Sichtweise war weniger Ausdruck einer pragmatischen oder gar liberalen Haltung. Vielmehr waren ‚echte' Männer im militärischen Weltbild nicht als homosexuell vorstellbar, auch wenn – und vielleicht gerade, weil – das Militär als homosoziale Institution homosexuelle Kontakte erleichterte.⁴⁹

Um den Vorwurf der Homosexualität zu entkräften, beriefen sich manche Beschuldigte auf einen Erinnerungsausfall oder einen temporär verwirrten Geisteszustand. Sie behaupteten, die Tat im Schlaf begangen beziehungsweise tief geschlafen zu haben, als an ihnen homosexuelle Handlungen vorgenommen wurden. Der Kontext, in dem die Taten geschahen, macht diese Strategie verständlicher. In den Wehrmachtunterkünften und Bunkern schliefen Soldaten oft dicht gedrängt beieinander, mussten sich teilweise auch Pritschen oder sogar eine Decke teilen, so dass Körperkontakt unvermeidlich war. Der bereits einschlägig vorbestrafte Gebirgsjäger Peter O., der mehrere Kameraden, die neben ihm lagen, sexuell belästigt hatte, behauptete laut Urteilsschrift „die Handlungen im Unterbewusstsein begangen zu haben, hervorge-

---

47 Karl H., RA, RAFA-3182, 0001/D/Da, L0107.
48 Hans Wiggo Kristiansen, Masker og motstand. Diskré homoliv i Norge 1920–1970 [Masken und Widerstand. Diskretes homosexuelles Leben in Norwegen 1920–1970], Oslo 2008, 119. Vgl. auch Smith, Masculinity, wie Anm. 34, 70–71; Nilsson, Såna, wie Anm. 35, 125–27, 155.
49 Zu alternativen Diskursen, auch im rechten, militaristischen Milieu vgl. etwa Hancock, Real, wie Anm. 3.

rufen durch einen besonders stark ausgeprägten Geschlechtstrieb".[50] Der Unteroffizier Hans B., der von einem Luftwaffengericht zu einer hohen, dreijährigen Gefängnisstrafe verurteilt wurde, zeigte sich entsetzt vom Vorwurf, er habe einem neben ihm schlafenden, fremden Soldaten die Hose aufgeknöpft und einen Samenerguss herbeigeführt. Er sei erst durch plötzlichen Lärm im Unterkunftsraum aufgeweckt worden, „war aber völlig schlaftrunken und wusste gar nicht warum es ging".[51] In allen Fällen machten die Angeklagten einen temporären Sinnesausfall geltend und beschrieben einen Körper, der losgelöst vom Bewusstsein agierte und sich jeglicher Steuerung entzog.

Alkohol spielte in den Verteidigungsstrategien eine zentrale Rolle, da sich damit Erinnerungslücken wie auch ein zeitweiser Kontrollverlust erklären ließen. Viele insistierten, dass sie aufgrund schwerer Trunkenheit keinerlei Erinnerung hätten. Unter dem Druck von Beweisen räumten zwar manche ein, sexuelle Handlungen vorgenommen zu haben, verwendeten allerdings oft die Möglichkeitsform. Mit Formulierungen wie „es kann sein, dass wir bei dieser Zusammenkunft darin Befriedigung suchten"[52] oder „hielt es aber nicht für ausgeschlossen, dass ich mich unter Einfluss von Alkohol, den ich einige Abende zuvor getrunken habe, einem Kameraden genähert und ihn abgetastet habe"[53] akzeptierten die Beschuldigten den Sachverhalt, distanzierten sich aber gleichzeitig davon. Zwar war Trunkenheit rechtlich gesehen kein Entschuldigungsgrund, konnte aber als mildernder Umstand gelten. Dabei kam den Angeklagten zugute, dass das Trinken von Alkohol gerade in homosozialen Kontexten ein zentrales Männlichkeitsritual war, über das Männlichkeit demonstriert und hergestellt wurde.[54] Mit Verweisen auf vorausgegangene „Saufgelage" oder Formulierungen wie „es wurde scharf getrunken"[55] belegten die Beschuldigten, dass sie imstande waren ‚mitzuhalten' und demzufolge ‚richtige' Männer waren. Diese Strategie war erfolgsversprechend, sofern alle anderen Beteiligten als eindeutig heterosexuell eingestuft wurden. Wo dies nicht der Fall war, konnte sich das Argument der Trunkenheit rasch in den Vorwurf homosexueller Orgien verkehren.[56]

---

50 Peter O., Gericht der 2. Geb. Div., AdR, GerA/DWM.
51 Aussage Hans B. im Gutachten von Stabsarzt Dr. Stracke, 23.1.1945, BA-MA, PERS15/9391.
52 Feldwebel Josef L. im Verfahren gegen Willy A., RA, RAFA-3182, 0001/D/Da, L0168.
53 Peter O., Gericht der 2. Geb. Div., AdR, GerA/DWM.
54 Vgl. Maria Fritsche, Alkohol und (Besatzungs-)Macht, in: Dorothee Wierling (Hg.), „Wenn die Norskes uns schon nicht lieben ..." Das Tagebuch des Dienststellenleiters Heinrich Christen in Norwegen 1941–1943, Göttingen 2021, 215–236, 243–244. Vgl. auch Edward B. Westermann, Stone-Cold Killers or Drunk with Murder? Alcohol and Atrocity during the Holocaust, Holocaust and Genocide Studies, 30, 1(2016), 1–19, 5.
55 Jens J. RA, RAFA-3182, 0001/D/Da, L0137.
56 Vgl. das Verfahren gegen zwei Deutsche und fünf Norweger vor dem Gericht des Admirald der Norwegischen Nordküste, BA-MA, PERS15/174490.

Gängigen Vorstellungen von Männlichkeit zufolge musste ein Mann Alkohol trinken, diesen aber auch ‚vertragen' können, also die Kontrolle über sich behalten.[57] Dennoch wurde der gesellschaftlich verpönte Austausch von Zärtlichkeiten unter Männern – und damit die mangelhafte Kontrolle der Gefühle – unter Alkoholeinfluss bis zu einem gewissen Grad toleriert. So konnten manche Angeklagten erfolgreich argumentieren, dass ihre Umarmungen und Küsse lediglich dem Alkohol geschuldet waren und als sexuelle Annäherungen missgedeutet wurden. Mit dem Argument, dass er im angetrunkenen Zustand „sehr zärtlich veranlagt" sei, wehrte sich der norwegische Hotelbesitzer L. erfolgreich gegen die Beschuldigung, einen deutschen Hotelgast sexuell belästigt zu haben.[58] Der Freispruch erstaunt, da L. zugab, in seiner Jugend homosexuell gewesen zu sein. Nichtsdestotrotz schenkte der Richter dem Angeklagten Glauben und begründete die Entscheidung damit, dass es „viele Männer [gibt], die im angetrunkenen Zustand dazu neigen, zärtlich zu werden, ohne dass ihnen überhaupt bewusst ist, dass es sich bei dem Gegenstand ihrer Zärtlichkeiten um Männer handelt, und ohne dass sie dabei geschlechtliche Zwecke verfolgen". Gleichzeitig strafte er L. symbolisch ab, indem er ihn als „verweichlichten alten Mann, der einen schlaffen und verbrauchten Eindruck macht" charakterisierte und damit seine Männlichkeit in Zweifel zog.

Neben Alkohol und Erinnerungsausfall war auch die Berufung auf kulturelle Missverständnisse eine beliebte Verteidigungsstrategie. Die Angeklagten nutzten also den Besatzungskontext, um zu argumentieren, dass die unterschiedlichen kulturellen Codes, Verhaltensnormen oder Mentalitäten zwangsläufig zu Missverständnissen führten. So versuchte der Obergefreite Bernhard W. das Gericht zu überzeugen, dass seine Verhaftung wegen einer sexuellen Handlung auf einer öffentlichen Toilette in Oslo seiner Unkenntnis lokaler Traditionen geschuldet war. Er habe nicht gewusst, dass öffentliche Toiletten beliebte Treffpunkte Homosexueller seien,[59] und habe die Toilette lediglich aufgesucht, um seine Zigarettenration zu verkaufen.[60]

Auch der norwegische Zahnarzt Just S., der von zwei Marinesoldaten angezeigt wurde, weil er ihnen bei der Zahnbehandlung an Oberschenkel und Geschlechtsteile gegriffen hatte, behauptete Opfer eines Missverständnisses zu sein. „Die beiden Matrosen haben entweder bei ihrer Aussage uebertrieben oder sie haben irgendwelchen Spass falsch aufgefasst"[61], gab sich S. überzeugt. Obwohl er bereits zu Beginn des Krieges von einem Wehrmachtgericht wegen „Unzucht zwischen Männern" verurteilt worden war und eine einjährige Gefängnisstrafe im Gefängnis Hamburg-Fuhlsbüttel abgebüßt hatte, verneinte er sexuelle Absichten. Vielmehr wollte er seine Handlungen als Beleg für

---

57 Vgl. Fritsche, Alkohol, wie Anm. 54, 243–44. Zur Gefühlskontrolle vgl. auch Klaus Theweleit, Männerphantasien. Frauen, Fluten, Körper, Geschichte, Bd. 1, Frankfurt am Main 1977.
58 Hans L. RA, RAFA-3182, 0001/D/Da, L0042.
59 Vgl. dazu Kristiansen, Masker, wie Anm. 48, 108–111.
60 Vgl. Aussage Bernhard W. im Verfahren gegen den Norweger Thomas W., RA, RAFA-3182, 0001/D/Da, L0110.
61 Just S., RA, RAFA-3182, 0001/D/Da, L0177.

seine pro-deutsche Haltung verstanden wissen, denn es kämen „sehr viele deutsche Soldaten" in seine Praxis, die keinen Anstoß nähmen, dass er „sie mal auf die Schulter oder auf die Brust klopfe". Einen großen deutschen Kundenstamm hatte auch der Schneidermeister Sigvald S., dessen Werkstatt von vielen Marinesoldaten frequentiert wurde, obwohl – und vielleicht gerade, weil – er in der Kompanie als „der geile Schneider" bekannt war. Er bestritt in der Einvernahme energisch, sich seinen Kunden sexuell genähert zu haben. „Falls er ihnen an das Geschlechtsteil gegriffen habe, so sei das nur Spass gewesen", der offensichtlich falsch aufgefasst wurde.[62] In beiden Fällen charakterisierten die Beschuldigten ihre Annäherungen als derben Spaß unter Männern und als kameradschaftliche Gesten, die ihre deutschfreundliche Gesinnung ausdrückten. Ihre Versuche, sich in einer maskulinen Welt zu verorten, in der solche Handgreiflichkeiten toleriert waren, mussten jedoch scheitern, weil sie die Machtasymmetrie zwischen Militär und Zivilwelt, zwischen Besatzern und Besetzten übersahen.

4. Der Gerichtsraum als Aushandlungsort ziviler und militärischer Männlichkeit

Vor Gericht prallten aber nicht nur unterschiedliche Erfahrungsräume, sondern auch konkurrierende Rechtsräume aufeinander. Insbesondere die norwegischen Beschuldigten reagierten teils mit ehrlichem Erstaunen, teils mit Entrüstung auf die Anklage. Manche behaupteten, nicht gewusst zu haben, dass gleichgeschlechtlicher Verkehr unter Männern verboten war.[63] Andere waren mit der Rechtslage vertraut und verteidigten ihre Handlungen teilweise durchaus selbstbewusst, indem sie auf die Diskrepanz zwischen der norwegischen und deutschen Gesetzgebung verwiesen. Mit dem Argument, „dieses war ja in Norwegen nicht verboten", rechtfertigte der Hotelbesitzer Hans L., dass er früher „auch mal mit einem Mann geschlechtlich zusammen war".[64] Der Maler Anton M. sah sich durch die Anklage in seinem Rechtsempfinden verletzt und unterstrich in mehreren Gnadengesuchen, dass er sich stets gesetzeskonform verhalten habe: „Niemals war ich früher bestraft. Die Norwegischen Gesetze urteilen ja anders in diesen Fragen als die jetzigen Deutschen."[65]

Ebenso bemerkenswert wie diese Argumentation ist die Tatsache, dass das SS- und Polizeigericht Nord, das die meisten Verfahren gegen Zivilisten führte, die unterschiedlichen Rechtsauffassungen in seiner Strafbemessung berücksichtigte – was bei vielen anderen Delikten nicht der Fall war. Im Falle des Norwegers Karl H. konkludierte das Gericht, „dass die Schuld eines Norwegers, wenn er sich in homosexueller

---

62 Sigurd S. RA, RAFA-3182, 0001/D/Da, L0144.
63 Vgl. Willy A., RA, RAFA-3182, 0001/D/Da, L0168.
64 Hans L., RA, RAFA-3182, 0001/D/Da, L0042.
65 Anton M., RA, RAFA-3182, 0001/D/Da, L0072.

Weise betätigt, nicht so gross ist wie wenn ein Deutscher bei der bekannten scharfen Einstellung des deutschen Staates das gleiche tut".[66] In einem anderen Verfahren erklärte das Gericht die milderen Strafen für drei norwegische Zivilisten damit, dass bei den Norwegern „von vornherein nicht derselbe strenge Massstab anzulegen ist".[67] Auch in den Verfahren gegen einen Dänen sowie gegen den französischen Fremdarbeiter André D. und seinen norwegischen Liebhaber sah das Gericht Grund für ein milderes Urteil, denn „die strenge Auffassung, die man in Deutschland über die Homosexualität hat, war ihnen als Ausländern fremd".[68] Wollten die Gerichte mit der Würdigung der andersgelagerten Rechtslage ihr Ansehen in der Bevölkerung stärken, zumal sie sich mit der demonstrierten Milde nichts vergaben? Oder spielte es auch eine Rolle, dass nahezu alle Angeklagten als „deutschfreundlich" eingestuft wurden und enge Kontakte, keineswegs nur sexueller Natur, zu den deutschen Besatzern pflegten?

Der Raum vor Gericht akzentuierte nicht nur nationale Unterschiede, sondern auch Unterschiede zwischen Zivilisten und Uniformträgern. Die Angeklagten hatten sich vor einem Militär- beziehungsweise SS-Gericht zu verantworten und interagierten demzufolge nicht nur mit Juristen, sondern mit Angehörigen militärischer oder militaristischer Verbände, deren Habitus sich deutlich von jenem der Zivilisten unterschied. Die Angeklagten mussten sich, um ihre Chancen auf ein mildes Urteil zu erhöhen, ‚richtig' positionieren.

Standen die Beschuldigten im Dienst der Wehrmacht oder der SS, so versuchten sie, ihre militärisch-männlichen Eigenschaften hervorzukehren und so den Verdacht der Homosexualität auszuräumen. Das illustriert das Beispiel des Oberfeldwebels Jakob D., der 1943 vom Gericht der 2. Gebirgs-Division nach § 175a, Ziffer 2 wegen Unzucht unter Missbrauch eines Unterordnungsverhältnisses verurteilt wurde. D. hatte versucht, einen neben ihm schlafenden Untergebenen zu einem sexuellen Akt zu zwingen. Den Gewaltaspekt, den das Opfer in seiner Aussage betonte, spielte das Gericht herunter. Die milde Strafe von sechs Monaten Gefängnis war vermutlich D.s militärischen Auszeichnungen und ausgezeichneten Beurteilungen geschuldet, die das Gericht eingeholt hatte. Die Vorgesetzten beschrieben D. als „aufrechten und sehr selbstbewussten Mann", ausgestattet mit „Tatkraft", „hervorragender Energie", „klarer und starker Entschlusskraft" und „einwandfreiem Auftreten und militärischem Pflichtbewusstsein" – „einen gegen sich selbst harten, seinen Untergebenen gegenüber strengen, jedoch gerechten und fürsorglichen Vorgesetzten". Dass der Oberfeldwebel seine Tat offen eingestand, Reue zeigte und bat, erschossen zu werden, falls ihm der Rang aberkannt würde, beseitigte für das Gericht jeglichen Zweifel bezüglich seiner sexuellen Orientierung. Es konkludierte, dass die Tat eine „einmalige Entgleisung"

---

66 Karl H., RA, RAFA-3182, 0001/D/Da, L0107.
67 Ragnar St., StaHa, 242–1 II, Abl. 17.
68 André D., RA, RAFA-3182, 0001/D/Da, L0100. Vgl. auch das Verfahren gegen den Dänen Peter V., RA, RAFA-3182, 0001/D/Da, L0161.

gewesen und nachvollziehbar sei, denn „der Soldat an der hiesigen Einsatzfront sieht wochen- und monatelang kein weibliches Wesen, geschweige denn, dass er Gelegenheit zum Geschlechtsverkehr hat".[69] Aufgrund seines militärischen Auftretens und den vorgelegten militärischen Männlichkeitsbeweisen gelang es D. mit dem Gericht auf derselben Ebene zu kommunizieren. Beide Seiten verband das Einvernehmen darüber, dass Homosexualität und eine ideale Männlichkeit, wie sie D. zu verkörpern schien, unvereinbar waren.[70]

Zivilen Angeklagten fehlten diese Insignien militärischer Männlichkeit. Sie mussten andere Aspekte betonen, um sich gegen den impliziten Vorwurf der Unmännlichkeit zu verteidigen. Dabei spielten Narrative der Selbstdisziplin und der erfolgreichen Kontrolle der homosexuellen Gelüste eine ebenso große Rolle wie Beruf und Arbeit. Die Angeklagten präsentierten sich als hart arbeitende Menschen und betonten vor allem ihre Rolle als Familienversorger, womit sie auch Pflichtgefühl signalisierten. Mit einem offenen Geständnis versuchten manche, Ehrlichkeit und Verantwortungsbewusstsein zu demonstrieren, während andere ihre Männlichkeit dadurch markierten, dass sie mutig auf ihre Rechte pochten. Darüber hinaus fungierten – wie bei Militärangehörigen – Beweise des sexuellen Umgangs mit Frauen sowie die aktive Teilnahme an männlichen Trinkritualen als Belege heterosexueller Männlichkeit.

Alle diese Strategien waren insoweit erfolgreich, als sie von den Richtern gewürdigt und als Beleg für Männlichkeit anerkannt wurden. Den weit größten Einfluss auf das Urteil hatte jedoch, neben einschlägigen Vorstrafen, das Erscheinungsbild und Auftreten der Angeklagten. Der 30-jährige Norweger Willy A., der dem SS- und Polizeigericht Nord „auf Grund seines Auftretens und seines Gebahrens [sic] als typischer Homosexueller sofort ins Auge fiel"[71], konnte oder wollte dem Eindruck des Gerichts wenig entgegensetzen. Aufgrund seiner häufigen Sexualkontakte stufte ihn das Gericht als „gefährlichen Gewohnheitsverbrecher" ein und verfügte Sicherheitsverwahrung, also Einweisung in ein KZ.[72] In den Augen des Gerichts war auch der 26-jährige Norweger Ingolf S. „ein weibischer, energieloser Bursche, ein Mensch jener Sorte, aus denen sich die ‚Strichjungen' rekrutieren".[73] Dem 37-jährigen Ole K., der als Steward auf einem Versorgungsschiff der Wehrmacht arbeitete und sich einem deutschen Soldaten sexuell genähert hatte, gelang es nicht, das Gericht von seiner Heterosexualität zu überzeugen. Für dieses war K. „nach seinem äusseren Erscheinungsbild der typische Homosexuelle [...]. Er wirkt auch ordentlich weich und weibisch. Seine Schutzbehauptungen trug er in weinerlichem Ton vor."[74] Die Adjektiva weich, weinerlich,

---

69 Verfahren gegen Jakob D., Gericht der 2. Gebirgs-Divison, AdR, GerA/DWM.
70 Vgl. dazu auch Schlagdenhauffen, Desires, wie Anm. 11, 80.
71 Willy A., RA, RAFA-3182, 0001/D/Da, L0168.
72 Urteil SS und Polizeigericht Nord gegen Willy A., 16.3.1945, RA, RAFA-3182, 0001/D/Da, L0168.
73 Urteil gegen Ingolf S. u. a. im Personalakt Ragnar S., StaHa, 242–1 II, Abl. 17.
74 Ole Emil K., RA, RAFA-3182, 0001/D/Da, L0119.

energielos oder weibisch bildeten die Kontrastfolie zum geltenden Männlichkeitsideal. In dem von militärisch-männlichen Normen durchwirkten Raum des Militärbeziehungsweise SS-Gerichts war Männlichkeit unvereinbar mit Homosexualität, auch wenn die Fakten das Gegenteil belegten.

5. Fazit

Die Untersuchung des Raumes vor Gericht legt die teilweise konkurrierenden Normen und Vorstellungen frei, die im und durch den Raum zum Ausdruck kamen, zeigt deren Wirkung auf die Akteure und illustriert, wie diese den gerichtlichen Raum als Handlungsraum nutzten und mitgestalteten. Wie die Analyse der Argumentations- und Verteidigungsstrategien deutlich macht, wurden vor Gericht nicht nur Gesetzesverstöße, sondern konkurrierende Rechtsverständnisse, Männlichkeitsnormen und Lebensentwürfe verhandelt. Entsprach das Auftreten oder die Sprechweise der Beschuldigten dem gesellschaftlichen Stereotyp eines effeminierten Homosexuellen, so minderte dies ihre Chance auf eine milde Bestrafung, ungeachtet aller Bemühungen, eine den gesellschaftlichen Normen entsprechende Männlichkeit zu dokumentieren. Allerdings spielte bei der Beurteilung der Männlichkeit neben der Militärzugehörigkeit – Soldaten wurden meist milde bestraft – auch das Alter eine Rolle. Neben sehr jungen konnten auch ältere Männer, von den Gerichten oft als „schlaff" oder „verbraucht" beschrieben, eher auf Milde hoffen, da sie aufgrund schwindender Potenz als ungefährlicher eingestuft wurden. Die Beschuldigten selbst nutzten Vorstellungen klassen- oder altersspezifischer Männlichkeit gezielt, um ihre Position zu stärken. Gesellschaftlich dominante Männlichkeitsnormen und -vorstellungen wurden so vor Gericht eher bestätigt und gefestigt als aufgebrochen.

Gleichzeitig offenbarte die Analyse die Aushandlung der Grenzen zwischen verbotenen und tolerierten homosexuellen Handlungen. Eine wichtige Rolle bei der Bewertung der Homosexualität spielten dabei rasseideologische und nationalistische Überzeugungen, denen zufolge ‚das deutsche Blut' und die deutsche Uniform nicht beschmutzt werden durften und der Nachwuchs des ‚arischen' Volkes gesichert werden musste. Das erklärt, wieso die deutschen Gerichte weder in Norwegen noch in anderen besetzten Gebieten homosexuelle Kontakte *zwischen* Einheimischen verfolgten. Daneben beeinflussten strategische Interessen den Umgang mit homosexuellen Handlungen. Während die Wehrmacht bei bestimmten Delikten hart durchgriff, verfolgte sie homosexuelle Kontakte unter Soldaten nur zögerlich. Um die Soldaten bei Stange zu halten, erlaubte die Wehrmacht ihnen in Bezug auf ihr Sexualleben gewisse Freiheiten, was auch homosexuelle Handlungen einschloss. Dieses Wegschauen war aber wohl auch der Befürchtung geschuldet, dass durch eine Thematisierung der Ruf der Wehrmacht beschädigt und die Ausbreitung von Homosexualität gefördert würde.

Anne Montenach

Gender, Fraud and Labour Justice in Lyon's Silk Industry in the Eighteenth Century. The Case of *piquage d'once**

On 16 July 1763, the *maîtres gardes* (inspectors) of the *Grande Fabrique* in Lyon searched the home of Marguerite Penet, the wife of the master silk weaver (*maître ouvrier*) Vincent Paris, on suspicion of being involved in "illicit commerce as a piqueuse d'once" by "buying from various sources [...] silk and other materials for the manufacture of fabrics" and working illegally for herself. While the *maîtres gardes* were carrying out their inspection, two women and a man came separately to deliver various pieces of silk in small quantities. More silk of dubious origin and two looms were discovered in her house. In her defence, Marguerite Penet claimed that, as the wife of a master, she worked independently and "only bought silk from people who had the right to sell it to her". When questioned by the local judges a few weeks later, she gave more information about her husband, who had been "absent for fifteen years". She admitted that he was only a master weaver who did not have the right to work independently. However, she appealed to the judges for compassion because "having to take care of five children and an elderly mother she had produced several fabrics on her own to survive – her husband had left her to go to Spain". But she was liable to a fine of 500 *livres*. Unfortunately, there is no further information on the sentence.[1] This case is one of numerous prosecutions for *piquage d'once* (embezzlement) kept in Lyon's eighteenth-century archives. It illustrates two key moments of conflict between the accused (of both sexes) and the legal system: the inspection visit and the trial before the city tribunal. These two "scenes", which link the judicial space with the social space, lie at the heart of this study.

For nearly four decades, the history of criminality in the early modern period has undergone a series of important revisions since the introduction of gender into the analysis of crime and its treatment by legal institutions.[2] The first important con-

---

* The author would like to thank the editors and anonymous reviewers for their comments and suggestions.
1 Cf. Archives municipales de Lyon (AML), HH 153, 16 July and 25 September 1763.
2 For a review of recent historical research, cf. Manon van der Heijden and Ariadne Schmidt, Theorizing Crime and Gender in Long Term Perspective, in: Elise M. Dermineur, Åsa Karlsson Sjögren and Virginia Langum (eds.), Revisiting Gender in European History 1400–1800, New York/London

tribution from this substantial research focuses on the diversity of female experiences and the similarities – rather than differences – in the behaviour of the two sexes in criminal affairs.³ A second interesting axis of reflection is the analysis of the judicial system itself as a gendered institution. This approach has led historians to go beyond the dichotomy of debates on whether judges were more lenient or more severe with women offenders, and has provided a more detailed view of the complexity of factors at play in the prosecution of criminals.⁴

In order to analyse how justice deals with gender, this article will concentrate on a specific form of fraud and conflict with the judiciary in the context of work: the theft of waste and raw materials (*piquage d'once*) in the Lyon silk industry during the eighteenth century. The "manufacture of gold, silver and silk fabrics", known as the *Grande Fabrique*, was first established in Lyon during the reign of François I (1536) and was at that time the city's main industrial sector. As such, it offers an excellent observatory for examining gender dynamics and power relations within the luxury textile industry in Enlightenment France. A model of an urban proto-industry exporting luxury fabrics, the *Grande Fabrique* was composed of thousands of small workshops located throughout the city. In 1789, it dominated the city's textile sector with an estimated workforce of nearly 34,000 (out of a population of 150,000), 69 per cent of whom were women.⁵ The production of patterned fabrics, the source of the *Grande Fabrique's* international reputation for Lyonnais silks since the early seventeenth century, required a large number of auxiliary workers, mostly women (unwinders, pattern readers, thread

---

2018, 52–77; Sanne Muurling, Everyday Crime, Criminal Justice and Gender in Early Modern Bologna, Leiden 2021. Seminal studies analysing judicial archives from a gender perspective include: Susanna Burghartz, Leib, Ehre und Gut. Delinquenz in Zürich, Ende des 14. Jahrhunderts, Zürich 1990; eadem, Reinheit, Orte der Unzucht. Ehe und Sexualität in Basel während der Frühen Neuzeit, Paderborn 1999; Regina Schulte, Das Dorf im Verhör. Brandstifter, Kindsmörderinnen und Wilderer vor den Schranken des bürgerlichen Gerichts Oberbayern, 1848–1910, Reinbek bei Hamburg 1989.

3 Cf. Trevor Dean, Theft and Gender in Late Medieval Bologna, in: Gender and History, 20, 2 (2008), 399–415; Garthine Walker, Crime, Gender and Social Order in Early Modern England, Cambridge 2003.

4 Cf. Emily Ireland, Re-examining the Presumption: Coverture and "Legal Impossibilities" in Early Modern English Criminal Law, in: The Journal of Legal History, 43, 2 (2022), 187–209; Ariadne Schmidt, Prosecuting Women. A Comparative Perspective on Crime and Gender before the Dutch Criminal Courts, c. 1600–1810, Leiden 2020; Jeannette Kamp, Crime, Gender and Social Control in Early Modern Frankfurt am Main, Leiden 2019; Manon van der Heijden, Women and Crime in Early Modern Holland, Leiden 2016; Lucie Buttex, L'indulgence des juges? La femme incriminée à Genève au siècle des Lumières. Genre et répression pénale (1767–1792), in: Crime, Histoire & Sociétés/Crime, History & Societies, 19, 1 (2015), 41–65.

5 Cf. Alain Cottereau, The Fate of Collective Manufactures in the Industrial World: The Silk Industries of Lyons and London, 1800–1850, in: Charles F. Sabel and Jonathan Zeitlin (eds.), World of Possibilities. Flexibility and Mass Production in Western Industrialization, Cambridge 1997, 75–152; Maurice Garden, Lyon et les Lyonnais au XVIIIe siècle, Paris 1970; Justin Godart, L'ouvrier en soie: monographie du tisseur lyonnais, Lyon 1899; Simon Hupfel, L'économie politique des soieries: les manufactures de Lyon et de Londres de leur origine à 1848, Paris 2019.

lifters, drawgirls and so forth, estimated at nearly 10,000 by the end of the Ancien Régime), while weaving was reserved for master weavers, their sons, daughters and wives.[6]

Like many early modern guilds, the *Grande Fabrique* was an example of a patriarchal world marked by gender inequalities and based on a strict hierarchy of tasks and remuneration. But it was also riddled with other forms of domination – the privileges of masters and their families over male and female workers "without rights or legal status", the economic ascendency of merchant manufacturers (*marchands fabricants*) over dependent weavers (*maîtres à façon*) – which became visible in the labour tribunals. The intersection of different forms of domination was not always unfavourable to women who could rightly be considered the weakest links in the long chain of production in the *Grande Fabrique*. Evidence of women's (limited) power can be found in the disputes over wages that female auxiliary silk workers brought before the *Consulat* (the court of the city authority) throughout the eighteenth century: many claimed and succeeded in being awarded their unpaid wages because, as part of the female workforce, they were indispensable to operating the looms.[7]

This study focuses on a particular type of infraction, known in Lyon as *piquage d'once*, which was considered a crime by the city authorities and silk merchants from the very beginning of silk manufacture. The term refers to the misappropriation of small quantities of silk – often taken from offcuts from unwinding and weaving – by male and female workers at the *Grande Fabrique*. Furthermore, during the eighteenth century, *piquage d'once* was the cause of growing conflict between merchant manufacturers and master weavers, while at the same time contributing to a closely monitored underground economy. Drawing on 277 cases with varying degrees of detail, this article analyses the relationship between the judicial tribunals and the men and women accused of *piquage d'once*. As mentioned in the introduction, sworn *maîtres gardes* were responsible for supervising the workshops. Following their inspections, they would draw up reports of infractions, including indirect accounts of statements by the offenders. At the second stage of the prosecution process, justice was in the hands of the *Consulat* (the city authority), which in the eighteenth century essentially represented the interests of merchants and merchant manufacturers. 53 heavy registers (covering the period 1667–1781) contain the details of the hearings held every week by the mayor

---

6 Cf. Natalie Zemon Davis, Women in the Crafts in Sixteenth-Century Lyon, in: Feminist Studies, 8, 1 (1982), 46–80; Daryl M. Hafter, Women at Work in Preindustrial France, University Park 2007; Daryl M. Hafter, Women Who Wove in the Eighteenth-Century Silk Industry of Lyon, in: eadem (ed.), European Women and Preindustrial Craft, Bloomington-Indianapolis 1995, 42–64; Monica Martinat, Travail et apprentissage des femmes à Lyon au XVIIIe siècle, in: Mélanges de l'École Française de Rome – Italie et Méditerranée modernes et contemporaines, 123, 1 (2011), 11–24.
7 Cf. Anne Montenach, Il valore del lavoro delle donne: conflitti sulle retribuzioni nella Grande Fabrique lionese nel XVIII secolo, in: Anna Bellavitis and Monica Martinat (eds.), Disuguaglianze. Il valore delle donne, Genesis. Rivista della Società Italiana delle Storiche, 21, 2 (2022), 43–63.

(*prévôt des marchands*) and the four aldermen (*échevins*) at the Lyon Town Hall. They were authorised to make the laws relating to the craft guilds and to prosecute violations of the guilds' regulations.[8] This quick and inexpensive legal procedure was based "on what was said and presented by the parties themselves at the hearing" and on the recommendations of the royal prosecutor and the guilds' *maîtres gardes*.[9]

These sources offer privileged insights into the daily lives of male and female workers at the *Grande Fabrique*, through ordinary forms of demands – the most common of which concerned the remuneration of work – or, what interests us here, economic illegalities. Judicial archives are particularly valuable because they give access to the voices of women, here both masters' wives and female auxiliary workers, who were largely invisible and inaudible in the documents relating to the *Grande Fabrique*.[10] By examining all cases of a single offence (rather than polling or sampling) it is possible to calculate the number and proportion of women in a given category of infractions, and to establish whether or how they were treated differently by the judicial tribunals. The large number of cases allows us to produce both quantitative and qualitative evidence of a widespread phenomenon during the eighteenth century, not only in terms of the women and men involved but also in terms of the relentless surveillance and extremely harsh prosecution by the authorities. All in all, these conflicts between *piqueurs* and *piqueuses d'once* and the justice system shed light not only on gender and power relations within the *Grande Fabrique*, but also on the forms of domination at play in the judicial arena, the ability of the protagonists to mobilise resources when confronted with the institution, as well as the mechanisms of negotiation, resistance or accommodation that took place during the court hearings.[11]

---

8 These cases were analysed as part of the TIME-US Progamme (Rémunérations et budgets-temps des femmes et des hommes dans le textile en France de la fin du XVIIe au début du XXe siècle) financed by a grant from the Agence Nationale pour la Recherche (ANR-16-CE26-0018-02) and coordinated by Manuela Martini.

9 Ernest Pariset, Histoire de la Fabrique lyonnaise. Étude sur le régime social et économique de l'industrie de la soie à Lyon depuis le XVIe siècle, Lyon 1901, 105.

10 In another context: Cornelia Hughes Dayton, Women before the Bar. Gender, Law and Society in Connecticut, 1639–1789, Chapel Hill 1995.

11 Regarding application of these reflections in a contemporary context, cf. Aude Lejeune and Alexis Spire, Inégalités sociales et judiciaires face au tribunal, in: Droit et société, 106, 3 (2020), 517–526; Pierre Bourdieu, La force du droit. Éléments pour une sociologie du champ juridique, in: Actes de la recherche en sciences sociales, 64 (1986), 3–19. On the questions of litigants' unequal access to the courts and of discrimination in the handling of illegal acts: Michel Foucault, Surveiller et punir. Naissance de la prison, Paris 1975.

1. Theft of offcuts in the *Grande Fabrique*'s political economy

Piquage d'once, the theft of small quantities of silk, was of particular concern under the regulations of the *Grande Fabrique*. This was due to the high cost of the raw materials and their small volume, which made them easy to carry and hide. It was similar to a phenomenon observed and studied elsewhere, not only in the textile sector but also in industries such as mineral extraction and naval construction.[12] The appropriation of products in the workplace is a particularly rich subject since it covers a wide range of situations, from simple theft to traditional practices of collecting waste as a form of remuneration, as well as a type of fraud that involved the substitution of valuable raw materials with alternative materials. In particular, it was only a small step from the common right to waste – for example, the practice of gleaning, which was an integral part of peasant or labourer work – to theft and fraud, especially in the gradual development towards a salaried workforce.[13] In the eighteenth century, in the main centres of silk production in Europe – London and northern Italy – it was generally tolerated for male or female workers to salvage some of the offcuts and reuse them in various ways. However, very early on, merchants and entrepreneurs sought to control the recovery of offcuts and combat forms of unwanted appropriation, both because it represented a loss to them and because it allowed workers to rework waste and become independent producers.[14]

In Lyon, the theft of silk and the existence of a parallel market for stolen products were mentioned and condemned in the statutes of *Grande Fabrique* as early as 1554 and

---

12 Cf. Gérard Gayot, Réflexions sur les fraudes textiles, in: Gérard Béaur, Hubert Bonin and Claire Lemercier (eds.), Fraude, contrefaçon et contrebande de l'Antiquité à nos jours, Genève 2006, 511–514; Barry Godfrey and David J. Cox, Policing the Factory. Theft, Private Policing and the Law in Modern England, London 2013; Clive Emsley, Crime and Society in England, 1750–1900, London 1997; Liliane Hilaire-Pérez, Le vol de déchets dans l'industrie en France et en Angleterre au XVIIIe siècle. Jalons pour une histoire comparée de l'*embezzlement*, in: Benoît Garnot (ed.), La petite délinquance du Moyen Âge à l'époque contemporaine, Dijon 1998, 281–308; Julien Saint-Roman, Les ouvriers de l'arsenal de Toulon, 1760–1820, in: Rives méditerranéennes, 40 (2011), 151–161.

13 Cf. Peter King, Gleaners, Farmers and the Failure of Legal Sanctions in England 1750–1850, in: Past and Present, 125 (1989), 116–150; idem, Crime and Law in England, 1750–1840. Remaking Justice from the Margins, Cambridge 2006; John Rule, The Experience of Labour in Eighteenth-Century English Industry, New York 1981, 124–146; Richard J. Soderlund, Law, Crime and Labor in the Worsted Industry of the West Riding of Yorkshire, 1750–1850, PhD dissertation, University of Maryland 1992; Michael Sonenscher, Work & Wages. Natural Law, Politics & the Eighteenth-Century French Trades, Cambridge 1989; John Styles, Spinners and the Law: Regulating Yarn Standards in the English Worsted Industries, 1550–1800, in: Textile History, 44, 2 (2013), 145–170.

14 Cf. Peter Linebaugh, The London Hanged. Crime and Civil Society in the Eighteenth Century, London 1991; Carlo Poni, Misura contro misura: come il filo di setta divenne sottile e rotondo, in: Quaderni Storici, 47 (1981), 385–422.

in all subsequent regulations.[15] Nevertheless, it was not until the early eighteenth century that merchant manufacturers and master weavers began to negotiate the issue of offcuts. Initially, the merchant manufacturers sought to stifle the independence of the masters by reducing them to piece workers, which required the weavers to return offcuts as part of the more important aim of depriving them of any opportunity to produce their own fabrics.[16] In 1711, the term *piqueur d'once* appeared for the first time in a petition filed by the merchant manufacturers, who continued to use it throughout the eighteenth century to stigmatise independent master weavers.[17] From then on, it was forbidden for any person employed by the *Grande Fabrique* to "keep or sell, on the pretext of waste, any silks, gildings and other wares [...] supplied to them for production, and for any person to buy them", on penalty of a fine of 500 *livres* – a sum that remained unchanged throughout the eighteenth century and applied equally to both sexes.[18] Master weavers were thus required to return the silk waste to their merchants.[19] Later regulations authorised frequent visits by the *maîtres gardes* to the workshops of master weavers, but also to the homes of people not involved in the *Grande Fabrique*, in order to maintain public confidence and the reputation of the Lyonnais silk industry abroad.

Despite these measures, *piquage d'once* continued in Lyon throughout the eighteenth century. The distribution of weavers' workshops throughout the city districts, the decentralised structure of the early and various production stages – silk reeling, unwinding, warp-making, dyeing – and the mechanisms of what was in fact a gigantic urban putting-out system aggravated the situation, since the number of people who came into contact with the raw materials and fabrics multiplied the opportunities for engaging in this crime. Like all luxury industries, the *Grande Fabrique* was particularly vulnerable to supply crises and overproduction, which occurred regularly and at increasingly short intervals during the second half of the eighteenth century. It largely depended on the import of Piedmont raw silk (*soie grège*), while demand came mostly from royal courts and the elite in France and abroad. In a city where silk weaving accounted for 38.35 per cent of guild workers in 1789, the vagaries of the economic situation could rapidly become dramatic, thus making *piquage d'once* – like other black

---

15 Cf. AML, 6 Fi 273, 3 December 1620; HH 147, 12 July 1645; 6 Fi 12, 1667; HH 510, 21 August 1710; HH 524, 1 October 1737; HH 528, 19 June 1744; HH 550, 16 August 1761. Archives nationales (AN), F^{12} 763.
16 Cf. AML, HH 508 and 509; AN, F^{12} 764/B, December 1732; Garden, Lyon et les Lyonnais, see note 5, 574; Godart, L'ouvrier en soie, see note 5, 184–187; Poni, Misura, see note 14, 397.
17 The term *piquer* was used in the dual sense of "stealing" and "gathering".
18 In comparison, sentences for smuggling in the same period were more severe for men than for women, the latter being seen as "irresponsible" in the eyes of the courts.
19 Cf. AML, HH 147, 25 October 1711; HH 511, 1 March 1712; HH 147, 3 July and 4 December 1725; HH 148, 18 December 1727; HH 524, 1 October 1737; HH 528, 19 June 1744, art. X du Titre IX; HH 546, August 1759; HH 550, 16 August 1761; Godart, L'ouvrier en soie, see note 5, 199–202, 333.

market activities – a kind of economic safety valve. The practice has been analysed by Daryl M. Hafter, who suggests that it was a form of clandestine female entrepreneurship by underpaid women workers who were excluded from becoming mistresses in the silk trade. Indeed, the city authorities may have turned a blind eye to a practice that maintained social harmony while giving work to the poor and helping legitimate workshops to survive, since the women resold stolen silk to the master weavers themselves.[20] The files kept in the *Grande Fabrique*'s archives and the judgments recorded in the *Consulat* registers allow us to complete and refine these conclusions. This corpus of 277 court cases, which includes arrest reports, judgments and, more rarely, interrogations and witness statements, was produced by the *Consulat's* trials between the 1710s and the mid-1780s. They demonstrate that *piquage d'once* was not limited to female silk workers but involved a wide range of men and women throughout the production and distribution chain.

2. A non-gendered economic crime

The first important conclusion to be drawn from these 277 cases concerns the sex of the individuals involved. The repressive nature of the sources suggests that they should be handled with the utmost caution, as they only provide information about actual and identified protagonists – that is, they were caught in the act or denounced by others – totalling 648 persons: 308 men (47.5 per cent) and 340 women (52.5 per cent). The majority of the cases involved persons of both sexes: of the 187 trials involving at least two named individuals, 140 were mixed (74.9 per cent), 30 involved only women (16 per cent), and 17 (9.1 per cent) only men. In some of the better documented cases, contractors and petty criminals of both sexes were members of established networks or less structured transmission chains. Unsurprisingly, members of the *Grande Fabrique* were overrepresented, but 20 per cent of the protagonists did not work in the silk industry: the men were craftsmen, more or less wealthy merchants, resellers and various types of carriers, while the women were employed in the linen or textile sectors or worked as small businesswomen and pawnbrokers.

---

20 Cf. Daryl M. Hafter, Stratégies pour un emploi: travail féminin et corporations à Rouen et à Lyon, 1650–1791, in: Revue d'histoire moderne et contemporaine, 54, 1 (2007), 98–115; eadem, Avantage, femmes: la participation des femmes au négoce illégal à Lyon au XVIIIe siècle, in: Natacha Coquery, Liliane Hilaire-Pérez, Line Sallmann and Catherine Verna (eds.), Artisans, industrie. Nouvelles révolutions du Moyen Âge à nos jours, Paris 2004, 249–257; eadem, Women in the Underground Business of Eighteenth-Century Lyon, in: Enterprise & Society, 2, 1 (2001), 11–40; Richard J. Soderlund, Resistance from the Margins: The Yorkshire Worsted Spinners, Policing, and the Transformation of Work in the Early Industrial Revolution, in: International Review of Social History, 51 (2006), 217–242; idem, "Intended as a Terror to the Idle and Profligate": Embezzlement and the Origins of Policing in the Yorkshire Worsted Industry, c. 1750–1777, in: Journal of Social History, 31 (1998), 647–669; Deborah Valenze, The First Industrial Woman, Oxford 1995.

At the beginning of the cycle, stolen silk came mostly from unwinders (*dévideuses*), as they were the first to work the threads, but also from the silk weavers themselves. It was generally either wastage or silk and gilding removed from the bobbins; in the latter case, the material returned to the merchant was deliberately greased or dampened to compensate for the weight.[21] In this first phase, easy access to raw materials appears to have been the decisive factor. Among the 277 cases in the archives, about 40 unwinders can be identified among the protagonists for *piquage d'once*. Women also played an essential role in the circulation or movement of stolen silk: their knowledge of the urban environment and their omnipresence in the streets of the city made them very useful in underground networks that operated on the basis of mutual acquaintances and word of mouth.[22] The profiles of these women could be very different from one case to another, from the female entrepreneur who attracted a whole world of male and female suppliers – for example, the widow Hérard, a bourgeoise and reseller of fine clothes (*revendeuse à la toilette*), who was sentenced in 1760 for repeated offences of *piquage d'once* – to the destitute Claudine Brunet, an unwinder, separated from her husband who beat her and left her with only a spinning wheel, who covered up for a repeat offender, the wife of a master weaver.[23]

The quantities of silk confiscated – mentioned in 171 prosecutions (61.7 per cent of the corpus) – varied considerably from case to case. Three quarters of the cases involved less than 8.3 pounds, with a median weight of 2.9 pounds, demonstrating the seriousness of "low-level *piquage d'onces*"[24] perpetrated by small-time pilferers, unwinders and silk weavers who could only steal modest amounts from the silk skeins they received from the merchant manufacturers. Twenty cases resulted in the confiscation of more than 20 pounds of silk, although the quality of the products confiscated was not significantly different from that of the products stolen by petty thieves: it was mostly the multiplication of suppliers and sources that elevated a few *piqueurs d'once* into a much higher category of criminal.[25] Even before being transformed, stolen silk could be introduced into the informal micro-credit economy, through which objects became a trading currency. The sources show that they were mainly distributed by women. A number of *piqueuses d'once* also acted as pawnbrokers: silver dinnerware was found in the home of Antoinette Mercier in 1731, while jewellery was hidden by a woman reseller in 1759.[26] Sometimes male and female workers of the *Grande Fabrique* would

---

21 Cf. AML, HH 263, 31 August 1774.
22 Cf. AML, HH 518, 24 March 1729; HH 150, 25 May and 4 July 1761.
23 Cf. AML, HH 150, 29 February 1750; HH 153, August 1765–May 1766.
24 Archives départementales de la Loire, 28 January 1844, quoted by Jean Lorcin, Une fraude propre à l'industrie de la soie: le "piquage d'onces" dans la rubannerie stéphanoise, in: Béaur/Bonin/Lemercier (eds.), Fraude, see note 12, 471–489, 472.
25 Cf. AML, HH 258, 4 February 1767; HH 155, 13 April 1778.
26 Cf. AML, HH 149, 18 January 1732; HH 545, 30 November 1759; Laurence Fontaine, L'économie morale. Pauvreté, crédit et confiance dans l'Europe préindustrielle, Paris 2008, chap. V; Sara Mendelson and Patricia Crawford, Women in Early Modern England, Oxford 1990, 222.

pawn silk supplied by merchants, which was strictly forbidden.[27] In addition to the production of fabrics from illicit silk, the production of small items – handkerchiefs, gloves, stockings, garters, cuffs, laces – was a particularly convenient way of reusing silk. Some *piqueuses d'once* ran de facto clandestine workshops in which they employed other women and young girls rather illegally.[28]

3. *Piqueurs* and *piqueuses d'once* before the judges

The first clashes with the authorities occurred during the inspection visits of the *maîtres gardes*, who were rarely welcomed by the people suspected of fraud or by their neighbours. Insults and violence against the inspectors came from both women and men, but this was far from being specific to cases of *piquage d'once*: the silk folder (*plieur de soie*) Miollon "as well as his wife [appeared to be] inclined to violence", and the widow Bertrand, a lace-maker, demonstrated "stubborn resistance", according to the testimony of the *maîtres gardes*.[29] Confronted by the inspectors and *Consulat* judges, many men and women admitted their guilt but asked for leniency: the widow Gourgou, a laundress, "admitted that she had done wrong" but begged to be excused "this time"; the master weaver Antoine David repeated several times "yes Sirs, I am at fault, do what you must", before asking the *maîtres gardes* "to grant him mercy".[30]

Claiming poverty to justify the offence was an argument used by both men and women involved. This proves that in many cases *piquage d'once* was an integral part of the household economy bringing together legal and illegal revenues as needs arose or opportunities presented themselves. During periods of reduced production and diminished income, *piquage d'once* enabled working-class households to maintain their lifestyle by providing an alternative resource, as can be seen from the statements of some offenders.[31] A trimmer justified his purchases of silk offcuts "in small pieces" by saying that he "had a very small business which barely earned him enough to survive".[32] The wife of a wimple-maker (*guimpier*), who had bought "several offcuts of dyed silk in various colours" to make a handkerchief, explained that she had only her husband's business "to provide for a large family".[33] A widow working as an unwinder and pawnbroker received silk as payment "in order to help pay her rent", while a master

---

27 Cf. AML, HH 150, 29 March 1743; HH 260, 15 and 21 March 1770; HH 267, 8 August 1780.
28 Cf. AML, HH 150, 6 March 1745; HH 547, 7 August 1761; HH 548, 3 September 1761; HH 153, 24 December 1766–8 June 1768; HH 555, 21 January 1771; HH 556, 11 July 1771; Hafter, Women in the Underground Business, see note 20.
29 AML, HH 547, 21 August 1761; HH 154, 26 September 1767.
30 AML, HH 229, 27 July 1730; HH 553, 23 December 1765.
31 Cf. Godfrey and Cox, Policing, see note 12, 52, 59; Soderlund, Law, see note 13, 402.
32 AML, HH 236, 14 March 1742.
33 AML, HH 545, 1 December 1759.

weaver gave his daughter skeins of silk to sell to "pay his journeymen".[34] Fiscal documents and marriage contracts studied by Maurice Garden show that the majority of workers were poor or had only limited resources: typical household accounts, many of which survive for the period after 1769, reveal a lack of financial security and an inability to save.[35] In addition, although Lyon's silk industry continued to expand throughout the eighteenth century, the *Grande Fabrique* was particularly vulnerable to market difficulties and regularly suffered periodic crises caused by a variety of problems: shortage of silk thread, a drop in demand due to royal mourning, competition from foreign manufacturers and the fickleness of fashion. These difficulties often occurred simultaneously and led to recurring periods of unemployment for the workers.[36] The number of reports on *piquage d'once* rose and fell in line with these crises. The increase in the number of prosecutions could also be an indication that the authorities were particularly keen to tackle these crimes, since the reputation of the entire Lyonnais silk industry for foreign markets was being undermined by accusations of producing illicit and low-quality products.[37]

Like other underground economy crimes, *piquage d'once* was often presented by offenders of both sexes as the only alternative to begging. Many simply said that they "had done what they could to survive" or had been forced by "poverty" or the "need for money". In March 1757, Joseph Druet, a silk worker in the St. Paul district accused of *piquage d'once*, explained that "due to the circumstances caused by the loss of orders from the *Fabrique*, people looked for solutions as best they could".[38] Two years later, master wimple-maker Dumas and his wife, in whose house a package of silk of dubious origin was found, declared "that from now on they would respect the regulations, that they had six small children on whose behalf they begged for clemency for this first offence".[39] In all these examples, the fraudsters' line of argument aimed to shift attention away from the strictly legal perspective towards morality and fairness, persuading judges to be lenient on the grounds of the fundamental right to survive.[40] Although these arguments were sometimes put forward by couples, as in the last case, explicit appeals for compassion were mostly made by women, perhaps indicating that they were more willing to humiliate themselves before the authorities. The same statements appear regularly in a number of reports of adult women, widows and wives who "fell on their knees" and begged the *maîtres gardes* and *Consulat* judges "not to lose

---

34 AML, HH 545, 23 April, 17–20 May 1760.
35 Cf. Garden, Lyon et les Lyonnais, see note 5, 301–308.
36 Cf. Godart, L'ouvrier en soie, see note 5, 206–207, 214.
37 Cf. Hilaire-Pérez, Le vol de déchets, see note 12, 306.
38 AML, HH 543, 9 March 1757.
39 AML, HH 544, 2 March 1759.
40 Regarding the appropriation and popular use of a natural right based on the need for things, cf. Déborah Cohen, La nature du peuple. Les formes de l'imaginaire social (XVIIIe–XXIe siècles), Seyssel 2010, 399–410. On the different interpretations of legality and legitimacy, cf. Renata Ago (ed.), Il valore delle norme. Controversie legali e definizione dei diritti, Rome 2002, 22.

them",[41] "to pardon [them]", or "to show [them] mercy".[42] On the other hand, there is only one instance of a plea for honour from an unwinder: she promised that she and *her husband* would repay the stolen silks and begged the *maîtres gardes* "not to dishonour them".[43]

Some men and women asked, more or less explicitly, for their case to be "accommodated", which in some cases seems to confirm the argument of poverty, while indirectly demonstrating the potential profits to be made from this form of fraud. Antoinette Maître, a *fille majeure* (adult single woman) who worked as a weaver, asked the *maîtres gardes* "forcefully several times to accommodate her case, saying that she was ready to give them whatever they wanted and that nothing would prevent them from settling with her, since she was alone and they were the masters".[44] Another woman begged them "not to lose her and accept 200 *livres* for accommodation".[45] In April 1785, master weaver Cajard, who admitted that he "had traded as a *piqueur d'once* in order to earn something to support his large family", tried in vain to persuade the inspectors "to go to a tavern and accept ten *louis*".[46]

Other arguments were more specific to one sex or the other; here, small details often shed light on the complexity of marital relationships when a wife found herself alone and in need, as in the case of Marguerite Penet, mentioned in the introduction. The wife of a thread-twister (*moulinier de soie*) declared that "her husband did not give her what she needed", so she had taken 17 skeins (*pantimes*) of silk without his knowledge "to make some money and buy what she needed". Similarly, the wife of a day-labourer (*affaneur*) stated "that her husband was not involved in her business at all".[47] Some men, on the other hand, tried to pull all the blame on their wives, a tactic regularly used in court in the hope of getting a lighter sentence. However, this gambit had no effect on the verdict, given that the punishment for *piquage d'once* was the same for both sexes. The *maître vinaigrier* Flandain was furious at his weeping wife and "stated that he had no knowledge of this fraudulent trade", while a man called Guy claimed that his wife was trading in silk "without his knowledge".[48] It is important to note that there are no reports of women using female weakness or irresponsibility to justify their offence, as Natalie Zemon Davis has already noted in her study of pardons in the sixteenth century.[49]

---

41 "Not to lose them" means not to lead them to their doom here.
42 AML, HH 545, 19 and 22 November, 1, 4 and 11 December 1759, 29 February, 11 March and 8 April 1760; HH 551, 2 March 1765.
43 AML, HH 260, 22 August 1770.
44 AML, HH 543, 20–21 April 1757.
45 AML, HH 545, 30 November 1759.
46 AML, HH 558, 28 April 1785.
47 AML, HH 518, 24 March 1729; HH 519, 26 July 1729.
48 AML, HH 545, 4 and 15 May 1759; HH 255, 8 July 1763.
49 Cf. Natalie Zemon Davis, Fiction in the Archives. Pardon Tales and their Tellers in Sixteenth-Century France, Stanford 1987, chap. 3; Ireland, Re-examining the Presumption, see note 4.

4. A "moral economy" of fraud?

Judging from the attitude of the *Consulat* tribunals, the offenders' sex does not appear to have been a determining factor in whether or not a person was sentenced. Sentences were recorded in 195 of the 277 cases (70.4 per cent of the prosecutions). In three quarters of these 195 cases (73.3 per cent), the fine was set at 500 *livres*, as laid down in the regulations. In a few rare cases, the penalty was corporal rather than pecuniary, but the reasons for this increase in severity remain unclear; the few surviving documents, namely the posters publicising the *Consulat's* verdict, seldom give any explanation. In March 1725, a master weaver was sentenced to a year's banishment from the city.[50] Two others were given life sentences in the galleys in 1748, and their wives were banished for nine years.[51] In 1764, two women accused of having stolen silk from the thread-twisters (*mouliniers*) of Saint-Chamond were sentenced to a combination of punishments: a fine of 500 *livres*, "flogging and beating with sticks", pillorying in both towns with boards inscribed with the words "unwinder silk thief" and "reseller and buyer of silk stolen by unwinders", branding with a hot iron and finally five years banishment. This sentence was upheld on appeal, but the following year the reseller was arrested once again "for breaking her banishment", which earned her another sentence: imprisonment "for the rest of her days" in a *maison de force* (detention centre).[52] Convicts who appealed their sentences – a step taken by both women (whether widowed or married) and men – were likely to have their appeals rejected by the intendant or parliament or to receive a more severe sentence.[53]

If the apparent gravity of certain cases led the tribunals to apply extreme severity regardless of the sex of the guilty parties, the *Consulat* judges also showed that they could be sympathetic, on a case-by-case basis, to situations of real hardship, particularly in times of crisis. These displays of leniency and reduced fines mostly benefited married silk-workers and a few widows. Between 1759 and 1762, several offenders were merely reprimanded and admonished to "respect the regulations", with the *Consulat* "letting [them] off" the hook.[54] Between the late 1770s and the mid-1780s, a number of fines were substantially reduced "by clemency", the silk was simply confiscated without a fine, or the guilty parties were merely required to pay the court's legal fees.[55] Similar leniency could also be shown during inspections by the *maîtres gardes:* in 1785, for example, they expressed "pity" for a woman whose husband had "secretly escaped", and

---

50 Cf. AML, HH 515, 21 March 1725. Cf. also HH 518, 13 September 1728.
51 Cf. AML, HH 149, 11 May and 10 August 1748.
52 AML, HH 152, 15 March 1763, 9 February and 5 April 1764, 26 July 1765, 18 July 1769.
53 Cf. AML, HH 147, 22 August 1726; HH 149, 15 December 1745, 3 July 1748.
54 AML, HH 544, 16 and 22 February, 2 March, 20 April 1759; HH 545, 17 May 1760.
55 Cf. for instance AML, HH 265, 15 and 25 November 1777; HH 267, 13 December 1779, 18 January, 13 June and 28 November 1780; HH 558, 11 May 1784; HH 558, 27 November 1784, 15 March 1785.

allowed her to keep two chains found on her looms and a dozen handkerchiefs in the process of being woven.[56]

It seems that when faced with a crime committed equally by individuals of both sexes, the authorities at the *Grande Fabrique* and the *Consulat* did not show greater leniency or severity towards one sex or the other. Other factors, depending on the gravity of the offence (quantity of silk stolen, repeat offences, etc.) or the economic climate in which it took place, seem to have prevailed in these judgments. If, in addition, there was little difference in the arguments put forward by the accused of either sex – apart from the fact that women were more likely to appeal to compassion – the question remains as to how the argument of ownership of the silk was used by both men and women to justify themselves during the inspections. The question of waste was at the heart of the conflicts between master weavers and merchant manufacturers throughout the eighteenth century. Each side suspected the other of dishonest practices: the weavers, denounced as thieves by the merchant manufacturers, in turn accused their employers of voluntarily supplying excessively damp silk to increase the weight of waste. Behind these conflicts lay a constant struggle over the definition of fraud, as can be seen from the claims of good faith presented by several protagonists who were (apparently) convinced that they had done "nothing wrong" in keeping wastage from their work. Others offered more elaborate statements, explicitly arguing for their rightful ownership of waste. Although we might expect such claims to be made primarily by master weavers themselves, the rhetoric used by *piqueurs* and *piqueuses d'once* does not appear to be gendered. This would suggest that both men and women believed in a "moral economy" and that some women were, in certain circumstances, perfectly capable of defending themselves with structured arguments.[57] During her interrogation on 19 August 1726, Marie-Pierrette Terrasse freely admitted that she had bought the silks found in her father's backroom from two master weavers "whom she knew to be decent people". The two men had told her that these silks "came from their offcuts and therefore belonged to them", so she believed that she "had the right to buy them". When accused of being a *piqueuse d'once* involved in a "dishonest business", she replied that this was not the case since she was certain that the silks she had bought "had not

---

56 AML, HH 558, 6 May 1785.
57 E.P. Thompson's concept of a moral economy, as applied to labour conflicts in the proto-industrial era, has given rise to considerable debate. Cf. in particular: John Rule, Industrial Disputes, Wage Bargaining and the Moral Economy, in: Adrian Randall and Andrew Charlesworth (eds.), Moral Economy and Popular Protest. Crowds, Conflict and Authority, New York 2000, 166–186. On embezzlement: Adrian J. Randall, Peculiar Perquisites and Pernicious Practices. Embezzlement in the West of England Woollen Industry, c. 1750–1840, in: International Review of Social History, 35 (1990), 193–219; John Styles, Embezzlement, Industry, and the Law in England, 1500–1800, in: Maxine Berg, Pat Hudson and Michael Sonenscher (eds.), Manufacture in Town and Country before the Factory, Cambridge 1983, 173–210; Lorenzo Avellino, "Sous le vocable mal compris de la Liberté": travail, qualité et vols dans les soieries lombardes, 1760–1860, PhD dissertation, Université de Genève 2023.

been stolen". When the court reminded her that the regulations prohibited the sale of silk from offcuts and forbade anyone from buying it, she insisted that "no one could reasonably prevent weavers from selling silk from their offcuts, nor stop those who could use it in their workshops from buying it".[58] Almost 40 years later, in 1763, Demoiselle Allard, a modiste, was imprisoned for *piquage d'once*, even though she declared in the same terms that she only purchased silk which "came from offcuts that *belonged* to weavers".[59] Such arguments are similar to those used by master weaver Ravier, who declared that the coupons found in his house belonged to him, "that he had produced them from remaining *peignes* or warps belonging to merchants for whom he worked, and that, having compensated the merchants for the materials that he had used, the offcuts *belonged to him by right*".[60]

Given how useful small-scale illicit transactions were in supplementing the silk worker's household income, it is little wonder that they saw ownership of their offcuts as perfectly legitimate, despite the efforts of the merchant manufacturers to criminalise the practice since the early days of the *Grande Fabrique*. All these individuals, men and women, expressed their personal concept of a right to waste, as "belonging" or "coming" to the silk worker, even if it did not conform to the regulations until the end of the Ancien Régime.

5. Conclusion

As a widespread offence committed by both male and female workers, *piquage d'once* offers an excellent terrain for observing the interplay of gender, fraud and justice in the eighteenth century. Considered an economic crime by the authorities, for many of those involved it had become an element in the economy of expedients so characteristic of the early modern working classes. As such, it gave rise to a situation where the voices of often invisible women working for the *Grande Fabrique* could be heard. In the tribunal system, the argument of poverty – made plausible by recurrent economic crises and confirmed by the low level of fines collected – became one of the clichés used by offenders of both sexes to justify their actions. However, women were less reluctant to take responsibility for the offence or to humiliate themselves in front of the judges. This demonstrates that they were capable of accepting the social roles assigned to them, that is to say they were prepared to appropriate gender stereotypes for their own purposes in the hope of influencing the courts. In such cases, gender played a role in the conflict with the court, but it was not necessarily an additional factor in the oppression of women: on the contrary, it gave them a strategic advantage. More generally, no per-

---

58 AML, HH 147, 19 August 1726.
59 AML, HH 151, 22 October 1763.
60 AML, HH 155, 27 October 1778.

petrator of fraud was without resources when it came to legal proceedings. The more elaborate arguments used by some *piqueurs* and *piqueuses d'once* reveal concepts of fraud and social justice that did not correspond to those of the authorities. They also show that some of the female perpetrators who were often assimilated into an inaudible and relatively passive mass of working women, were at least very aware of the power struggles within the *Grande Fabrique* and, in particular, of the conflicts over the ownership of waste during the eighteenth century.

Furthermore, the penalties for *piquage d'once* suggest a certain indifference on the part of the authorities to gender issues: in the majority of cases, the guilty parties were punished severely, regardless of their sex, while the occasional recourse to leniency seemed to benefit both men and women, at least in the cases that came before the tribunals. Reduced sentences and unpaid fines seemed to be linked, above all, to the poverty and insolvency of the guilty, which meant that the sex of the accused became a secondary issue. In the end, the legal arena emerged as a particular place and time for observing the complex mechanisms of power and domination of the different categories of social actors at the *Grande Fabrique* as it experienced the transition from the old corporative world to the new proto-industrial age.[61] Gender was only one factor among many others and, as this analysis has shown, it did not always play a decisive role compared to other criteria.[62]

(Translated from the French by Caroline Mackenzie)

---

61 Regarding the continued practices of piquage d'once in the following century, cf. Pierre Vernus, Contrôler et définir la fraude dans la soierie lyonnaise (au XIXe et au début du XXe siècle), in: Béaur/Bonin/Lemercier (eds.), Fraude, see note 12, 491–509.
62 Cf. Matthias Bähr and Florian Kühnel, Plädoyer für eine Historische Intersektionsanalyse, in: Zeitschrift für Historische Forschung, Beiheft 56 (2018): Verschränkte Ungleichheit. Praktiken der Intersektionalität in der Frühen Neuzeit, ed. by Matthias Bähr and Florian Kühnel, 9–37, 23–26.

Didier Lett

Frauen vor Gericht. Zur Rolle von Geschlecht in der Rechtspraxis der zentralitalienischen Kommunen Tolentino und San Severino im 15. Jahrhundert

Der Gerichtsraum bietet die Bühne für „großes Gesellschaftstheater, in dem eine ganze Reihe von Hauptdarstellern mitspielt".[1] Dort treffen Opfer, Angeklagte, überführte Täter*innen, Justizpersonal, Bürg*innen und Zeug*innen aufeinander, die sich hinsichtlich sozialer Herkunft, Ansehen, Alter, Generationszugehörigkeit und Geschlecht unterscheiden. Vor Gericht erscheinen müssen sie aufgrund einer Anklage, eines Strafantrags, einer Verteidigung, einer Zeugenaussage oder um sich der Befragung oder gar einem scharfen Verhör zu stellen. Zwischen den Darsteller*innen dieses Schauspiels herrscht demnach keineswegs ein ausgewogenes Machtverhältnis. In einem hoch ritualisierten Rahmen berichten sie von ihren Taten, Erlebnissen oder dem ihnen zugefügten Leid. „Eine starke Verwirrung der Wahrnehmung, heftige Gemütsbewegungen, instinktive Abwehrreaktionen, gedankliche Aussetzer – all das macht das Erlebnis eines gewaltsamen oder auch einfach nur unerwarteten Ereignisses aus."[2]: Der formale Rahmen der Beweisaufnahme und der damit verbundene hohe Grad an Theatralisierung setzen die Beteiligten massiv unter Druck und können heftige Gefühlsregungen auslösen, die umso stärker waren, als im Spätmittelalter die meisten von ihnen, seien es Frauen oder allgemein wenig Gebildete, das Reden in der Öffentlichkeit nicht gewohnt waren und nun den gelehrten, fast ausschließlich männlichen Vertretern von Justiz und Medizin gegenüberstanden. Dabei entwickelten die Vorgeladenen jeweils persönliche Anklage- beziehungsweise Verteidigungsstrategien, und auch die Zeugenaussagen fielen sehr unterschiedlich aus. Schon die Formulierung der Fragen konnte Antworten in eine bestimmte Richtung lenken. So manche Aspekte der Geschehnisse behielten die beteiligten Personen auch für sich, so dass diese nicht Gegenstand der Verhandlung wurden. Folglich scheinen sie auch nicht in den Aufzeichnungen des Gerichtsschreibers auf und entziehen sich somit gänzlich der Kenntnis der Historiker*innen.

---

1 Massimo Vallerani, La giustizia pubblica medievale, Bologna 2005, 13.
2 Renaud Dulong, Le témoin oculaire. Les conditions sociales de l'attestation personnelle, Paris 1998, 35.

Im vorliegenden Beitrag möchte ich die spezifische Behandlung von Männern und Frauen durch die Justizbehörden sowie ihre teils unterschiedlichen Verhaltensweisen vor Gericht untersuchen. Grundlage der Analyse bildet eine Reihe von im 15. Jahrhundert durchgeführten kleineren Prozessen in zwei *quasi-città* (stadtähnlichen Orten) der italienischen Region der Marken, Tolentino und San Severino (14 Kilometer voneinander entfernt gelegen), die in den Strafjustizregistern (*libri maleficiorum)* des örtlichen Podestaten, das heißt des Gouverneurs der Gemeinde, festgehalten wurden.[3] Die ausschließlich in lateinischer Sprache verfassten Aufzeichnungen dokumentieren in einer oft sehr formelhaften Sprache, wie die Missetaten, die Einwohner der Städte und umliegenden Dörfer begingen (Beleidigungen, Prügeleien, Diebstähle, Ehedelikte, Vergewaltigungen, Totschlag und anderes), vor Gericht verhandelt wurden. Obwohl sich diese Art von Gerichtsakten in zahlreichen italienischen Archiven findet, waren sie bislang kaum Gegenstand von Untersuchungen.[4] Arbeiten zur Funktionsweise der damaligen Justiz und deren Verschriftlichungspraxis stellen nach wie vor eine Seltenheit dar, Editionen bilden noch die Ausnahme, und auch eine vollständige Bestandsaufnahme steht noch aus.[5]

Im 15. Jahrhundert war das Inquisitionsverfahren vorherrschend: Der Podestat entschied von Amts wegen *(ex officio)* über die Einleitung eines Verfahrens auf der Grundlage eines Gerüchts, das ihm zu Ohren gekommen war.[6] Den Ausgangspunkt

---

3 Die hier zugrundeliegenden „libri maleficiorum" finden sich in den Beständen des Archivio Storico Comunale di Tolentino (fortan ASCTo) sowie des Archivio Storico Comunale di San Severino (fortan ASCSS). Was Tolentino betrifft, so verfügen wir über sechzehn Register für die Jahre 1390 bis 1449, für San Severino sind es acht Register von 1435 bis 1460. Für die folgende Untersuchung wurden drei Register aus Tolentino herangezogen, die die Zeitspanne von 1424 bis 1438 abdecken, sowie zwei Register aus San Severino aus dem Zeitraum 1457 bis 1460. Jedes dieser Register enthält im Durchschnitt etwa einhundert Fälle. Mit Ausnahme der Verhandlung schwerer Straftaten dauerten die Prozesse nur wenige Tage, selbst wenn Zeugen und Zeuginnen zitiert werden.
4 Vgl. Didier Lett (Hg.), I registri della giustizia penale e le società dell'Italia comunale (secoli XII–XV), Rom 2020; Andrea Giorgi, Stefano Moscadelli u. Carla Zarrilli (Hg.), La documentazione degli organi giudiziari nell'Italia tardo-medievale e moderna, Rom 2012.
5 Dennoch sei hier auf die nach einzelnen Städten vorgehende Inventarisierung der Bestände der Gerichtsarchive verwiesen, die Elena Maffei auf der Grundlage des Guida generale degli Archivi di Stato italiani vorgelegt hat: Elena Maffei, Dal reato alla sentenza. Il processo criminale in età comunale, Rom 2005, 67–69. Sie betrifft jedoch nur Großstädte, d. h. jene, die über ein Archivio di Stato verfügen. Die meisten der „libri maleficiorum" sind heute in kommunalen Bibliotheken und Archiven verwahrt und folglich schlechter erhalten und inventarisiert.
6 „[…] im Anschluss an die öffentliche Meinung, welche Verbreitung gefunden hat und nicht von boshaften und verdächtigen Leuten ausgeht, sondern vielmehr von verlässlichen und vertrauenswürdigen Männern und Personen, und zwar nicht nur vereinzelt, sondern wiederholt, ist dem oben genannten Herrn Podestaten und dem Gerichtshof zu Ohren gekommen, dass […]." „In eo, de eo et super eo, quod fama publica precedente et clamosa insinuatione referente non quidam a malevolis et suspectis sed potius ab onestis veridicis et fidedignis (hominibus et) personis non semel tantum (oder non tantam semel) sed pluries et pluries et quam pluries (oder sed sepe sepius) ad aures et notitiam supradicti domini potestatis judicis et curie auditu pervenit quod […]." Vgl. dazu Julien Théry, Fama: l'opinion publique comme preuve judiciaire. Aperçu sur la révolution médiévale de l'inquisitoire

dafür bildete jedoch in den meisten Fällen die Klage seitens eines Opfers oder dessen Familie.⁷ In den italienischen Stadtstaaten des Spätmittelalters entwickelte sich ein immer komplexeres Dokumentationssystem, das zu einer engen Verknüpfung und Zirkulation der verschiedenen Schriftstücke führte, die von den kommunalen Behörden verfasst wurden.⁸ Um diese Prozesse zu verstehen, müssen sie vor dem Hintergrund der kommunalen Statuten analysiert werden. Insbesondere gilt es, die zahlreichen Rubriken des Buches „De maleficiis" zu beachten, welche die Rechtsgrundlage dafür darstellten, ein Gerichtsverfahren einzuleiten und Strafen zu verhängen.⁹ In den Prozessen hielten sich die Richter peinlich genau an die Vorgaben der Statuten. Der jeweilige Gerichtsschreiber vermerkte stets, dass ein Verbrechen „contra formam juris statutorum, ordinamentorum dicte terre" begangen worden oder dass im Gegensatz dazu die Rechtsprechung „secundum formam juris statutorum, ordinamentorum dicte terre" erfolgt sei. Auch die Täter*innen, Opfer und Zeug*innen verstanden es ihrerseits geschickt, sich der rechtlichen und gesellschaftlichen Normen, die sie gut kannten, zu bedienen, um ihr Ziel zu erreichen.¹⁰

Mit Ausnahme der Matronen, die in Fällen von Vergewaltigung bisweilen als Hilfspersonal für die physische Untersuchung junger Mädchen und Frauen herangezogen wurden, waren Frauen aus den Reihen jener Darsteller, die im Lager der Justizbehörden mitwirkten, prinzipiell ausgeschlossen. Dabei wurde ihre „natürliche Unterwerfung" unter den Mann als Erklärung für ihre Rechtsunfähigkeit angeführt.¹¹

(XIIᵉ-XIVᵉ siècle), in: Bruno Lemesle (Hg.), La Preuve en justice de l'Antiquité à nos jours, Rennes 2003, 119–147; zu ihrer Anwendung in italienischen Kommunen des 15. Jahrhunderts vgl. Laura Ikins Stern, Public Fame in the Fifteenth Century, in: The American Journal of Legal History, 44, 2 (2000), 198–222.

7 Zu diesen hybriden Formeln vgl. Didier Lett, Viols d'enfants au Moyen Âge. Genre et pédocriminalité à Bologne, XIVᵉ-XVᵉ siècle, Paris 2021, 236.

8 Vgl. Paolo Cammarosano, Italia medievale. Struttura e geografia delle fonti scritte, Rom 1991 (Neuaufl. 2000); Laura Baietto, Elaborazione di sistemi documentari e trasformazioni politiche nei comuni piemontesi (secolo XIII): una relazione di circolarità, in: Società e storia, 98 (2002), 645–679.

9 Zum Genre der Statuten als Quelle der Rechtspraxis vgl. Didier Lett (Hg.), Statuts, écritures et pratiques sociales dans les sociétés de l'Italie communale et du Midi de la France (XIIᵉ-XVᵉ siècle), Rom 2021.

10 Etliche italienische Stadtstaaten stellten ein Exemplar der Statuten zur Konsultation bereit, oft vor dem Justizpalast der Kommune, wo es mit einer Kette angebunden war, wovon sich seine Bezeichnung Abschrift *a la catena* ableitet.

11 In einem Zusammenhang, der sich vom italienischen *jus comune* unterscheidet, der aber denselben Ausschluss der Frauen belegt, schreibt in Frankreich Jean Boutillier gegen Ende des 15. Jahrhunderts: „Die Frau kann und darf zugleich kein Richter sein, denn letzterer muss über Beständigkeit und Verschwiegenheit verfügen. Nun fehlen diese der Frau aber gänzlich aufgrund der ihr eigenen Natur", La Somme rural de Jean Boutillier, hg. v. L. Charondas, Lyon 1621, 663. Ähnlich der Autor des Coutumier d'Artois: „Desgleichen können Frauen kein Amt ausüben, weshalb sie keine Richterin oder Anwältin sein können, weder eine Klageschrift für eine andere Person einreichen noch als Vermittler *(entrevenir)* oder als Rechtsvertreter auftreten dürfen, denn sie sind rechtmäßig der

Dementsprechend konnten Frauen vor Gericht lediglich als Angeklagte, Opfer oder Zeuginnen fungieren. Im Folgenden gilt die Aufmerksamkeit den Zeuginnen, deren Rolle mit jener von männlichen Zeugen im selben Rechtskontext verglichen wird. Auf der Bühne des Gerichts traten Frauen nur zurückhaltend auf,[12] meist spielten sie eine Nebenrolle, stets unter der Kontrolle von Männern und unter dem wachsamen Auge Gottes. Wenn sie tatsächlich als Zeuginnen zum Einsatz kamen, so geschah dies im Unterschied zu männlichen Zeugen oft nur zur Bestätigung von Geburtsdaten oder zur Bestimmung eines Lebensalters.

1. Frauen vor Gericht – unter göttlicher Aufsicht und der Kontrolle von Männern

1.1 Frauen traten selten allein vor den Richter

Wenn ein Verfahren gegen eine Person eingeleitet wurde, hatte diese unverzüglich vor Gericht zu erscheinen, um die „Schuld von sich zu weisen und sich zu verteidigen" *(comparutio cum excusatio)*. Waren die Angeklagten Frauen, kamen sie in den meisten Fällen in männlicher Begleitung, sei es von ihrem Ehemann, Vater, Bruder oder einem anderen Beistand, von dem sie sich auch vertreten lassen konnten. Je nach Familienstand der Frauen (verheiratet oder ledig), ihrem Rechtsstatus (adelig oder nichtadelig), aber auch je nach Art der Streitsache (Straf- oder Zivilsache) lassen sich große Unterschiede in Hinblick auf die Wahl des Beistands und der Verteidigungsstrategie konstatieren. So erschienen verwitwete Frauen meist ohne Begleitung. Auch verheiratete Frauen verteidigten sich bei der Verhandlung schwerer Verbrechen häufig selbst, bedienten sich im Falle kleinerer Delikte jedoch gerne der Vermittlung ihres Ehemanns. Sofern ein Paar gemeinsam angeklagt wurde, war es häufiger der Ehemann, der die Verteidigung für beide übernahm.

So erging etwa in Tolentino im September 1424 gegen Jacopo und seine Frau Nicolina die Anklage, eine Prügelei verursacht zu haben. Nach einer ersten Vorladung erschien Jacopo „in seinem eigenen Namen und im Namen und an Stelle seiner Frau Nicolina".[13] Im Juni 1427 stellte Lorenzo di Giacomo di Bentivoglio, Einwohner von

---

Machtbefugnis *(signourie)* des Mannes unterworfen", Coutumier d'Artois, hg. v. A. Tardif, Paris 1883, 121.

12 In den spätmittelalterlichen Rechtsquellen ist das Geschlechterverhältnis höchst unausgewogen. Im Durchschnitt kommen auf eine Frau neun Männer, mit großen Unterschieden hinsichtlich der Schwere der Vergehen: Bisweilen sind es 20 bis 30 % Frauen in Fällen von Beleidigung, aber nur 1 bis 2 % bei Tötungsdelikten; vgl. dazu Didier Lett, Crimes, genre et châtiments au Moyen Âge. Hommes et femmes face à la justice (XIIe-XVe siècle), Paris 2024, bes. 14–17.

13 „Comparuit […] Jacobus inquisitus suo proprio nomine ac etiam nomine et vice Nicoline sue uxoris, volens se excusandum et defendendum […]", ASCTo, 155, fol. 128v.

Culmurano im Umland Tolentinos, beim Podestaten und seinem Richter einen Strafantrag gegen ein Paar, das im selben *castrum* lebte, Nicola di Toma und seine Frau Sancta di Sancto di Bentivoglio, wegen der unrechtmäßigen Inbesitznahme eines mit Getreide bewirtschafteten Flurstücks. Zu Prozessbeginn am 4. August erschien Nicola allein als „Verteidiger" seiner Frau Sancta zur Vorlage der betreffenden *articuli* und zur Nennung von Zeugen.[14]

Ähnlich verhielt es sich, wenn Frauen Opfer waren und ihrerseits gegen jemanden eine Klage erheben wollten: Auch hier waren ihre Möglichkeiten, eine Angelegenheit vor Gericht zu bringen, ungleich begrenzter als jene von Männern. Denn auch in diesem Fall waren sie oft auf die Vermittlung eines Mannes angewiesen und somit von einem männlichen Verwandten abhängig, der ihnen beistand oder sie zumindest berechtigte, sich ans Gericht zu wenden. In den „libri maleficiorum" der Marken handelten Frauen, die eine Anklage vorbrachten, größtenteils mit dem Einverständnis ihres Vaters oder Ehemanns.

In Tolentino stellte im Sommer 1424 „Domina Vannarella, Tochter des Herrn Giovanni, Sohn des Herrn Roberto aus Ascoli und nunmehr wohnhaft in Tolentino, in Anwesenheit, mit dem Einverständnis und nach dem Ratschluss des besagten Giovanni, ihres Vaters, einen Strafantrag gegen Roberto, den Sohn des besagten Herrn Giovanni", der sie mehrfach mit einer eisenbewehrten Holzstange geschlagen und sie an Kopf und Schulter verletzt hatte.[15] In derselben Stadt beschuldigte drei Jahre später (1427) Giovanna, Frau des Francesco, eine gewisse Angellela, sie habe sie als Hure beschimpft, auch hier „in Anwesenheit, mit dem Einverständnis und nach dem Ratschluss des besagten Francesco, ihres Ehemanns".[16] Diese beglaubigten Einträge in den „libri maleficiorum" setzten lediglich die Vorgaben der kommunalen Statuten um. Jene von Esanatoglia (25 Kilometer westlich von Tolentino gelegen) aus dem Jahre 1324 legten fest, dass „keine verheiratete Frau ohne das ausdrückliche Einverständnis des Ehemanns oder auch des Vaters, sofern sie einen Vater, aber keinen Ehemann hat,

---

14 ASCTo, 156, fol. 91v. Genaueres dazu findet sich bei Didier Lett, La terre de Laurent. Tensions familiales, possession et travail de la terre à Tolentino (Marches) au début du XVe siècle, in: Marie Dejoux, Harmony Dewez, Emmanuel Huertas u. Cédric Quertier (Hg.), Les fruits de la terre. Études d'histoire médiévale offertes à Laurent Feller, Paris 2023, 469–479.

15 „Domina Vannarella, filia domini Johannis domini Roberti de Exculo et nunc habitator terre Tolentini, cum presentia, consensu et voluntate dicti domini Johannis sui patris, in modum et per modum mallificii, denunptiat et accusat Robertinum filium dicti domini Johannis […]", ASCTo, 155, fol. 117.

16 „Domina Johannam uxor Francesci de terre Tolentini, de presentia, consensu et voluntate dicti Francesci sui mariti cum juramento et testibus in forma mallefficii, denunptiat et accusat", ASCTo, 156, fol. 27. In Bologna beschritten Frauen den Rechtsweg offenbar eher selbst. Unter den siebzehn Bologneserinnen, die von 1334 bis 1402 wegen Beleidigungen klagten, taten dies acht in ihrem eigenen Namen, wogegen die anderen neun entweder durch ihren Ehemann (oft einen Notar) oder aber durch einen Beistand *(procurator)* vertreten wurden. Vgl. Chloé Tardivel, Paroles blessantes. Genre, identités sociales et violence verbale dans l'Italie communale (Bologne, XIVe–XVe siècle), unveröffentlichte Dissertation, Université Paris Cité, Nov. 2021, betreut von Didier Lett, 467.

hinsichtlich eines Delikts oder einer Handgreiflichkeit eine Klage einbringen und ein Inquisitionsverfahren anstrengen kann".[17] Auch hier gewährte der Witwenstatus den Klägerinnen eine größere Unabhängigkeit. In denselben Registern der Kriminaljustiz von Tolentino brachte Frau Petra, eine Witwe *(uxor olim)* aus einer Adelsfamilie der Stadt, im November 1437 eine Anklage gegen einen Mann vor, den sie beschuldigte, sich ihren Grund und Boden unrechtmäßig angeeignet zu haben.[18] Im März 1438 verklagte Frau Francesca, ebenfalls Witwe *(vidua)*, Antonio Simonis aus Macerata, nunmehr Einwohner Tolentinos, der sie in ihrem Garten belästigt und beleidigt hatte.[19]

1.2 Die problematische Zeugenschaft von Frauen

Die „Rhetorica ecclesiastica", abgefasst in den Jahren 1160 bis 1180, bietet eine Etymologie des Wortes *testis* (Zeuge), die später oft aufgegriffen wurde und die Person des Zeugen eng mit den männlichen Geschlechtsorganen verknüpfte, so dass jede Art weiblicher Zeugenschaft ausgeschlossen wurde: „Eine als Zeuge *(testis)* bezeichnete Person wird aufgrund der Hoden *(testiculis)* so genannt, denn allein das männliche Geschlecht ist zur Zeugenaussage berechtigt."[20] Demnach wurden Frauen gleich den Kindern unter sieben Jahren, den ‚Verrückten', den ‚Tauben' und ‚Stummen' oder auch den als ehrlos erachteten Personen von den Rechtsgelehrten zu den *testes inhabiles* gerechnet. Da Frauen allerdings etwa die Hälfte der Bevölkerung ausmachten, erwies es sich als schwierig, sie im Bedarfsfall nicht als Zeug*innen zuzulassen. In der Rechtspraxis finden sich daher zahlreiche Zeugenaussagen von Frauen. Entsprechend liegt für Historiker*innen das Problem weniger in der Rechtsfähigkeit von Frauen zur Zeugenschaft als vielmehr in der Bedeutung, die dieser vor Gericht beigemessen wurde. Denn der Zeugenaussage einer Frau kam nur selten dasselbe Gewicht zu wie jener eines Mannes, auch bei identischem gesellschaftlichem Status oder Lebensalter. Die Abwertung der weiblichen Rede war eng verbunden mit den Verfahrensregeln der Beweisführung: „Die Beweggründe, Modalitäten und Entwicklungen des Ausschlusses

---

17 „Statuimus quod nulla mulier habens maritum possit aliquem vel aliquam accusare vel denuntiare vel inquisitionem fieri facere de aliquo maleficio vel excessu sine expressu consensu mariti vel patris, si haberet patrem et non maritum", Statuti (Gli) del commune di San Anatolia del 1324, hg. v. Gino Luzzato, Ancona 1909, Rub. CLVI, 102.
18 „Domina Petra olim uxor nobilis viri Adcorimbone Lodicici de dicta terra Tholentini cum juramento in formam malleficii denunptiat et accusat", ASCTo, 157, fol. 84.
19 „Domina Francescha, uxor olim Nicholay de Fulgineo, vedua [sic] de Tholentino, in formam maliffcii denunptiat et accusat […]", ASCTo, 157, fol. 157.
20 Rhetorica ecclesiastica (Tam ueteris quam novi), Quellen zur Geschichte des römisch-kanonischen Prozesses im Mittelalter, hg. v. Ludwig Wahrmund, I, 4, Innsbruck 1906 (Neuaufl. 1962), 2.

von Frauen lassen sich aus der spezifischen Logik des Verfahrens und der Rechtsgebaren heraus erklären."[21]

Um im Rahmen eines Verfahrens als Zeuge zugelassen zu werden, mussten auch Männer einen guten Leumund nachweisen. Es ist aber bezeichnend, dass die kommunalen Statuten diese Voraussetzung lediglich für Frauen einforderten. Die ersten Statuten von Camporotondo di Fiastrone (13 Kilometer südlich von Tolentino gelegen), die um die Mitte des 14. Jahrhunderts abgefasst wurden, legten Folgendes fest: „Desgleichen befinden wir, dass jedwede Frau, die älter als vierzehn Jahre ist, als Zeugin in Strafsachen *(in maleficiis)* zugelassen wird unter der Voraussetzung, dass diese Frau einen guten Ruf hat. Und wenn darüber hinaus jemand gegen diese Frau und ihre Zeugenaussage Widerspruch einlegt, so soll dieser nicht angehört werden, und wir entscheiden bereits zum jetzigen Zeitpunkt, dass sie als Zeugin in Strafsachen zugelassen werden kann."[22]

1.3 Geschlechterspezifische Orte der Anhörung

In den italienischen Stadtstaaten wurden Frauen aufgrund des besonderen Status ihrer Zeugenschaft nicht am selben Ort wie Männer angehört. Da in den Städten Italiens politische und öffentliche Räume Frauen oft nicht zugänglich waren, verlangten die kommunalen Statuten, dass Frauen nicht im Palazzo Comunale vorsprechen sollten, sondern in oder vor einer Kirche. Die Statuten von Perugia aus dem Jahr 1342 verfügten: „Und weil es weder rechtens noch anständig erscheint, dass Frauen sich zum Palazzo des Podestaten oder des Capitano del Popolo begeben, um eine Zeugenaussage zu machen, sind wir gehalten anzuordnen, dass keine Frau, welcher gesellschaftlichen Stellung auch immer, sich jemals zum Palazzo Comunale von Perugia zu begeben hat oder zur Residenz des Podestaten oder des Capitano, um in einem Kriminal- oder Zivilprozess auszusagen. Vielmehr muss sich eine Frau, die zu einer Zeugenaussage geladen ist, zur Kirche San Lorenzo begeben oder zu ihrer eigenen Pfarrkirche. Der Podestat oder der Capitano oder ihr Richter muss einen Gerichtsschreiber dorthin bestellen, um den Eid und die Aussage der Frau aufzunehmen."[23] Auch in Triest konnten Frauen nur an bestimmten geschützten Orten angehört werden. Ein Zusatz zu den Statuten von 1338, der 1350 erneut aufgenommen wurde, nennt für die Anhörung weiblicher Zeugen Orte wie etwa die Kirche San Silvestro im Castello-Viertel.[24]

---

21 Marta Madero, Savoirs féminins et construction de la vérité: les femmes dans la preuve testimoniale en Castille au 13ᵉ siècle, in: Crime, Histoire & Sociétés / Crime, History & Societies, 3, 2 (1999), 5–21, 20.
22 Statuta Castri Campirotundi (1322/1366), hg. v. Dante Cecchi, Mailand 1966, 186.
23 Statuti di Perugia dell'anno *MCCCXLII*, Bd. II, hg. v. Giustiniano Degli Azzi, Rom 1916, 48.
24 Vgl. Miriam Davide, I registri criminali triestini nella tradizione documentaria cittadina, in: Didier Lett (Hg.), I registri, wie Anm. 4, 139.

Diese Vorschriften der italienischen Stadtstaaten, die bislang noch nicht umfassend erforscht worden sind, hatten konkrete Folgen für die Rechtspraxis. In Tolentino wurden Frauen fast ausnahmslos nicht im oder vor dem Palazzo Comunale angehört, sondern vor der Kirche San Francesco, die etwa hundert Meter entfernt lag. Am 5. Juni 1438 erschien Citia Spiche vor dem Gericht des Podestaten, das „in der Loggia beziehungsweise der Säulenhalle der Kirche San Francesco [...] tagt, jenem Ort, an dem für gewöhnlich die Anhörung von Frauen stattfindet".[25] Am selben Tag – verzeichnet auf dem nächsten Folioblatt – traten drei Männer, Magister Giorgio Lombardo, Cola di Ranaldo und Domenico, sein Sohn, vor den Podestaten, der „in jenem Gericht *(bancum juris)* tagt, der im großen Saal des Palazzo Comunale der besagten Stadt eingerichtet ist".[26] Sofern ein Paar gemeinsam befragt wurde, wurde der Mann wie eine Frau behandelt, da man die Befragung an Orten durchführen musste, die Frauen vorbehalten waren. In dem bereits erwähnten Prozess vom Juni 1427 erging an das angeklagte Paar Nicola und Sancta die Aufforderung persönlich zu erscheinen, welcher die beiden am 18. Juli auch nachkamen. Da eine der Beschuldigten eine Frau war, fand die Anhörung beider vor der Kirche San Franceso statt, „wo man gewöhnlich Frauen den Eid ablegen lässt und ihre Befragung durchführt".[27]

In Tolentino, wie in zahlreichen anderen Kommunen des spätmittelalterlichen Italiens, war die Stadtbürgerschaft grundlegend männlich definiert, zumindest im Hinblick auf Machtausübung.[28] Die kommunalen Obrigkeiten hielten Frauen aktiv aus dem Feld der Politik heraus. In den Statuten der Marken stößt man häufig auf eine Rubrik (generell im Buch III, das Verbrechen gewidmet ist), die Frauen den Zutritt zum Palazzo Comunale untersagt. In den Statuten von Cingoli aus dem Jahre 1325, von Belforte aus dem Jahre 1567 und von San Elpidio aus dem Jahre 1571 findet sich eine Rubrik mit der folgenden Überschrift: „Dass Frauen nicht auf den Gedanken verfallen sollen, in den (kommunalen) Palazzo einzudringen."[29] In den Statuten von

---

25 „Costituta personaliter in juditio coram supradicto domino potestate pro tribunali sedente in logia sive porticum ecclesie Sancti Francisci site juxta plateam, vias publicas comunes et alios fines, ubi mulieribus jura redduntur, Citia Spiche testis supradicta [...]", ASCTo, lib. mal., ms. 157, fol. 57v und 58.

26 „Costituti personaliter in juditio coram supradicto domino potestate pro tribunali sedente ad bancum juris situm in sala magna palatii comunis dicte terre ut supra siti et confinati, magister Georgius Lombardus Cola Ranaldi et Domenicus eius filius, testes [...]", ASCTo, lib. mal., ms. 157, fol. 58.

27 „In quodam banco lapideo sive ex lateribus constructo intra faciam ecclesiae Sancti Francisci situ in dicta terra Tholentini juxtam plateam et vias publicas viis et alias fines ubi solitum est mulieribus jura reddi quem locum et bancum", ASCTo, lib. mal., ms. 156, fol. 91v.

28 Vgl. dazu Didier Lett, Genre et paix. Des mariages croisés entre quatre communes de la Marche d'Ancône en 1306, in: Annales HSS, 67, 3 (2012), 651–654.

29 „Quod mulieres intrare palacium non cogantur", Statuti del comune di Cingoli: secoli XIV, XV, XVI, hg. v. L. Colini Baldeschi, Cingoli 1904, rub. XLVII, 11; „Quod mulieres non cogantur intrare palatium, Statutorum et ordinamentorum communis et hominum terrae", Belfortis 1567, Lib. III,

San Elpidio wird erläutert, dass diese Maßnahme dazu gedacht sei, „jedweden Verdacht von Infamie zu vermeiden" *(ad evitandum omnem suspitione infamiam)*. Die Anwesenheit von Frauen in einem Raum, der symbolisch für die Politik steht, erschien als eine Verunreinigung. Die Kirche San Francesco in Tolentino bot demnach einen Ort, der trotz aller Einschränkungen die Anhörung von Frauen als Zeuginnen erlaubte und damit verhinderte, dass diese in das Gerichtsgebäude eindrangen und es auf diese Weise ‚beschmutzten'. Die sakral-festliche Aura des Kirchenbaus verlieh zudem den Worten einer Frau mehr Glaubwürdigkeit. Männer wurden dagegen immer von anderen Männern angehört, und zwar in einem Gericht, das an einem politischen Ort der Stadt eingerichtet wurde. Im Gegensatz dazu wurden Frauen auf einer Gerichtsbühne in oder vor einem religiösen Ort der Stadt angehört, gleichsam im Angesicht Gottes, um sich des Wahrheitsgehalts ihrer Zeugenschaft zweifach zu versichern.

2. Geburt und Lebensalter von Kindern in der Erinnerung von Frauen

2.1 ‚Frauenfragen'

Da die Rede und die Erinnerung von Frauen auf stärkere Vorbehalte trafen, sind in den hier untersuchten Prozessen männliche Zeugen viel häufiger vertreten als weibliche (im Durchschnitt kommt eine Frau auf neun Männer). Allerdings ist es wichtig, das Geschlecht der Zeugen, das Geschlecht der Opfer, die Art des Verbrechens und den Gegenstand der Zeugenaussagen miteinander in Beziehung zu setzen. Bezeichnenderweise finden sich in den Quellen wesentlich mehr Spuren weiblicher Aussagen, wenn das Opfer eine Frau war. In bestimmten Fragen wurde eine weibliche Zeugenaussage sogar bevorzugt. Selbst wenn der Gesetzgeber alle Verbote anführte, die auf der weiblichen Rede lasteten, und seinem Widerstreben Ausdruck verlieh, Frauen überhaupt anzuhören, so fügte er doch hinzu, dass Frauen besser als Männer dazu befähigt seien, den Nachweis für ein Lebensalter, eine Blutsverwandtschaft, eine Schwangerschaft oder eine Geburt zu erbringen. Einige der Statuten führen aus, dass Frauen lediglich in diesen ‚Frauenfragen' als Zeuginnen auftreten sollen – eine recht vage Formulierung, die den Richtern ein weitgefasstes *arbitrium* ermöglichte. In einem den italienischen Stadtstaaten ähnlichen Rechtskontext unterstreichen die Bestimmungen des „Fuero Real", die gegen Mitte des 13. Jahrhunderts von Alfons X., dem König von Kastilien und León, zahlreichen Städten auferlegt wurden, die Bedeutung weiblicher Zeugenschaft: „Eine jede Frau aus der Nachbarschaft oder auch Tochter eines Nachbarn kann all jene Dinge bezeugen, die im Bad, am Backofen oder an der Mühle, am

---

rub. 9, cap. 9; „Quod mulieres non cogantur intrare palatium", Statutorum ecclesiaticae Terrae Sancti Elpidi, 1571, Lib. 3, rub. 6.

Fluss oder am Brunnen oder während des Spinnens oder Webens oder während der Niederkunft oder während der Hochzeit von Frauen oder anlässlich anderer Angelegenheiten von Frauen gesagt oder getan werden, aber nicht in anderen Dingen als jenen, die dieses Gesetz festlegt."[30] In der Rechtspraxis finden sich in der Tat mehr Zeugenaussagen von Frauen, wenn es um den Beweis einer Vergewaltigung, Entjungferung, Schwangerschaft oder Niederkunft ging, bisweilen sogar deutlich mehr als von Männern, als wären letztere von diesen spezifischen Erfahrungsbereichen ausgeschlossen. Als Beispiel dafür werden in der Folge zwei Prozesse aus San Severino geschildert, die in den Jahren 1458 und 1460 geführt wurden.

2.2 Die Zeugenaussage einer Mutter bewahrt ihr Kind vor strafrechtlicher Verurteilung

Für die Kommunen der Marken sind, wie fast überall in Italien, sogenannte ‚Steinspiele' belegt, die als *battaglia, battagliola, guerra, proelium* oder auch *pugna, bellum* oder *ludus* bezeichnet wurden – eine ‚spielerische' Veranstaltung, bei der sich die Kinder der jeweiligen Stadt einem ritualisierten Ablauf folgend gegenseitig angriffen und mit Steinen bewarfen. Derlei Kieselschlachten fanden das ganze Jahr über statt, besonders beliebt waren sie bei Festen oder während des Karnevals. Angehörige aller Gesellschaftsschichten beteiligten sich daran, vor allem Kinder, aber bisweilen auch Erwachsene. Diese Spiele hatten auch eine paramilitärische Dimension, insofern als sie als Vorbereitung auf einen Krieg oder zumindest auf die Verteidigung der Stadt betrachtet werden können. Sie waren für die kollektive Sozialisierung junger Männer bedeutsam und dienten manchmal auch dazu, Rivalitäten zwischen verschiedenen Stadtvierteln auszutragen.[31] Im Verlauf eines dieser Steinspiele, das im August 1458 in San Severino stattfand, verletzte der neun- oder zehnjährige Benincasa di Beneamato Corradi ein anderes Kind, Andrea di Nicola, mit seiner Steinschleuder schwer am Kopf. Im September wurde auf die von Nicola di Andrea, dem Vater des Opfers, eingebrachte

---

30 Leyes de Alfonso X. II. Fuero Real, 2. 8. 8, ediert v. Gonzalo Martinez Diez, Avila 1988 (2. Aufl. 2013); vgl. Madero, wie Anm. 21, Savoirs féminins, 7.
31 Aus der umfangreichen Forschungsliteratur vgl. Andrea Zorzi, Battagliole e giochi d'azzardo a Firenze nel tardo Medioevo: due pratiche sociali tra disciplinamento e repressione, in: Gioco e giustizia nell'Italia di Comune, hg. v. G. Ortalli, Treviso/Rom 1993, 71–107; Ilaria Taddei, L'encadrement des jeunes à Florence au XVe siècle, in: Histoire urbaine (2001), 119–132; Aldo A. Settia, Ut melius doceantur ad bellum: i giochi di guerra e l'addestramento delle fanterie comunali, in: La civiltà del torneo (sec. XII–XVII). Giostre e tornei fra medioevo ed età moderna, Narni 1990, 79–105; Il gioco pubblico in Italia. Storia, cultura e mercato, hg. v. G. Imbucci, Venedig 1999; Il tempo libero. Economia e società (Loisirs, Leisure, Tempo Libre, Freizeit, secc. XIII–XVIII), hg. v. Simonetta Cavaciocchi, Florenz 1995; Alessandra Rizzi, Le jeu dans les villes de l'Italie médiévale, in: Histoire urbaine, 1 (2000), 47–64; idem, Ludus/ludere. Giocare in Italia alla fine del Medio Evo, Rom 1955.

Klage hin ein Verfahren eingeleitet. Beneamato, der Vater des jungen Missetäters, trat zur Verteidigung an. Er leugnete den Hergang der Tat nicht als solchen, versuchte aber zu beweisen, dass sich der Wettstreit nach gültigem Recht an einem Ort zugetragen habe, der von der Kommune dafür vorgesehen war. Außerdem unterstrich er, dass sein Kind zum Zeitpunkt der Tat noch keine zehn Jahre alt und damit gemäß den kommunalen Statuten San Severinos aus dem Jahre 1426 noch nicht strafmündig war. Am 27. September legte Beneamato dem Podestaten eine Liste von zehn *articuli* vor und beantragte die Anhörung von sechs Zeugen, die vorgeladen und am 4. Oktober befragt wurden.

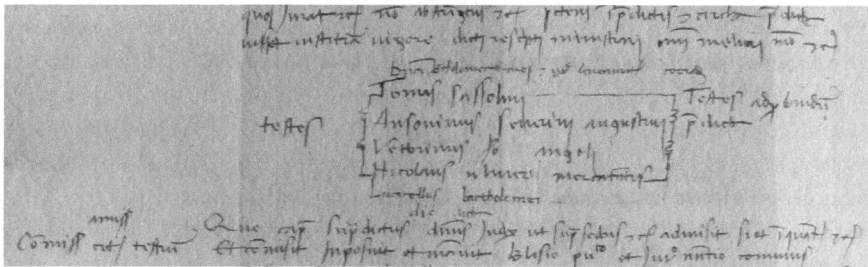

Abb. 1: Liste der sechs Zeugen (eine Frau und fünf Männer), die im September 1458 in San Severino von Beneamato Corradi, dem Vater von Benincasa, vorgelegt wurde (ASCSS, 1457–1458, fol. 205v).

Bei genauerem Hinsehen lässt sich erkennen, dass ursprünglich nur vier Zeugen vorgesehen waren, zumal vier Namen in Buchstaben derselben Größe verzeichnet sind. In kleinerer Schrift, wohl aus Platzmangel, wurde (vermutlich von jener Person, die den gesamten Text verfasst hat) der Name der Kindsmutter *(domina Bartholomea Mei uxor Beneamati Corradi)* oberhalb der Liste und jener des Lucarello di Bartolomeo *(Lucarellus Bartholomei)* unterhalb ergänzt. Gerade diese beiden Personen waren es, die Geburtsjahr und -monat des Jungen bezeugen konnten. So versicherte Lucarello di Bartolomeo, das Kind sei jünger als zehn Jahre, denn er erinnere sich an seine Geburt im Juni 1449: Seine Gattin habe die Kindsmutter besucht, als diese noch im Wochenbett lag. Dieser Zeugenaussage zufolge war Benincasa folglich im Juni 1458, also zwei Monate vor der *battaglia*, neun Jahre alt geworden. Was Bartolomea, die Mutter des Kindes, betrifft, so wurde sie lediglich zu den Artikeln sieben und acht befragt, die sich auf das Alter Benincasas bezogen. Sie bestätigte das Datum von 1449. Sie sei sich ganz sicher, erklärte sie, denn sieben Monate nach der Geburt ihres Sohnes habe das Heilige Jahr begonnen.[32]

---

32 Der Text findet sich in ASCSS, Jahrgänge 1457–1458, fol. 204–207v. Vgl. dazu Didier Lett, Construire et légitimer l'autorité paternelle et communale dans un procès à San Severino (Marche) au milieu du XVe siècle, in: La Légitimité implicite, hg. v. Jean-Philippe Genet, Paris/Rom 2015, Bd. 1, 497–512.

2.3 Die Aussagen christlicher Zeuginnen bewahren ein jüdisches Kind vor strafrechtlicher Verurteilung

Ein weiteres Beispiel für die Zeugenschaft von Frauen liefert ein Prozess, der am 30. September 1460 ebenfalls in San Severino eröffnet wurde.[33] Im Juli desselben Jahres hatte ein jüdischer Junge, Salomon di Israel aus Gubbio, der in San Severino wohnhaft war, einen Stein auf Antonio di Chiciati Deotefece geworfen. Das Opfer, ein Kind oder Erwachsener aus derselben Stadt, verlor viel Blut *(cum maxima sanguis effusione)* und erlitt einen Schädelbruch *(cum fractura cranei)*. Am 11. Oktober betrat Israel di Salomon „in seiner Eigenschaft als Vater und damit Bevollmächtigter und gesetzlicher Verwalter und Verteidiger der Rechte Salomons" *(ut pater et gubernator persona ac legitimus administrator et defensor Salamonis)* die Bühne des Gerichts, um seinen minderjährigen Sohn „zu verteidigen und zu entlasten". Am 16. desselben Monats legte er ein Schreiben vor, in dem er beantragte, dass zur Verteidigung Salomons *(producte pro parte Israelis)* Zeug*innen gehört werden. Die auf einer durchnummerierten Liste angeführten elf *capituli* sollten vor allem belegen, dass sein Sohn zum Zeitpunkt der Tat „neun Jahre alt oder zumindest jünger als zehn war" *(erat etatis novem minorem vel salte erat minor decem annorum)*, was ihn der Schuldfähigkeit entheben sollte. Denn auch Israel war mit der betreffenden Rubrik der Statuten von 1426 bestens vertraut.

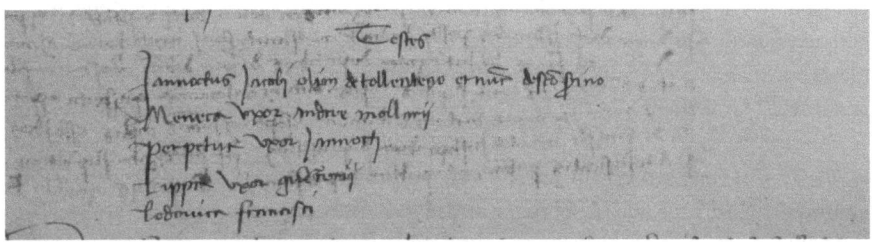

Abb. 2: Die fünf Zeugen (ein Mann und vier Frauen), die am 16. Oktober 1460 vorgeladen wurden (ASCSS, Jahrgang 1460, fol. 112r).

Unter den Zeugen, die in erster Linie das Alter Salomons bestätigen sollten, fand sich ein einziger Mann („Jannocto di Jacopo, einst aus Tolentino, nunmehr aber aus San Severino") sowie vier Frauen: „Menera, Ehefrau des Andrea Mollarii", „Perpetua, Ehefrau des Jannocto" (des männlichen Zeugen), „Philippa, Ehefrau des Gibererio" und „Ludovica di Francesco". Sie alle trugen christliche Namen, keiner von ihnen war Jude oder Jüdin. Der Mann, dessen Aussage als letzte aufgezeichnet wurde, da er erst nach den vier Frauen befragt worden war, wurde dennoch als erster genannt, als habe der Gerichtsschreiber die unveränderliche Ordnung einhalten wollen, in der das

---

33 Vgl. ASCSS, Jahrgang 1460, fol. 110–114.

Männliche immer vor das Weibliche gereiht wird. Die Bezeichnung der Frauen wurde häufig durch einen Verwandtschaftsverweis (*uxor* oder *filia*) ergänzt, womit das Abhängigkeitsverhältnis zum Ehemann oder Vater hervorgehoben wurde. Allein Ludovica entging der Benennung als „Ehefrau von" *(uxor)*. Der Name *Francesco*, der auf ihr *nomen proprium* folgt, bezeichnet vermutlich ihren Vater, was darauf hinweisen würde, dass sie noch unverheiratet war, es könnte sich hier aber auch um den Namen ihres Ehemanns handeln. Leider lässt sich nicht feststellen, ob sich Frauen vor Gericht selbst auf diese Weise vorstellten, oder ob sie durch Fragen der Untersuchungsrichter dazu angehalten wurden, zugleich den Namen ihres Ehemanns zu nennen. Manche Historiker*innen sind der Auffassung, Frauen hätten sich angewöhnt, sich selbst durch den Verweis auf den Namen eines Mannes zu bezeichnen: So nennen sich in den Testamenten, die zwischen 1150 und 1250 in Genua aufgesetzt wurden, 80 Prozent der Frauen, die ihren letzten Willen bekundeten, selbst „Tochter von" oder „Frau von".[34] Allerdings muss man sich sowohl bei den Testamenten als auch bei den Gerichtsakten die Frage stellen, inwieweit bei der Bezeichnung der Personen ein Eingreifen der Schriftführer ausschlaggebend war. Frauen wurden dabei in ein Identitätsraster eingegliedert, in dem Verwandtschaftsbezeichnungen vorrangig waren. Männer hingegen wurden schriftlich niemals als *maritus* oder *vir* identifiziert und nur äußerst selten als *filius*. Denn dem Ehestand des Gatten kam innerhalb des Inquisitionsverfahrens keine Bedeutung zu, wohingegen jener der Ehefrau deren Ruf schützte und somit auch die Beweiskraft ihrer Aussage unermauerte.[35]

Die Befragung der fünf Zeug*innen fand am 16. Oktober 1460 statt. Die Untersuchungsrichter hörten zunächst Ludovica, Filippa, Perpetua und Menera an und dann erst Jannocto. Alle versicherten, dass Salomon zum Zeitpunkt der Tat noch keine zehn Jahre alt war *(non est etatis decem annorum sed minor)*. Der Richter fragte sie jeweils, woher sie das wüssten *(Interrogata in cause sciente)*. Die Frauen antworteten, sie seien Nachbarinnen Israels und Rosas gewesen, der Eltern Salomons. Sie erinnerten sich sehr gut daran, dass das Kind im Juni jenes Jahres geboren worden war, das auf das Jubeljahr folgte (1451): „de mense junii post annum Jubilei proxime sequentis". Zusammen mit anderen Frauen, die nicht als Zeuginnen auftraten, aber in den Aussagen erwähnt werden, hätten sie Rosa während der acht Tage nach ihrer Niederkunft besucht. Ludovica führte ein weiteres Detail aus ihrer Erinnerung an, nämlich, dass eine ihrer Verwandten *(cognata)*, Bartolomea, ihrerseits im Juni des Jahres, das dem Jubeljahr vorausging, entbunden hatte und dass sie noch genau wisse, dass Rosa Salomon im selben Monat zur Welt brachte. In einer Zeit, in der anti-jüdische Reden zunehmend Verbreitung fanden, zeugen diese Aussagen zum einen vom starken Zusammenhalt unter Frauen unterschiedlicher Konfessionen und belegen zum anderen, dass es keine

---

34 Vgl. Stephen Epstein, Wills and Wealth in Medieval Genoa, 1150–1250, Cambridge 1984, 63.
35 Vgl. Didier Lett, Les noms des hommes, des filles et des épouses dans les Marches d'après le procès de canonisation de Nicolas de Tolentino (1325), in: MEFRIM, 119, 2 (2007), 401–413.

räumliche Trennung zwischen Juden und Christen gab.³⁶ Doch die Zeugenaussagen zeigen noch mehr. So erfährt man, zunächst aus dem Mund Filippas, dann aus jenem Perpetuas und ihres Gatten, dass Perpetua ein Jahr lang Salomons Amme war. Sie „nährte und stillte den besagten Salomon ein Jahr lang nach dem Jubeljahr" *(nutrivit et allatravit dictum Salamonem per anno elapsso uno anno post anno Jubiliei)* in ihrem eigenen Haus. Diese Stillzeit dauerte „das ganze Jahr 1452 über, sie begann im Monat Januar jenes Jahres" *(per totium anno 1452, incipiendo de mense jannuarii dicti anno)*. Es wird zwar nicht gesagt, wer das Kind zuvor gestillt hatte, wohl aber, dass es zu jenem Zeitpunkt, an dem sie damit begann, ihm die Brust zu geben, „älter als sechs Monate war" *(erat etatis ad plus sex mensium)* und dass sie ihre Dienste im folgenden Januar ausgesetzt habe. Sie hatte ihn folglich von Januar 1452 bis Januar 1453 gestillt. Diesen Zeugenaussagen zufolge wurde Salomon im Juni 1451 geboren, eine eindeutige Bestätigung dafür, dass er im Juli 1460, also zum Zeitpunkt der Tat, gerade erst neun Jahre alt geworden war.

Eine christliche Amme für ein jüdisches Kind, das mag verwundern, zumal die Gesetzgebung jeglichen Kontakt zwischen Juden und Christen bei Strafandrohung untersagte. Denn ihre Körperflüssigkeiten (Blut, Sperma, Milch) sollten sich nicht vermischen. So wurden in Avignon bereits im Jahr 1250 Statuten verfasst, die es Juden und auch Prostituierten verboten, auf dem Markt Waren in die Hand zu nehmen, es sei denn, sie kauften diese.³⁷ Diese Vorschriften finden sich im 15. Jahrhundert auch im spanischen Girona in den Büchern des Mostassaf wieder: „Desgleichen darf kein Jude und kein Freudenmädchen *(fembra publica)* versuchen oder beabsichtigen, bestimmte, im folgenden aufgeführte Dinge zu betasten oder zu berühren, nämlich das Fleisch eines kürzlich enthäuteten Tieres, Frisch- oder Hartkäse, frischen oder gepökelten Fisch, frisches Obst, getrocknete Trauben, Feigen, Datteln, Pinienkerne, Brokkoli, Kohl und Spinat."³⁸ Juden durften, wie Aussätzige, keine sexuellen Beziehungen mit Christinnen unterhalten und folglich auch keine öffentlichen Bordelle aufsuchen. Im Jahre 1434 forderte Papst Eugen IV. die Todesstrafe für einen Juden aus Florenz, der für schuldig befunden wurde, eine sexuelle Beziehung mit einer christlichen Prostituierten gehabt zu haben. Um sexuelle Beziehungen zwischen Christen und Juden zu bezeichnen, griff man zu einer bedeutungsschweren Kategorie, jener des Inzests. Im Jahre 1420 hatte ein gewisser Abraham mit Fiorina, einer Prostituierten *(meretrix)* aus Bologna, im *publicus lupanarius* ein *incestum* begangen und zwei Jahre später mit

---

36 Vgl. dazu Stéphane Boissellier u. John Tolan (Hg.), La Cohabitation religieuse dans les villes européennes, Xᵉ-XVᵉ siècles, Turnhout 2014.
37 Vgl. Jacques Rossiaud, Amours vénales. La prostitution en Occident, XIIIᵉ-XVIᵉ siècle, Paris 2010, 273.
38 Sandrine Victor, Réglementer pour protéger? Le Livre du mostassaf géronais comme outil de protection du consommateur sur le marché (XVᵉ siècle), in: Judicaël Petrowiste u. Mario Lafuente Gomez (Hg.), Faire son marché au Moyen Âge. Méditerranée occidentale, XIIIᵉ-XVIᵉ siècle, Madrid 2018, 236.

Antonia, einer verheirateten Frau, ein *adulterium et incestum* verübt. In beiden Fällen hat er seiner Partnerin einen Goldring geschenkt, was auf einen gewissen finanziellen Wohlstand hindeutet (es ist bekannt, dass der zweite Ring einen Wert von zwei Florentinern hatte).[39]

Die 1460 in San Severino vorgeladenen Zeug*innen brachten noch weitere Argumente vor, um das Alter des Kindes nachzuweisen. Menera versicherte, als sie sich mit ihrem Mann in der Nähe des Hauses von Israel und Rosa niederließ, sei deren Sohn Salomon fünfzehn Monate alt gewesen. Daran erinnere sie sich sehr gut, denn sie habe mit den Hausangestellten *(famuli)* Israels gesprochen. Als der Richter sie nach dem genauen Jahr ihrer Ankunft in dem Stadtviertel fragte, antwortete sie: „Das Jahr, das auf das Jubeljahr folgte." Dies war das Jahr 1451, und Salomon war fünfzehn Monate alt. Die darauffolgende, letzte Zeugenaussage, jene des Gatten der Amme, untermauerte letztlich nur, was bereits bekannt war: Jannocto bestätigte, dass seine Frau das jüdische Kind eineinhalb Jahre lang gestillt und genährt hatte, und zwar von dem Zeitpunkt an, als es ungefähr sechs Monate alt war. Allerdings war er der einzige Zeuge, den der Richter fragte, ob Israel nicht vielleicht einen weiteren Sohn habe: „Auf die Frage hin, ob der besagte Salomon derselbe ist, auf den sich die obige Befragung richtet, antwortet er mit ja, denn der besagte Israel hat nur einen einzigen Sohn, nämlich jenen, den seine Gattin einst genährt hat und der Salomon hieß und immer noch heißt."[40] Wenn somit Frauen zahlreich vor Gericht auftraten, um in ihren Zeugenaussagen genaue Zeitangaben zu liefern, die das Geburtsdatum des Kindes und damit sein Alter belegten, so war es letztendlich doch allein der Mann, der den Beweis für die eigentliche Identität des Kindes erbrachte.

Am Ende ihrer Aussagen antworteten alle Zeug*innen auf die beiden letzten Fragen der *articuli* und versicherten, dass Salomon heute von seiner körperlichen Gestalt her sehr wohl wie ein Kind aussehe, das noch keine zehn Jahre alt ist *(dictum Salamonen ex aspectum aparet minore decem annorum)*, und dass all ihre Aussagen über seine Geburt und sein Alter „die allgemeine Meinung" wiedergeben *(est publica vox et fama)*. Am 25. Oktober 1460 wurde das Urteil verkündet: Salomon war zum Zeitpunkt der Tat noch keine zehn Jahre alt. Folglich wurde keinerlei Strafe gegen ihn verhängt *(ad nullam penam teneandur)*.

---

39 Vgl. Didier Lett, Une transgression impie et abominable: l'inceste intrafamilial à Bologne aux XIVe–XVe siècles, in: Conformisme et transgression dans l'Église méridionale, hg. v. Jean-Claude Schmitt, Cahiers de Fanjeaux 56, Toulouse 2021, 114.

40 „Interrogatus si dictus Salamonem de quo fit mentio, in dictis capitulis est iddem com eo de quo fit mentio in supradictam inquisitionem, dixit sic quia dictus Israel solum unum filium habebat tempore quo eius uxor nutrivit dictum puerum qui vocabatur et nunc vocatur Salamon", ASCSS, Jahrgang 1460, fol. 114.

3. Schluss

Die Untersuchung der kleinen Gerichtsprozesse aus den Marken des 15. Jahrhunderts, die in den „libri maleficiorem" von Tolentino und San Severino verzeichnet sind, belegt unterschiedliche Verhaltensweisen von Männern und Frauen in der Gerichtsarena und zeigt zugleich, dass Erwartungen und Vorgehensweise der Justiz je nach Geschlecht der Akteur*innen variierten. Sofern sie keine Witwen waren oder ein schreckliches Verbrechen begangen hatten, benötigten Frauen, um eine Klage einzubringen oder sich zu verteidigen, stets eine Berechtigung von einem männlichen Familienmitglied, zumeist vom Ehemann oder Vater. Da ihrer Zeugenaussage bei der Wahrheitsfindung ein geringeres Gewicht beigemessen wurde und sie zudem aus den öffentlichen Belangen ausgeschlossen waren, wurden sie nicht wie Männer im oder vor dem Palazzo Comunale befragt, sondern in oder vor einer Kirche, das heißt im Angesicht Gottes, was den sozialen Druck auf sie noch verstärkte. Im Kontext des mittelalterlichen Geschlechterregimes[41] erfordert die Berücksichtigung von Aussagen der ‚Töchter Evas' erheblich mehr Absicherung als jene von Männern. Gleichwohl hatten Frauen das Recht und die Verpflichtung, die sicherst möglichen Nachweise für die Geburtszeit und damit das Alter von Personen einzubringen, unabhängig davon, ob es sich dabei um Kinder, Männer oder Frauen handelte. Sie waren es, und nicht die Männer, die das intime und private Gedächtnis der Gemeinschaft verwahrten, auf welches die Richter ohne Zögern zurückgriffen.

(aus dem Französischen von Karin Becker)

---

41 Vgl. Didier Lett, Les régimes de genre dans les sociétés occidentales de l'Antiquité au XVIIe siècle/ Gender Regimes in Western Societies from Antiquity to the Seventeenth Century, in: Annales. Histoire, Sciences Sociales, 67, 3 (2023), englische Version online, unter: https://www.cairn.info/re vue-annales-2012-3-page-563.htm, Zugriff: 19. 5. 2024.

Lisa Kirchner

„Hätte nur jede Nation so ein diszipliniertes Heer …"
Geschlechterbeziehungen und sexuelle Gewalt in
autobiografischen Aufzeichnungen des Ersten Weltkrieges
(Österreich-Ungarn)[1]

1. Einleitung

Über weite Teile des 20. Jahrhunderts dominierte in der österreichischen Erinnerungskultur zum Ersten Weltkrieg ein selektives, oftmals glorifizierendes Bild der k. u. k. Armee. Ausgeblendet wurden nicht nur das Grauen des Kämpfens, Verletzens und Tötens auf dem Schlachtfeld und die damit einhergehenden langfristigen psychischen und physischen Folgen, sondern vor allem das aktive Gewalthandeln der österreichisch-ungarischen Soldaten und Offiziere.[2] Dieses richtete sich neben dem militärischen Gegner auch gegen Zivilist_innen des feindlichen sowie des eigenen

---

1 Dieser Beitrag basiert auf einem Vortrag, den ich beim Workshop „War Crimes and Sexual Violence in World War One and Beyond" am 16. Juni 2023 an der Universität Wien gehalten habe. Er ist im Kontext meines Dissertationsprojekts an der Universität Wien entstanden, das durch ein DOC-Stipendium der Österreichischen Akademie der Wissenschaften gefördert wird. Für frühere Beiträge in „L'Homme. Z. F. G." zum Thema „sexuelle Gewalt" vgl. Francisca Loetz, *Them Too?* Überlegungen zur Erforschung sexualisierter Gewalt im frühneuzeitlichen Europa, in: L'Homme. Z. F. G., 32, 2 (2021), 117–125; Atreyee Sen, Pandemic Rape: The Corona Crisis, Informal Gendered Support and Vulnerable Migrant Women in India, in: L'Homme. Z. F. G., 31, 2 (2020), 135–140; Regina Mühlhauser, Sexuelle Gewalt als Kriegswaffe. Zur Entwicklung eines Verständnisses seit den 1970er-Jahren, in: L'Homme Z. F. G., 31, 1 (2020), 129–138; Birgit Sauer, #MeToo. Ambivalenzen und Widersprüche affektiver Mobilisierung gegen sexuelle Gewalt, in L'Homme. Z. F. G., 30, 2 (2019), 93–110; Hafdís Erla Hafsteinsdóttir, „She frequently visits taverns." Surveillance, Panic and Institutionalised Violence against Women in Iceland during the Second World War, in: L'Homme. Z. F. G., 30, 1 (2019), 133–140; Maria Rösslhumer, „Home Sweet Home"? 40 Jahre Frauenhausbewegung in Österreich, in: L'Homme. Z. F. G., 29, 2 (2018), 135–143; Birgit Haller, Sexuelle Belästigung von Lehrlingen und jungen ArbeitnehmerInnen, in: L'Homme. Z. F. G., 29, 1 (2018), 127–131; Hyunah Yang, Justice Yet to Come: the Korea-Japan Foreign Ministers' Agreement of 2015 Regarding the ‚Japanese Military Sexual Slavery', in: L'Homme. Z. F. G., 28, 2 (2017), 115–125; Alexandra Oberländer, Zur Politisierung sexueller Gewalt. Der Fall Marija Spiridonova im revolutionären Russland 1906, in: L'Homme. Z. F. G., 27, 2 (2016), 133–142; Gaby Zipfel, Sexuelle Gewalt – eine Einführung, in: L'Homme. Z. F. G., 27, 1 (2016), 119–127.
2 Vgl. Oswald Überegger, Kriegsverbrechen im Ersten Weltkrieg als interdisziplinäre Gewaltgeschichte. Entwicklungslinien und Desiderata, in: Verena Moritz u. Julia Walleczek-Fritz (Hg.), Kriegsgefangenschaft in Österreich-Ungarn 1914–1918. Historiographien, Kontext, Themen, Wien/Köln/Weimar 2022, 403–434, 403–407.

Staates. Besonders offensichtlich wird diese Selektivität am Beispiel der im Laufe des Krieges verübten sexuellen Gewalt, die bis heute kein Bestandteil des öffentlichen Gedächtnisses ist und lange auch in der Geschichtswissenschaft kaum thematisiert wurde. Vielmehr existierte weit über das Ende des Bestehens der k. u. k. Armee hinaus ein Image, das diese als moralisch unbescholten abbildete und von k. u. k. Soldaten verübte sexuelle Gewalt ignorierte.

Eine kritische Erforschung der Gewaltgeschichte der österreichisch-ungarischen Streitkräfte im Ersten Weltkrieg setzte erst in den 2000er Jahren ein,[3] wobei die Untersuchung sexueller Gewalt durch k. u. k. Soldaten gegen Zivilist_innen noch weitgehend unerforscht ist. Über deren Ausmaß und spezifische Funktionen ist noch wenig bekannt. Bislang gibt es vor allem italienische und jüngst auch österreichische Einzelstudien, die erste Schlaglichter auf die Thematik werfen und gezeigt haben, dass sexuelle Gewalt einen Aspekt einer ganzen Bandbreite verschiedener Gewaltpraktiken gegen die Zivilbevölkerung darstellte und weder in Zeit noch Raum begrenzt war, sondern während unterschiedlicher Phasen des Krieges und an unterschiedlichen Orten verübt wurde.[4]

Vergleichsweise detailliert wurden hingegen bereits die sexuellen Gewalttaten deutscher Soldaten an der Westfront des Ersten Weltkrieges sowie deren propagandistische Instrumentalisierung durch die Entente untersucht.[5] Generell ist in den

---

3 Vgl. etwa Anton Holzer, Das Lächeln der Henker. Der unbekannte Krieg gegen die Zivilbevölkerung 1914–1918, Darmstadt 2014[2]; Hannes Leidinger u. a., Habsburgs schmutziger Krieg. Ermittlungen zur österreichisch-ungarischen Kriegsführung 1914–1918, St. Pölten/Salzburg/Wien 2014; Oswald Überegger, „Verbrannte Erde" und „baumelnde Gehenkte". Zur europäischen Dimension militärischer Normübertretungen im Ersten Weltkrieg, in: Sönke Neitzel u. Daniel Hohrath (Hg.), Kriegsgreuel. Die Entgrenzung der Gewalt in kriegerischen Konflikten vom Mittelalter bis ins 20. Jahrhundert, Paderborn 2008, 241–278.
4 Vgl. Bruna Bianchi, Crimini di Guerra e contro l'Umanità. Le Violenze ai Civili sul Fronte Orientale, Milano 2012, insb. 151–186; Daniele Ceschin, L'estremo oltraggio. La violenza alle donne in Friuli e in Veneto durante l'occupazione austro-germanica (1917–1918), in: Bruna Bianchi (Hg.), La violenza contro la popolazione civile nella grande guerra. Deportati, profughi, internati, Milano 2006, 165–184; Nadia Maria Filippini, Hunger, Rape, Escape. The Many Aspects of Violence against Women and Children in the Territories of the Italian Front, in: Martin Baumeister, Philipp Lenhard u. Ruth Nattermann (Hg.), Rethinking the Age of Emancipation. Comparative and Transnational Perspectives on Gender, Family, and Religion in Italy and Germany, 1800–1918, New York/Oxford 2020, 332–350; Antonio Gibelli, Guerra e Violenze sessuali. Il Caso veneto e friulano, in: Jessica Basso Ermacora u. a. (Hg.), La Memoria della Grande Guerra nelle Dolomiti, Udine 2001, 195–206; Christa Hämmerle, Ausüben und Erleiden kriegerischer Gewalt in geschlechtergeschichtlicher Perspektive. Das Beispiel des Ersten Weltkriegs (1914/18), in: Eva Labouvie (Hg.), Geschlecht, Gewalt und Gesellschaft. Interdisziplinäre Perspektiven auf Geschichte und Gegenwart, Bielefeld 2023, 189–208.
5 Vgl. etwa Nicoletta F. Gullace, Sexual Violence and Family Honor. British Propaganda and International Law during the First World War, in: The American Historical Review, 102, 3 (1997), 714–747; John Horne u. Alan Kramer, Deutsche Kriegsgreuel 1914. Die umstrittene Wahrheit, Hamburg 2018 (Orig. New Haven 2001); Antoine Rivière, „Special Decisions". Children born as the Result of German Rape and Handed Over to Public Assistance during the Great War (1914–18), in: Raphaëlle Branche u. Fabrice Virgili (Hg.), Rape in Wartime, Basingstoke 2012, 184–200.

vergangenen Jahrzehnten eine rege Forschungslandschaft zu sexueller Gewalt in bewaffneten Konflikten entstanden,[6] darunter auch einige Arbeiten zu den Möglichkeiten und Grenzen des Sprechens oder Erzählens über sexuelle Gewalt.[7] Atina Grossmann hat beispielsweise anhand sexueller Gewalt sowjetischer Soldaten gegen Berliner Frauen am Ende des Zweiten Weltkrieges argumentiert, dass über diese Taten, auch wenn sie schnell aus dem öffentlichen Gedächtnis an den Krieg verdrängt wurden, doch nie ein völliges Schweigen herrschte.[8] Stattdessen gilt es, wie Gaby Zipfel und Regina Mühlhäuser betonen, zu untersuchen, „wer wann wie und warum darüber spricht" und dabei die Auslassungen und Leerstellen dieses Sprechens über sexuelle Gewalt in den Blick zu nehmen.[9] Anhand von Selbstzeugnissen des Ersten Weltkrieges im damaligen Österreich hat Christa Hämmerle außerdem aufgezeigt, dass deren Verfasser_innen durchaus über Kriegsgewalt berichtet haben. Zwar wurde sexuelle Gewalt meist nur „selten überliefert und in Metaphern oder Andeutungen gekleidet, nur angedeutet, nur als ein Möglichkeitsraum dargestellt"[10], aber es lassen sich zumindest vereinzelte Spuren dazu finden und analysieren.

Dabei gilt es zu bedenken, dass das, was überhaupt als sexuelle Gewalt verstanden wird, soziokulturell bedingt und wandelbar ist. Die Forschung fasst darunter nicht nur Vergewaltigungen, sondern vielfältige Formen von Gewalt, wie etwa auch erzwungene Nacktheit oder sexuelle Erpressung, die sich gegen alle Geschlechter richten können und auf die Verletzung der sexuellen Integrität der Betroffenen abzielen.[11] Kirsten Campbell beschreibt unter Bezugnahme auf Judith Butler, dass sich der sexuelle Charakter der Gewalt davon ableitet, dass bestimmten Handlungen und Körpern – etwa der Penetration bestimmter Körperteile – eine sexuelle Bedeutung beigemessen wird. Dieser sexuellen Konnotation liegen Geschlechtervorstellungen zugrunde, die

---

6 Vgl. insb. den Sammelband der Forschungsgruppe Sexual Violence in Armed Conflict (SVAC): Gaby Zipfel, Regina Mühlhäuser u. Kirsten Campbell (Hg.), Vor aller Augen. Sexuelle Gewalt in bewaffneten Konflikten, Hamburg 2021 (Orig. New Delhi 2019).
7 Vgl. neben den im Folgenden erwähnten Arbeiten etwa zum Zweiten Weltkrieg: Andrea Pető, Das Unsagbare erzählen. Sexuelle Gewalt in Ungarn im Zweiten Weltkrieg, Göttingen 2021; Maki Kimura, Narrative as a Site of Subject Construction. The ‚Comfort Women' Debate, in: Feminist Theory, 9, 1 (2008), 5–24.
8 Atina Grossmann, Das Schweigen, das es nie gab. Sexuelle Gewalt durch Soldaten der Roten Armee in Berlin 1945, in: Zipfel/Mühlhäuser/Campbell, Vor aller Augen, wie Anm. 6, 497–520, 497.
9 Regina Mühlhäuser, Umkämpfte Erinnerungen und mangelndes Unrechtsbewusstsein. Zur (Un-) Sichtbarkeit sexueller Gewalt während des Zweiten Weltkriegs in Asien und Europa, in: Labouvie, Geschlecht, wie Anm. 4, 209–231, 209. Vgl. auch Zipfel, Sexuelle Gewalt, wie Anm. 1, 119.
10 Hämmerle, Ausüben und Erleiden, wie Anm. 4, 200. Vgl. auch dies., „An Expression of Horror and Sadness"? (Non)Communication of War Violence against Civilians in Ego Documents (Austria-Hungary), in: Baumeister/Lenhard/Nattermann (Hg.), Rethinking the Age of Emancipation, wie Anm. 4, 309–331.
11 Vgl. Regina Mühlhäuser, Körper, Sexualität, Gewalt. Anmerkungen zum Verständnis sexueller Gewalt gegen Frauen und Männer, in: Susanne Fischer, Gerd Hankel u. Wolfgang Knöbl (Hg.), Die Gegenwart der Gewalt und die Macht der Aufklärung. Festschrift für Jan Philipp Reemtsma, Bd. 1, Springe 2022, 371–393, 381–383; Zipfel, Sexuelle Gewalt, wie Anm. 1, 123.

Körper und gewisse darauf gerichtete Handlungen als männlich oder weiblich definieren. Sexualität wird so „in den Begriffen einer heterosexuellen Norm" strukturiert. Campbell zufolge kann sexuelle Gewalt so verstanden werden, „dass sie Vorstellungen von Männlichkeit und Weiblichkeit materialisiert [...], was es ‚bedeutet', einen männlichen oder weiblichen Körper zu haben".[12]

Im vorliegenden Beitrag verwende ich bewusst den Begriff der sexuellen und nicht jenen der sexualisierten Gewalt. Letzterer entkoppelt, wie Gerhard Schreiber zusammenfasst, Gewalt und Sexualität tendenziell und definiert solche Handlungen als primär gewaltsam, „in denen Sexualität funktionalisiert wird, um Gewalt auszuüben"[13] und Macht zu demonstrieren.[14] Mitunter wird an dieser Perspektivierung kritisiert, dass sie die enge Verknüpfung zwischen dem Gewalthandeln und der Sexualität der ausübenden wie auch der betroffenen Personen übersieht. Das Sexuelle wird der Gewalttat jedoch nicht erst hinzugefügt, sondern ist ihr bereits inhärent.[15] Diese spezifische Gewalt ist von Beginn an sexuell oder geschlechtlich, sie zielt auf bestimmte Körperteile, zugrunde liegende Geschlechtszuschreibungen sowie die Verletzung oder Zerstörung der Sexualität der Betroffenen ab.

Der Rückgriff auf den Begriff der sexuellen Gewalt soll jedoch keineswegs ausblenden, dass diese als Bemächtigungsstrategie dienen kann, die darauf ausgerichtet ist, die betroffene Person auf einen verletzungsoffenen Körper zu reduzieren, ihr jegliche Handlungsmacht zu nehmen und sie symbolisch zu feminisieren.[16] Gerade in Kriegen, die entlang ethnischer, nationaler oder religiöser Konfliktlinien verlaufen, können neben Geschlecht auch weitere Kategorien wie Ethnizität oder Religion bei der Ausübung sexueller Gewalt eine wesentliche Rolle spielen. Dabei entfaltet sexuelle Gewalt eine kommunikative Funktion, die weit über die betroffenen Personen selbst hinausreicht und an die ethnische, nationale oder religiöse Gruppe, der sie zugerechnet werden, die Nachricht der Unterwerfung, Beschämung und Erniedrigung aussenden

---

12 Gruppengespräch von Debra Bergoffen u. a., Lücken und Fallstricke. Wie entsteht Wissen über sexuelle Gewalt in bewaffneten Konflikten? Ein Gespräch, in: Zipfel/Mühlhäuser/Campbell, Vor aller Augen, wie Anm. 6, 17–51, 28.
13 Gerhard Schreiber, Im Dunkel der Sexualität. Sexualität und Gewalt aus sexualethischer Perspektive, Berlin/Boston 2022, 100.
14 Vgl. Schreiber, Dunkel der Sexualität, wie Anm. 13, 100–101; Maren Kolshorn, Die Ursachen sexualisierter Gewalt – ein komplexes Bedingungsgefüge, in: Alexandra Retkowski, Angelika Treibel u. Elisabeth Tuider (Hg.), Handbuch sexualisierte Gewalt und pädagogische Kontexte. Theorie, Forschung, Praxis, Weinheim/Basel 2018, 138–148, 139–140; Patricia Zuckerhut, Einleitung. Geschlecht und Gewalt, in: dies. u. Barbara Grubner (Hg.), Gewalt und Geschlecht. Sozialwissenschaftliche Perspektiven auf sexualisierte Gewalt, Frankfurt am Main/Wien 2011, 23–34, 24.
15 Vgl. Schreiber, Dunkel der Sexualität, wie Anm. 13, 103–105.
16 Vgl. Gaby Zipfel, Was offenbaren Körper?, in: dies./Mühlhäuser/Campbell, Vor aller Augen, wie Anm. 6, 260–275, 262; Gaby Zipfel u. a., „Meine Not ist nicht einzig". Sexuelle Gewalt in kriegerischen Konflikten. Ein Werkstattgespräch, in: Mittelweg 36. Zeitschrift des Hamburger Instituts für Sozialforschung, 18, 1 (2009), 3–25, 16.

soll.[17] Insofern fungiert sexuelle Gewalt nicht nur als Demonstration der eigenen, maskulin konnotierten Macht gegenüber dem Opfer, sondern zielt darüber hinaus auch auf die Demütigung weitreichender Bevölkerungskreise.

Dies gilt auch für den Ersten Weltkrieg, der als moderner ‚Volkskrieg' geführt wurde und von einer starken Aufweichung der Trennung zwischen Militär und Zivilbevölkerung und den damit korrespondierenden männlich oder weiblich imaginierten Sphären geprägt war. Auch viele Zivilistinnen wurden zum Ziel kriegerischer und sexueller Gewalthandlungen.[18] Nicht jedes Aufeinandertreffen männlicher Soldaten mit Frauen in Kriegsgebieten musste jedoch zwingend gewaltsam ausfallen. Dagmar Herzog und Regina Mühlhäuser plädieren in ihren Forschungen dafür, stärker konsensuale Formen sexueller Kontakte im Krieg und deren fließenden Übergang hin zu sexueller Gewalt in den Blick zu nehmen.[19] Hierbei offenbart sich eine große Bandbreite von einvernehmlichen Beziehungen, sexuellem Tauschhandel oder etwa Prostitution. In der Auseinandersetzung damit gilt es insbesondere, die Machthierarchien zwischen Soldaten und Zivilist_innen zu berücksichtigen, unter denen diese Begegnungen stattfanden.[20]

Häufig sind das Ausmaß von sowie die genaue Unterscheidung zwischen konsensualen Kontakten und sexueller Gewalt jedoch schwierig zu rekonstruieren, da diese in den Quellen kaum greifbar sind. Für den Ersten Weltkrieg gibt es keine zuverlässigen quantitativen Erhebungen sexueller Gewalttaten. Die von Untersuchungskommissionen während oder kurz nach dem Krieg vorgelegten Berichte sind mit Vorsicht zu behandeln, da sie mitunter von (kriegs-)politischen Interessen geleitet wurden; Betroffene oder Dritte schweigen zudem häufig aus Scham.[21]

Auch bei dem hier präsentierten Quellenmaterial handelt es sich um verstreute, einzelne Darstellungen in deutschsprachigen Tagebüchern und Erinnerungsberichten von Mannschaftssoldaten und Nichtkombattanten der k. u. k. Armee. Um diese aussagekräftig analysieren zu können, ist eine umfassende Kontextualisierung und Einbettung in zeitgenössische Diskurse über Geschlecht, Sexualität und sexuelle Ge-

---

17 Vgl. Ruth Seifert, Die Unbeständigkeit von Gender als analytischer Kategorie. Sexualisierte Gewalt in bewaffneten Konflikten re-visited, in: Zipfel/Mühlhäuser/Campbell, Vor aller Augen, wie Anm. 6, 336–361, 343–350. Ruth Seifert hat schon früh die These formuliert, dass Vergewaltigungen von Frauen im Krieg den ‚Volkskörper' verletzen und/oder zerstören sollen, vgl. dies., Die zweite Front. Zur Logik der Sexuellen Gewalt in Kriegen, in: S+F. Vierteljahresschrift für Sicherheit und Frieden, 11 (1993), 66–71.
18 Vgl. Raphaëlle Branche u. a., Writing the History of Rape in Wartime, in: dies./Virgili, Rape in Wartime, wie Anm. 5, 1–16, 2; Hämmerle, Ausüben und Erleiden, wie Anm. 4, 190–193.
19 Dagmar Herzog, Introduction. War and Sexuality in Europe's Twentieth Century, in: dies. (Hg.), Brutality and Desire. War and Sexuality in Europe's Twentieth Century, Basingstoke 2009, 1–15, 5; Regina Mühlhäuser, Sexuality, Sexual Violence, and the Military in the Age of the World Wars, in: Karen Hagemann, Stefan Dudink u. Sonya O. Rose (Hg.), The Oxford Handbook of Gender, War, and the Western World Since 1600, New York 2020, 539–560, 540.
20 Vgl. Mühlhäuser, Sexuality, wie Anm. 19, 540.
21 Vgl. generell Bergoffen u. a., Lücken und Fallstricke, wie Anm. 12, 35–39.

walt im Krieg notwendig. So wägt der Beitrag anhand ausgewählter Beispiele ab,[22] was die Arbeit mit Selbstzeugnissen zur Erforschung sexueller Gewalt beitragen kann und wo ihre Grenzen liegen. Ziel dabei ist es, den konstruierten Charakter des öffentlichen Bildes der k. u. k. Armee aufzuzeigen, das sexuelle Gewalt nicht umfasste. Die zitierten Ausschnitte aus den Selbstzeugnissen stellen keine ‚objektiven' Schilderungen von Vorfällen dar und sind „nicht einfach authentisch",[23] sondern vielmehr stark positionsgebunden. Der Beitrag diskutiert die These, dass das im Folgenden analysierte Schreiben der Soldaten und Nichtkombattanten über sexuelle Gewalt vor allem der Herstellung und Vergewisserung ihres Selbst als moralisch korrekt agierende, an sexueller Gewalt unbeteiligte Männer diente. Um dies herauszuarbeiten, gehe ich den folgenden Fragen nach: Wie stellen die Schreibenden die Geschlechterbeziehungen zwischen k. u. k. Soldaten und Zivilistinnen in Kriegsgebieten dar? Welcher Geschlechter- und Sexualitätsvorstellungen bedienen sie sich dabei? Wie wird sexuelle Gewalt thematisiert, was wird dabei ausgelassen? Welche Funktion hat das Schreiben über konsensuale Begegnungen und sexuelle Gewalt? Was lässt sich erahnen, aber nicht mehr abschließend rekonstruieren, was muss offenbleiben?

2. Geschlechterbilder und Berichte über sexuelle Kontakte

Zunächst soll kurz skizziert werden, wie Weiblichkeit beziehungsweise weibliche Sexualität und – in relationalem Bezug zu dieser – Männlichkeit(en) in den ausgewählten Selbstzeugnissen entworfen werden. Der erste Textausschnitt, auf den ich näher eingehe, ist dem Erinnerungsbericht des Unteroffiziers Josef Fastner entnommen, der gebürtig aus dem damaligen Böhmen stammte und in der Reserve des k. u. k. Infanterieregiments Nr. 73 diente. In seinen Aufzeichnungen beschreibt er, wie er bei einer Hausdurchsuchung in einem galizischen Dorf im Frühjahr 1915 auf eine junge Frau stieß. Ab Februar 1915 befand er sich an der Ostfront in den Karpaten. Dort war er nach der Schlacht von Gorlice-Tarnów im Mai 1915, die nach Monaten der Defensive für die Mittelmächte an der Ostfront einen Wendepunkt darstellte, an der Rückeroberung Galiziens als 25-jähriger Korporal beteiligt. Er berichtet, wie er und seine Kameraden im Zuge des Vormarschs in Dörfern nach russischen Soldaten suchten, die sich dort versteckt hielten. In einem Haus fanden sie tatsächlich einige gegnerische Soldaten schlafend vor – alle „mit einer Frau"[24] an ihrer Seite. Im nächsten Dorf trafen sie keine russischen Soldaten an, dafür aber eine junge Frau:

---

22 Dabei handelt es sich um eine exemplarische Auswahl von Tagebüchern und Erinnerungsberichten von zwei Soldaten, einem Militärarbeiter und einem Feldkaplan aus dem Quellensample meines Dissertationsprojekts.
23 Hämmerle, Ausüben und Erleiden, wie Anm. 4, 207.
24 Österreichisches Staatsarchiv/Kriegsarchiv (ÖStA/KA), NL 442, Josef Fastner, Russland, 3.

„Bei der Durchsuchung der Zimmer, kam ich auch in den Raum wo die kranke Tochter des Bürgermeisters sich befand. Sie lag im Bett, als sie mich sah, also ei[n]en österr[eichischen] Soldaten, setzte sie sich auf und schrie: ‚Bitte verschonen sie mich!['] Ich schaute sie erstaunt an und sagte: ‚Sie brauchen keine Angst haben, unsere Soldaten machen ihnen nichts! Hätte nur jede Nation so ein diszipliniertes Heer, dann könnten alle zufrieden sein!['] Sie machte erstaunte Augen und ein glückliches Lächeln kam über ihr blasses Gesicht. Sie ließ sich gleich in die Kissen fallen, rasch verließen wir den Raum."[25]

Die geschilderte Szene wird zunächst von der Angst der im Haus angetroffenen Frau beherrscht. Womöglich wusste sie um die drohende Gefahr sexueller Gewalt, als sie die Soldaten bat, sie zu verschonen. Sie wird als physisch schwach beziehungsweise geschwächt und in einer äußerst vulnerablen Position dargestellt, was an stereotype Vorstellungen jungfräulicher Wehrlosigkeit und Unschuld erinnert. Als Gegenpol tritt die Männlichkeit der wehrhaften österreichischen Soldaten in Erscheinung, die sich gegenüber der fremden Frau jedoch mustergültig verhalten, das heißt den Möglichkeitsraum der sexuellen Gewalt, der sich ihnen eröffnete, nicht nutzen. Josef Fastner idealisiert das eigene Verhalten aber nicht völlig. Er verschweigt im Folgenden keineswegs, dass er und seine Kameraden sich an den Lebensmittelvorräten des Hauses bedienten; dies erscheint in seinen Schilderungen in ihrer Funktion als Soldaten als ihr gutes Recht, zumal Josef Fastner den Bürgermeister der Kollaboration mit dem russischen Kriegsgegner verdächtigte.

Von dieser als Bagatelle abgetanen materiellen Bereicherung abgesehen, klingen in Josef Fastners Darstellung Elemente des Ideals soldatischer Männlichkeit an, die Jason Crouthamel für reichsdeutsche Soldaten im Ersten Weltkrieg untersucht hat. Neben politischer Treue für das Vaterland umfasste besagtes Ideal auch die sexuelle Treue gegenüber den Angehörigen in der Heimat und forcierte die sexuelle Selbstbeherrschung und Abstinenz der Soldaten im Krieg.[26] Anhand der Selbstzeugnisse tschechischsprachiger k. u. k. Soldaten des Ersten Weltkrieges hat Jiří Hutečka aufgezeigt, dass es ein zentrales Motiv der meisten ihrer Erzählungen ist, sich selbst in einer eindeutig moralischen und respektablen Position darzustellen.[27] Ähnlich hat auch die angeführte Episode Josef Fastners die narrative Funktion, ihn als ehrenhaften und sexuell disziplinierten Soldaten zu präsentieren. Als Kontrastfolie dient das von ihm entworfene Bild der russischen Soldaten, das den Eindruck vermittelt, diese verhielten sich wild und sexuell ungezügelt. Hier klingt bereits die gängige Strategie an, moralisch verwerflich gewertetes Handeln auf wie auch immer definierte ‚Andere' zu projizieren, wie im Folgenden noch genauer gezeigt werden wird.

---

25 ÖStA/KA, NL 442, Fastner, Russland, wie Anm. 24, 3–4.
26 Vgl. Jason Crouthamel, An Intimate History of the Front. Masculinity, Sexuality and German Soldiers in the First World War, Basingstoke 2014, 16–40.
27 Vgl. Jiří Hutečka, Men Under Fire. Motivation, Morale, and Masculinity among Czech Soldiers in the Great War, 1914–1918, Oxford/New York 2019, 91.

Bei Josef Fastners Aufzeichnungen handelt es sich um einen maschinenschriftlichen Erinnerungsbericht, den er laut eigenem Vermerk basierend auf seinem Kriegstagebuch anfertigte. Das Schriftstück ist zwar undatiert, aber erst nach seiner Pensionierung entstanden – schätzungsweise in den 1950er oder 1960er Jahren. Trotz dieser zeitlichen Distanz zum Geschehen sind eine gewisse Kaiser- und Monarchietreue sowie eine deutschnationale Gesinnung deutlich erkennbar. Über die Adressat_innen seiner Aufzeichnungen ist nichts bekannt. Denkbar wäre, dass er letztere nicht nur für sich selbst, sondern auch für seine Angehörigen oder ehemaligen Kriegskameraden verfasste. Insofern mag es erst einmal nicht überraschend erscheinen, dass Josef Fastner ein so betont positives Bild der eigenen Soldaten zeichnete.

Während in dem soeben analysierten Textausschnitt kein direkter Bezug auf intime Begegnungen mit Zivilistinnen genommen wird, äußern sich andere Schreibende in ihren Selbstzeugnissen hin und wieder expliziter dazu. Beispielsweise berichtet der aus Wien stammende Franz Souček in seinen 1956 angefertigten Lebenserinnerungen über den sexuellen Kontakt eines Offiziers zu einer Zivilistin, der in Ostgalizien im November 1915 zustande kam. Franz Souček befand sich als 28-jähriger Militärarbeiter eines Bautrupps seit August 1914 an der Ostfront, ab Mai 1916 war er als Soldat des k. k. Landwehr-Infanterie-Regiments 1 im Kriegseinsatz. Nach der Rückeroberung großer Teile Ostgaliziens im Sommer 1915 ging die k. u. k. Armee mit Blick auf den nahenden Winter zur Defensive und zum Ausbau entsprechender Stellungen über. So kam es, dass Franz Souček während eines Einsatzes seines Bautrupps für mehrere Tage im Haus einer Zivilistin einquartiert war:

> „Meine Hausfrau war eine hübsche junge Frau, doch während acht Tagen schlief sie nur einmal in ihrem Bett. Als einige durchaus mit der Frau anbandeln wollten, verhinderte ich jede Liebelei. Ich hatte Recht, denn eines Tages kam der Hauptmann und fragte nach der Frau. ‚Nicht hier, schon lange nicht gesehen.' ‚Diese verflixte Kanaille, diese Hure hat mich krank gemacht!' Da sahen sich meine Mannen gegenseitig an, und der mich am frechsten beschimpft hatte, bedankte sich bei mir, dass ich damals jede Annäherung verhindert hatte."[28]

Diese Darstellung greift auf militärische Diskurse zurück, die die erhöhte sexuelle Mobilität von Frauen während des Ersten Weltkrieges stigmatisierten und kriminalisierten. Weibliche Sexualität außerhalb der Ehe wurde als Bedrohung der öffentlichen Ordnung, der gesellschaftlichen Moral und der militärischen Sicherheit wahrgenommen. Die sexuelle Mobilität von Männern wurde hingegen als Ausdruck eines natürlichen Sexualtriebs, der durch den Kriegseinsatz noch verstärkt wurde, aufgefasst. Darüber hinaus war es ein gängiges diskursives Muster militärischer wie auch ziviler

---

28 Dokumentation lebensgeschichtlicher Aufzeichnungen (Doku) am Institut für Wirtschafts- und Sozialgeschichte der Universität Wien, Franz Souček, Lebenserinnerungen, 136. Die Aufzeichnungen von Franz Souček wurden 2018 von seiner Enkelin im Selbstverlag publiziert, vgl. Franz Souček, Blumen und Krieg. Lebenserinnerungen eines Gärtners 1887–1918, hg. v. Helene Steurer, [o. O.] 2018.

Behörden, in erster Linie Frauen und nicht Männern die Schuld an der starken Verbreitung sexuell übertragbarer Krankheiten zuzuschreiben und sie so als Bedrohung für die Gesundheit und damit für die Kampfkraft der Soldaten darzustellen.[29]

Ein Punkt, der im Kontrast zum Zitat aus Josef Fastners Kriegserinnerungen besonders auffällt, ist die Diffamierung der jungen Frau als „Hure". In Franz Součeks Erzählung dient die Frau nicht als Spiegel des ehrenhaften Handelns der k. u. k. Soldaten, sondern wird auf den Status eines Sexualobjekts reduziert. Hier treten die dichotomen Pole zu Tage, zwischen denen sich Konstruktionen von Weiblichkeit und weiblicher Sexualität bewegten: Wenn Frauen nicht in das Bild des unschuldigen, reinen, sexuell abstinenten Opfers passten, wurden sie diskursiv ins Gegenteil verkehrt und als vermeintliche Prostituierte beschimpft und beschämt. Auch dabei handelte es sich um eine gängige Strategie.[30] Wie Robert L. Nelson anhand deutscher Feldzeitungen außerdem nachgewiesen hat, waren insbesondere osteuropäische Frauen von einer starken Abwertung und Sexualisierung betroffen. Basierend auf tradierten Stereotypen wurden sie als moralisch verdorben und sexuell verfügbar dargestellt.[31] Diesen Diskursen lag eine Doppelmoral zugrunde, die auch in Franz Součeks Worten zum Ausdruck kommt: Während Frauen – oder in diesem Fall eine osteuropäische Frau – für sexuelle Kontakte verurteilt wurden, traf dies für männliche Angehörige der k. u. k. Armee nicht zu.

Zur sexuellen Begegnung der Frau und des Offiziers verrät Franz Souček keine weiteren Details, insofern kann über deren Hintergründe nur spekuliert werden. Möglicherweise handelte es sich um einen sexuellen Tauschhandel, den die Frau aus wirtschaftlicher Notwendigkeit oder Existenzangst einging. Nach mehr als einem Jahr Bewegungskrieg, in dem österreichisch-ungarische und russische Truppen abwechselnd Galizien durchquerten, Dörfer verwüsteten und sich an den Ressourcen des Landes bedienten, war die Not der Zivilbevölkerung groß.[32] Ein sexueller Tauschhandel mit einem Offizier konnte etwa Zugang zu Lebensmitteln oder Schutz bedeuten. Ebenso ist aber auch denkbar, dass die Frau aus emotionaler Zuneigung eine Beziehung mit dem Offizier einging, tatsächlich als (Gelegenheits-)Prostituierte ar-

---

29 Vgl. Oswald Überegger, Krieg als sexuelle Zäsur? Sexualmoral und Geschlechterstereotypen im kriegsgesellschaftlichen Diskurs über die Geschlechtskrankheiten. Kulturgeschichtliche Annäherungen, in: ders. u. Hermann J. W. Kuprian (Hg.), Der Erste Weltkrieg im Alpenraum. Erfahrung, Deutung, Erinnerung = La Grande Guerra nell' arco alpino, Innsbruck 2006, 351–366; Nancy M. Wingfield, The World of Prostitution in Late Imperial Austria, Oxford 2017, 209–233.
30 Vgl. etwa Hutečka, Men Under Fire, wie Anm. 27, 89–94; Überegger, Krieg als sexuelle Zäsur, wie Anm. 29, 358.
31 Vgl. Robert L. Nelson, Deutsche Kameraden – Slawische Huren. Geschlechterbilder in den deutschen Feldzeitungen des Ersten Weltkrieges, in: Karen Hagemann u. Stefanie Schüler-Springorum (Hg.), Heimat – Front. Militär und Geschlechterverhältnisse im Zeitalter der Weltkriege, Frankfurt am Main/New York 2002, 91–107, 101–102.
32 Zur Kriegssituation der galizischen Zivilbevölkerung vgl. etwa Christoph Mick, Kriegserfahrungen in einer multiethnischen Stadt. Lemberg 1914–1947, Wiesbaden 2010, 69–202.

beitete, um Geld zu verdienen, oder aber Opfer von Zwang und Gewalt wurde.³³ Unabhängig von ihren Beweggründen und dem Grad ihrer Freiwilligkeit blieb das Machtgefälle zwischen ihr als Zivilistin und den Soldaten und Militärarbeitern der k. u. k. Armee bestehen. Sie befand sich in einer unterlegenen, potenziell vulnerablen Position.

Sich selbst stellt Franz Souček in dieser Episode als moralisch überlegenen Beobachter dar. Wie Jiří Hutečka herausgearbeitet hat, handelt es sich auch hierbei um ein gängiges Muster. In den von ihm untersuchten Selbstzeugnissen tschechischer Soldaten schildern diese meist, wie sich andere, aber nicht sie selbst, auf sexuelle Abenteuer einlassen. Dabei wird, ähnlich wie bei Franz Souček, zwar durchaus die von den jeweiligen Frauen ausgehende Anziehungskraft eingestanden, um die eigene Heterosexualität zu unterstreichen und nicht etwa den Eindruck unmännlicher Asexualität oder gar Homosexualität aufkommen zu lassen. Sie stellen sich jedoch der moralisch-sexuellen Herausforderung und beweisen durch ihre Zurückhaltung Selbstbeherrschung.³⁴ Dies steht ganz im Einklang damit, wie sich Franz Souček generell als Militärarbeiter und später als Soldat präsentiert. In seinen Aufzeichnungen inszeniert er sich selbst bevorzugt als umsichtigen und vorausdenkenden Akteur, der sich möglichst von Konflikten und auch den bewaffneten Kämpfen des Schlachtfeldes fernhielt. Zugleich integriert er in seinen Selbstentwurf auch Elemente eines heroischen Männlichkeitsideals, indem er schildert, wie es ihm immer wieder gelingt, durch sein kluges Handeln Kameraden vor Gefahren zu bewahren – im zitierten Fall vor der Infektion mit Geschlechtskrankheiten. Diese Selbstcharakterisierung ist nicht zuletzt vor dem Hintergrund zu lesen, dass er seine Aufzeichnungen vermutlich für seine Familie verfasste.

3. Sexuelle Gewalt, Auslassungen und Ungewissheiten

Im nachfolgenden Abschnitt wird analysiert, ob und wie Soldaten und Nichtkombattanten in ihren Aufzeichnungen sexuelle Gewalt thematisierten. Wo gibt es Leerstellen, was kann unterschiedlich ausgelegt werden oder muss offen bleiben? Wie Christa Hämmerle bereits aufgezeigt hat, drehen sich die meisten Aussagen in Selbstzeugnissen, in denen sexuelle Gewalt beziehungsweise Vergewaltigungen konkret als solche benannt werden, nicht um Gewalttaten von k. u. k. Soldaten, sondern eher des militärischen Gegners.³⁵ Eine entsprechende Aussage findet sich auch in den

---

33 Vgl. dazu auch Forschungen zu anderen Gebieten/Kriegen, etwa zur deutschen Besetzung Nordfrankreichs im Ersten Weltkrieg: Rivière, „Special Decisions", wie Anm. 5, 190–191, oder zur deutschen Besetzung Polens im Zweiten Weltkrieg: Maren Röger, Kriegsbeziehungen. Intimität, Gewalt und Prostitution im besetzten Polen 1939 bis 1945, Frankfurt am Main 2015.
34 Vgl. Hutečka, Men Under Fire, wie Anm. 27, 89–92.
35 Hämmerle, Ausüben und Erleiden, wie Anm. 4, 201–202.

edierten Aufzeichnungen des aus Südtirol stammenden Karl Gögele, der als Feldkaplan des Spitals Nr. 4 des Deutschen Ritterordens ab August 1914 an der Ostfront stationiert war. Es handelte sich hier um ein mobiles Feldspital, das den Fronttruppen in relativer Nähe folgte. Die östlichen Fronträume Österreich-Ungarns waren immer wieder von Phasen des Bewegungskrieges und schnellen Frontverschiebungen geprägt, die sich auch auf die dort lebende Zivilbevölkerung auswirkten. Nachdem die russische Armee Ostgalizien im September 1914 eingenommen hatte, gelang es der k. u. k. Armee im Oktober 1914 für kurze Zeit, einzelne Gebiete zu befreien. Karl Gögele berichtet von dem Bild, das sich ihm danach in der Stadt Rzeszów bot, deren Einwohner_innen Plünderungen, Verwüstungen und Vergewaltigungen seitens der russischen Armee erlitten hatten: „Daß auch Mädchen vergewaltigt wurden, bezeugten mehrere davon, die krank im Spitale lagen. Viele Bürger hielten ihre Töchter während der ganzen Zeit der Besetzung zu Hause eingeschlossen. Als die Österreicher herannahten, flohen die Russen."[36]

Es ist belegt, dass die russische Armee sexuelle Gewalt im Ersten Weltkrieg verübte,[37] insofern erscheinen die von Karl Gögele geschilderten Fälle aus Rzeszów durchaus plausibel. Seine Darstellung schließt jedoch an bestimmte Diskursmechanismen an. Júlia Garraio hat etwa konstatiert, dass Geschichten über sexuelle Gewalt eher thematisiert werden, „wenn sie einer bestimmten politischen Agenda nützen und hegemoniale Genderkonstruktionen bestätigen".[38] Für den Ersten Weltkrieg bedeutet das insbesondere, dass der Kontext der propagandistischen Instrumentalisierung von sexueller Gewalt berücksichtigt werden muss. Vor allem die – mitunter aufgebauschten – Berichte über Vergewaltigungen von Frauen durch deutsche Soldaten während der ersten Kriegsmonate an der Westfront wurden seitens der Entente medial genutzt, um den deutschen Kriegsgegner zu diffamieren. Im Zentrum der Berichterstattung standen dabei nicht die individuellen Erfahrungen der Betroffenen. Vielmehr war man darauf bedacht, die eigene Bevölkerung zu mobilisieren sowie die Unterstützung bislang neutraler Staaten zu erlangen.[39] Sexuelle Gewalt wurde im öffentlichen Diskurs während des Ersten Weltkrieges keineswegs tabuisiert, solange sie nicht von der Akteurskonstellation abwich, dass die Täter der gegnerischen Seite zugeordnet werden

---

36 Karl Gögele, Hinter den Fronten Galiziens. Feldkaplan Karl Gögele und sein Verwundetenspital. Aufzeichnungen 1914–1915, hg. v. Monika Mader, Bozen 2016, 173.
37 Vgl. Alexander Watson, „Unheard of Brutality". Russian Atrocities against Civilians in East Prussia, in: Journal of Modern History, 86 (2014), 780–825, 796–797 (zu Ostpreußen) und 801–802 (zu Ostgalizien).
38 Bergoffen u. a., Lücken und Fallstricke, wie Anm. 12, 44. Vgl. auch Júlia Garraio, Was kommt zur Sprache, wenn es um Vergewaltigungen in Krieg und Genozid geht?, in: Zipfel/Mühlhäuser/Campbell, Vor aller Augen, wie Anm. 6, 532–534.
39 Vgl. Gullace, Sexual Violence, wie Anm. 5; Horne/Kramer, Deutsche Kriegsgreuel, wie Anm. 5, 295–300; vgl. auch die Instrumentalisierung sexueller Gewalt deutscher Soldaten an der Ostfront: Laura Engelstein, „A Belgium of Our Own". The Sack of Russian Kalisz, August 1914, in: Kritika. Explorations in Russian and Eurasian History, 10, 3 (2009), 441–473, 453–454.

konnten und die Opfer Frauen und ähnliche vulnerable Gruppen, etwa Kinder, der ‚eigenen' oder verbündeten Seite waren.

Im Falle von Karl Gögele lassen sich Vergewaltigungen also thematisieren, weil sie vom Feind begangen wurden. In Anspielung auf tradierte Stereotype, die den russischen Kriegsgegner als unzivilisiert und barbarisch abbildeten,[40] konstruiert Karl Gögele diesen als wilden Plünderer und Vergewaltiger, dem die (weibliche) Zivilbevölkerung schutzlos ausgeliefert war, wobei er deren große Angst vor den russischen Truppen auch wiederholt schildert. Als Gegenpol präsentiert er die österreichisch-ungarischen Soldaten als Befreier und Beschützer der Stadt.

In Karl Gögeles Tagebuch findet sich des Weiteren eine der seltenen Stellen, in denen über sexuelle Gewalt durch k. u. k. Soldaten berichtet wird. So gibt er im März 1916 wieder, was einer der Spitalsärzte über einen Aufenthalt in der Garnisonsstadt Tarvis im ‚Hinterland' berichtet hatte: „Er erzählte, dass dort 2 ungarische Soldaten, darunter ein Feldwebel, ein 14-jähriges Mädchen und dessen Mutter vergewaltigt haben und als der 17-jährige Bruder zu Hilfe eilen wollte, denselben erschossen. Die Soldaten hatten Rum gefasst und waren wahrscheinlich berauscht."[41]

Das Zitat verdeutlicht nochmals die Mechanismen des *Otherings* sexueller Gewalt, die hier ungarischen Soldaten zugeschrieben wird. Dies geschah möglicherweise nicht ganz zufällig; ungarischen Truppenkörpern wurde seitens mancher österreichischer Militärautoren im Ersten Weltkrieg ein brutales Vorgehen vorgeworfen,[42] und auch Karl Gögele prangert in seinen Aufzeichnungen an anderer Stelle beispielsweise die „Plünderungswut der Ungarn" an,[43] die vergleichbar mit jener der russischen Armee sei. Hier wird ersichtlich, dass das Schweigen über sexuelle Gewalt der ‚eigenen Seite' nicht die k. u. k. Armee als Ganzes umfassen musste, sondern sich zuweilen nur auf die eigene Bezugsgruppe beschränkte. Diese konnte unterschiedlich abgegrenzt werden, beispielsweise über die Zugehörigkeit zu einem Regiment, den engeren Kreis von Kameraden oder über Sprachgruppen. Sexuelle Gewalt wurde sagbar, wenn sie einer anderen – etwa ethnisch, sprachlich oder religiös definierten – Gruppe zugeschrieben werden konnte. Zugleich merkt Karl Gögele jedoch auch an, dass die ungarischen Soldaten unter Alkoholeinfluss standen, was er womöglich als mildernden Umstand für ihre Taten auffasste.[44]

---

40 Vgl. Engelstein, „A Belgium of Our Own", wie Anm. 39, 442; Watson, „Unheard of Brutality", wie Anm. 37, 813.
41 Karl Gögele, Raues Leben, großes Sterben. Feldkaplan Karl Gögele und sein Deutschordensspital. Tagebücher 1915–1918, hg. v. Monika Mader, Bozen 2018, 200.
42 Vgl. István Deák, Der k.(u.)k. Offizier 1848–1918, Wien/Köln/Weimar 1995², 239.
43 Gögele, Raues Leben, wie Anm. 41, 118.
44 Alkoholkonsum wurde auch vor Militärgerichten als mildernder Umstand angeführt, vgl. etwa zu deutschen Wehrmachtsgerichten im Zweiten Weltkrieg: Birgit Beck, Wehrmacht und sexuelle Gewalt. Sexualverbrechen vor deutschen Militärgerichten 1939–1945, Paderborn/Wien 2004, 266–272.

Bei den edierten Aufzeichnungen von Karl Gögele handelt es sich um eine Zusammenstellung unterschiedlicher Manuskripte. Das erste Zitat von 1914 entstammt einem Erinnerungsbericht, den Gögele zwischen Kriegsende und seinem Tod 1939 anhand seiner Kriegstagebücher anfertigte,[45] das zweite Zitat von 1916 ist wiederum ebendiesen Kriegstagebüchern entnommen. Dies verweist darauf, dass er keine nachträglichen Retuschierungen sexueller Gewalt in seinem Erinnerungsbericht vornahm. Als Kooperator, späterer Pfarrvikar und Mitglied des Deutschen Ordens hatte er beim Schreiben womöglich eine breitere Adressat_innenschaft im Sinne; dies könnte die beschriebenen diskursiven Mechanismen des *Otherings* sexueller Gewalt zusätzlich verstärkt haben.

Neben der klaren Benennung sexueller Gewalt gibt es in den Aufzeichnungen von Soldaten und Nichtkombattanten auch Textstellen, die unterschiedlich gelesen werden können und besonders auffallend verschleiern, was genau geschehen ist. So beschreibt etwa der aus Niederösterreich stammende Eduard Freunthaller in seinem (vermutlich nach dem Krieg abgeschriebenen) Tagebuch eine Begegnung mit einer jüdischen Frau im März 1915. Freunthaller war als 36-jähriger Korporal des Landsturm-Infanterie-Regiments 21 in der galizischen Festungsstadt Przemyśl eingeschlossen, die seit November 1914 zum zweiten Mal von der russischen Armee belagert wurde. Wenige Tage, bevor die in der Festung befindlichen Truppen schließlich kapitulierten, berichtet er, wie k. u. k. Soldaten aufgrund der verzweifelten Lage alles Essbare im Festungsrayon requirierten. Vor diesem Hintergrund durchsuchten er und seine Kameraden das Haus eines jüdischen Ehepaars. Als sie dort keine Lebensmittel fanden, wollten sie auch in den Keller eindringen, vor dessen Tür sich das Paar jedoch schützend stellte:

> „Als der Leutnant noch hart blieb u[nd] befahl, sich fortzumachen, öffnet sich die Falltüre wie von selber u[nd] es kam ein junges Mädel heraufgestiegen von solcher exotischer Schönheit, sehr raffiniert bekleidet, oder besser entkleidet, daß wir alle betroffen waren. Dem Mädel gelang, was die Alten nicht erreichten. Der Leutnant glaubte nun, daß nichts vorhanden war an Lebensmitteln, u[nd] wir zogen mit allerlei Gefühlen ab. Das Mädchen begleitete uns schweigend, den Leutnant immer mit strahlenden Augen tiefster Schwärze hypnotisierend, bis zum foltern. Ich weiß nur, daß L[eutnant] Gibak zu uns noch sagte: ‚Schlag treff! Was kannst machen?'"[46]

Die genauen Hintergründe dieser Begegnung lassen sich nicht mehr rekonstruieren. Ebenso wenig lässt sich klären, aus welchen Beweggründen die Frau die Soldaten begleitete und ob dies aus freiem Willen geschah. Möglicherweise tat sie es, um ihre Eltern zu schützen. Zu berücksichtigen ist jedenfalls das seit Beginn des Krieges harsche

---

45 Dabei wurden von den Kriegstagebüchern abweichende Textstellen des Erinnerungsberichts in der Edition jeweils markiert; für die diskutierte Textstelle liegen keine Anmerkungen vor. Vgl. für weitere editorische Details: Gögele, Hinter den Fronten, wie Anm. 36, 22–23 sowie 329–331; Gögele, Raues Leben, wie Anm. 41, 543–546.
46 ÖStA/KA, NL 497, Eduard Freunthaller, Mein Militärdienst und der Weltkrieg, 66.

Vorgehen der k. u. k. Armee gegenüber ethnischen und religiösen Minderheiten in Galizien seit Beginn des Krieges, die häufig unter Generalverdacht des Landesverrats und der Spionage für die russische Armee standen. Darüber hinaus war die jüdische Bevölkerung Antisemitismus ausgesetzt.[47] Innerhalb des belagerten Przemyśl mussten die Truppen sich nicht nur mit den unzureichenden Vorräten begnügen, sondern zunehmend auch für die in der Festung verbliebene Zivilbevölkerung sorgen.[48] Obwohl diese am Ende der Versorgungskette stand, wurde sie vom Militär gleichzeitig als eine Ressource wahrgenommen, die noch auf vermeintlichen Vorräten saß. Eduard Freunthaller, der in der Proviantur arbeitete und an Requirierungen beteiligt war, lässt in seinem Tagebuch erkennen, dass Hausdurchsuchungen und Beschlagnahmungen gegen Ende der Belagerung ohne Rücksicht auf die Zivilbevölkerung durchgeführt wurden. Die Hemmschwelle für rigoroses, womöglich auch gewaltsames Handeln scheint mit dem Andauern des Belagerungszustandes gesunken zu sein. Auch aus Forschungen zu anderen Kriegsschauplätzen ist bekannt, dass Soldaten in angespannter Versorgungslage beim Eindringen in private Räumlichkeiten tatsächlich sexuelle Gewalt gegen Frauen verübten.[49] Insofern ist es zumindest eine vorstellbare Lesart der zitierten Stelle, dass sich hinter der Erzählung eine Machtdemonstration der Soldaten gegenüber einer Frau verbirgt, die als Zivilistin und Jüdin in mehrfacher Hinsicht unterlegen war.

Bei der Beschreibung der jungen Frau greift Eduard Freunthaller auf mehrere misogyne, antisemitische und orientalistische Motive zurück, die in der Kunst und Literatur Europas um 1900 in der Figur der jüdischen *Femme Fatale* kulminierten. Sowohl Judentum als auch Weiblichkeit fungierten in der männlich-christlichen Vorstellung als ‚das Andere'. Eingebettet in erotische Szenarien wurde die Figur der Jüdin dabei zur Projektionsfläche männlicher Sexualphantasien. Jüdische Weiblichkeit wurde oft mit Elementen orientalisierender Erotik verbunden. Ein wesentliches Charakteristikum dessen war die Betonung einer andersartigen, orientalisch anmutenden Schönheit.[50] Dies drückte sich wie bei Eduard Freunthaller in stereotypen Beschreibungen des Aussehens und aufreizender Kleidung aus.

Darüber hinaus wurde die jüdische *Femme Fatale* aber auch als Verführerin diffamiert, die enorme Macht über Männer innehatte und teilweise auch sadistisch-masochistische Züge aufwies. Insofern hatte jüdische Weiblichkeit auch etwas Bedrohli-

---

47 Vgl. Holzer, Lächeln der Henker, wie Anm. 3, 18–19; Leidinger u. a., Habsburgs schmutziger Krieg, wie Anm. 3, 80–86.
48 Vgl. Franz Forstner, Przemyśl. Österreich-Ungarns bedeutendste Festung, Wien 1997², 245–255.
49 Vgl. das Beispiel der Okkupation Norditaliens im Ersten Weltkrieg: Ceschin, L'estremo oltraggio, wie Anm. 4, 172–173; sowie Nordfrankreich: Horne/Kramer, Deutsche Kriegsgreuel, wie Anm. 5, 292; Rivière, „Special Decisions", wie Anm. 5, 190–191.
50 Vgl. Florian Krobb, Die schöne Jüdin. Jüdische Frauengestalten in der deutschsprachigen Erzählliteratur vom 17. Jahrhundert bis zum Ersten Weltkrieg, Tübingen 1993, 1–12; Anna-Dorothea Ludewig, „Jüdinnen" – Literarische Weiblichkeitsentwürfe im 20. Jahrhundert, Berlin/Boston 2022, 5–18.

ches.⁵¹ Dies zeigt Eduard Freunthallers Charakterisierung der jungen Jüdin, in der er ihre hypnotisierende, fast quälende Wirkung auf die Soldaten hervorhebt. Letztere gipfelt schließlich darin, dass die Frau die Soldaten regelrecht dazu zwingt, sie mitzunehmen. So werden besagte Soldaten als männlich-heterosexuell, aber moralisch anständig und nicht übergriffig dargestellt; vielmehr erscheinen sie als die Opfer der geheimnisvollen Jüdin, deren scheinbar magischen Kräften sie nicht widerstehen konnten. Unterstrichen wird dies durch die entlastenden Worte des Leutnants, der meint, dass sie nichts gegen die Wirkung der Frau ausrichten könnten. Gleichzeitig wird der Frau die sexuell aktive Rolle als Verführerin zugeschrieben, eine Deutung, die allerdings einen starken Kontrast zu den vorherrschenden Geschlechtervorstellungen bildete.

Bei dem vorliegenden handschriftlichen Manuskript handelt es sich um Eduard Freunthallers Abschrift seines Kriegstagebuchs. Ein Datum ist zwar nicht vermerkt, jedoch verweist er in einer dem Tagebuch vorangestellten Autobiografie auf das Jahr 1938. Änderungen, Ergänzungen oder Streichungen der Inhalte des ursprünglichen Kriegstagebuchs lassen sich nicht rekonstruieren. Die Adressat_innen seiner Aufzeichnungen waren möglicherweise seine Familie oder die Gemeinde, in der er nach dem Ersten Weltkrieg erst als Lehrer, später als Schuldirektor sowie Mitglied und Leiter verschiedener Vereine engagiert war. Diese potenzielle Leser_innenschaft seiner Aufzeichnungen scheint jedoch kein Beweggrund für ihn gewesen zu sein, das Thema Sexualität grundsätzlich auszusparen. Neben der Begegnung mit der jüdischen Frau schildert er in einer weiteren Episode die sexuelle Beziehung eines ungarischen Offiziers mit einer Zivilistin in Przemyśl.⁵² Sexuelle Kontakte zwischen Zivilistinnen und Angehörigen der k. u. k. Armee tabuisierte er keineswegs völlig; es ist aber durchaus möglich, dass er sexuelle Gewalt aus Rücksichtnahme auf sein Publikum nicht direkt als solche festhielt.

4. Fazit

Abschließend kehre ich zur Frage nach der Aussagekraft autobiografischer Texte für die Erforschung sexueller Gewalt im Ersten Weltkrieg zurück. Wie gezeigt wurde, bieten sie Einblicke in die Regeln des Schreibens und Schweigens über sexuelle Gewalt und demonstrieren die Notwendigkeit, die Position der betreffenden Verfasser zu reflektieren. In den untersuchten Selbstzeugnissen verschweigen die Schreiber sexuelle Gewalt keineswegs gänzlich. Dennoch wurde ersichtlich, dass sexuelle Gewalttaten nur

---

51 Vgl. Krobb, Die schöne Jüdin, wie Anm. 50, 2–4; Ludewig, „Jüdinnen", wie Anm. 50, 27–55.
52 Aus seinen Beschreibungen geht hervor, dass der Zugang zu Lebensmitteln durch den Offizier für die Frau einen Motivationsgrund für die Beziehung darstellte. Vgl. ÖStA/KA, NL 497, Freunthaller, Militärdienst, wie Anm. 46, 72–73.

unter bestimmten Rahmenbedingungen thematisiert wurden. Erstens war sexuelle Gewalt sag- und somit schreibbar, wenn diese eine heterosexuelle Norm mit dichotomen Geschlechtsentwürfen bestätigte, die die Täter als männlich und die Opfer als vulnerable Frauen festschrieben. Entsprachen Frauen nicht dem Ideal des unschuldigen, jungfräulichen Opfers (wie teils in den untersuchten Beispielen), waren sie einer starken Sexualisierung ausgesetzt.

Zweitens konnte sexuelle Gewalt in den untersuchten Fallbeispielen thematisiert werden, wenn sie einem wie auch immer definierten ‚Anderen' zugeschrieben wurde. So wurden konträre Identitäten konstruiert: Während ‚die Anderen' verwerflich agierten, repräsentierten die Verfasser der Selbstzeugnisse sich selbst in ihren Erzählungen meist als sexuell enthaltsam und vor allem als an sexueller Gewalt unbeteiligt. Vor diesem Hintergrund lässt sich erklären, warum insgesamt so wenige Soldaten und Nichtkombattanten über sexuelle Gewalt während des Ersten Weltkrieges berichteten. Sie waren darauf bedacht, ein Image moralischer Unbescholtenheit aufzubauen. In ihrer Gesamtheit trugen ihre autobiografischen Texte so dazu bei, dass durch die k. u. k. Armee verübte sexuelle Gewalt im Ersten Weltkrieg in Österreich bis heute weitgehend ignoriert und ausgeblendet blieb.

Bei dem hier analysierten Quellenmaterial handelt es sich überwiegend um Erinnerungsberichte und nach Kriegsende abgeschriebene Tagebücher, in denen sexuelle Kontakte und sexuelle Gewalt thematisiert werden. Folglich wäre es wichtig, in weiteren Forschungen differenzierter zu untersuchen, ob mit einer gewissen zeitlichen und physischen Distanz geschriebene Erinnerungen sowie Abschriften von Tagebüchern den jeweiligen Verfassern mehr Raum boten, um Erfahrungen sexueller Kontakte und sexueller Gewalt in Worte zu fassen, als zeitnah verfasste Aufzeichnungen. Zugleich wäre aber auch danach zu fragen, ob der zeitlich größere Abstand eine gewisse Umdeutung und Verschleierung des Geschehens beförderte.

Die Grenzen der Aussagekraft von Selbstzeugnissen männlicher Angehöriger der k. u. k. Armee werden umso deutlicher, wenn sie nach dem tatsächlichen Ausmaß sexueller Gewalt und nach Akteurskonstellationen befragt werden, die von den oben beschriebenen abweichen. Generell liegt in der faktischen Erfassung sexueller Gewalt und ihres konkreten Ausmaßes in Kriegen eine Schwierigkeit der Forschung. Ebenso herausfordernd gestaltet es sich, an die Aussagen und Erfahrungen Betroffener zu gelangen.[53] Erkenntnismöglichkeiten für künftige Forschungen zum Ersten Weltkrieg können hier womöglich weitere, bislang kaum erschlossene Quellen bieten. Ein Beispiel wären Gerichtsakten der k. u. k. Militärjustiz, die Annäherungen an die Frage nach dem Ausmaß der Strafverfolgung sowie dem Umgang der Militärjustiz mit sexueller Gewalt zulassen würden und in denen manchmal auch Befragungen betroffener Frauen protokolliert wurden. Des Weiteren bieten sich Quellen an, die in

---

53 Vgl. zu den Schwierigkeiten der Erforschung sexueller Gewalt auch das Gruppengespräch von Bergoffen u. a., Lücken und Fallstricke, wie Anm. 12.

kirchlichem Kontext entstanden sind, wie Pfarrchroniken der betreffenden Gebiete, in denen mitunter Vorfälle sexueller Gewalt dokumentiert wurden – wenn auch jeweils in einem spezifischen Deutungsrahmen.

Marta Bucholc and Marta Gospodarczyk

The Anti-Gender Offensive and the Right to Abortion in Poland*

On 15 October 2023, after eight years in power, the Polish national conservatives led by the Law and Justice party (*Prawo i Sprawiedliwość*, *PiS*) lost their parliamentary majority to a heterogenous central-liberal-conservative coalition. Three years earlier, in October 2020, the same party had drastically restricted access to abortion in Poland, using the Constitutional Tribunal. The largely politically controlled Tribunal declared unconstitutional the 1993 statutory provision that permitted abortion due to foetal abnormalities. The Tribunal's decision became effective on 27 January 2021. Abortion remained allowed only after rape or incest, or where the pregnant woman's life was in danger. The restriction resulted in the deaths of women who were denied access to legal abortion as doctors and hospital staff feared possible legal consequences.[1] Also, aiding

---

* We are very grateful to Mikołaj Golubiewski for his kind assistance in editing this article. The contribution is funded by the European Union (ERC Consolidator Abortion Figurations, 101044421), but the views and opinions expressed are the authors' alone and do not necessarily reflect those of the EU or the European Research Council Executive Agency. Neither the European Union nor the granting body can be held responsible for them. For previous contributions with a focus on "anti-genderism" and "masculinism" in "L'Homme. Z. F. G.", cf. Rita Perintfalvi, Anti-Genderismus und Pädophilie-Diskurs als politisch-kirchlicher Kampfplatz. Das Fallbeispiel Ungarn, in: L'Homme. Z. F. G., 33, 2 (2022), 137–145; Judith Goetz, Traditionelle Geschlechterordnungen und importierte Unterdrückung. Die antifeministischen Geschlechterpolitiken der FPÖ, in: L'Homme. Z. F. G., 32, 1 (2021), 127–134; Anthony Castet, Reframing "Identity Politics" to Restore America's Greatness in the Age of Trump, in: L'Homme. Z. F. G., 30, 2 (2019), 127–133; Margit Eckholt, Notwendige Klärungsprozesse. Anmerkungen zur Gender-Debatte in der katholischen Kirche und Theologie, in: L'Homme. Z. F. G., 29, 1 (2018), 133–139; Ulrike Krampl and Xenia von Tippelskirch, Anti-Gender-Bewegungen in Europa. Erste kritische Bestandsaufnahmen, in: L'Homme. Z. F. G., 28, 2 (2017), 101–107; Kerstin Palm, Fake Evolution. Eine biologisch basierte Kritik an Anti-Genderismusrekursen auf die Biologie, in: ebd., 109–114; Karin Neuwirth, Die Väterrechtsbewegung in Österreich – zeitgemäßes Familienleben und pseudoegalitäre Machtdemonstrationen, in: L'Homme. Z. F. G., 25, 2 (2014), 129–137; Rolf Pohl, Die feindselige Sprache des Ressentiments. Über Antifeminismus und Weiblichkeitsabwehr in männerrechtlichen Diskursen, in: L'Homme. Z. F. G., 24, 1 (2013), 125–136; Christa Hämmerle, Genderforschung aus neuer Perspektive? Erste und noch fragende Anmerkungen zum Neuen Maskuli(ni)smus, in: L'Homme. Z. F. G., 23, 2 (2012), 111–120.
1 Cf. e. g. Una Hajdari, Poland launches investigation into abortion-related death of pregnant woman, in: Euronews (8 June 2023), at: https://www.euronews.com/2023/06/08/poland-launches-investiga

and abetting abortion was criminalised, as evident in the case of Justyna Wydrzyńska – a pro-choice activist and the first woman in Poland convicted of assisting access to medical abortion.[2] The restriction had no adjustment period and came from a compromised Constitutional Tribunal in a country that has severely backslid on rule-of-law standards.[3] The ruling sparked a mass wave of anti-government protests in the autumn and winter of 2020.[4] It mobilised women and the youngest voters in particular, contributing to the electoral success of the anti-PiS opposition in 2023. However, the tragic consequences of the Tribunal's decision have not yet been fully assessed.

In this article, we analyse the genealogy of the decision and its link to anti-genderism in Polish politics and culture. We first discuss the connection between the political anti-gender offensive of the 2010s and 2020s and the deep-rooted hostility towards gender equality, feminism and the very concept of gender, which Polish democracy has displayed since 1989. We then describe the pro-choice movement, which we argue has been gaining momentum since 2016 precisely as a reaction to anti-genderism. In our opinion, the gender-blindness of the main protagonists of Poland's 1989 transformation still permeates its law and politics, producing gender hostility and fuelling a gender backlash that culminated in the 2020 restriction of abortion rights.

1. Abortion and gender in 1989: the stage is set

Poland of 1989 shared some features with other socialist societies, such as a relatively high level of female participation in the labour market compared to Western capitalist nations. Another feature was the lower standard of living and the unequal distribution of the sustenance and care work necessary to cope with supply shortages and slower technological progress. While the communist authorities touted female labour as

---

tion-into-abortion-related-death-of-pregnant-woman, access: 6 December 2023; Human Rights Watch, Poland: A Year On, Abortion Ruling Harms Women (19 October 2021), at: https://www.hrw.org/news/2021/10/19/poland-year-abortion-ruling-harms-women, access: 6 March 2024.

2 Cf. e.g. Office of High Commissioner, United Nations Human Rights Commission, UN experts urge Poland to acquit woman human rights defender Justyna Wydrzyńska (15 March 2023), at: https://www.ohchr.org/en/press-releases/2023/03/un-experts-urge-poland-acquit-woman-human-rights-defender-justyna-wydrzynska, access: 6 December 2023; cf. also Marta Bucholc, State v. Women, Abortion Figurations Videoblog, at: https://youtu.be/yB4oWRqnqrk, access: 6 December 2023.

3 Cf. e.g. Marta Bucholc, Commemorative Lawmaking: Memory Frames of the Democratic Backsliding in Poland after 2015, in: Hague Journal on the Rule of Law, 11, 1 (2019), 85–110; Wojciech Sadurski, How Democracy Dies (in Poland): A Case Study of Anti-Constitutional Populist Backsliding, in: Revista Forumul Judecatorilor, 1 (2018), 104.

4 Cf. Adrianna Zabrzewska and Joshua K. Dubrow (eds.), Gender, Voice, and Violence in Poland. Women's Protests during the Pandemic, Warsaw 2021.

emancipatory – and sometimes actually furthered the women's rights agenda[5] –, women were expected to perform caring duties and thus carried a double burden.[6] Another common trait was the patriarchal structure of the communist state, little affected by lip service to progressivism.[7] Since the 1970s, gender issues have gradually been narrowed down to the context of the family.[8]

However, Polish society also had unique features. The hegemony of Catholicism remained virtually unaffected by the overtly anti-religious communist regime.[9] Another trait was the growing strength of the anti-communist opposition since the 1970s and its reliance on the Catholic Church and the mobilising power of Catholic symbols. Furthermore, and this particular story is only now being told, the opposition relied increasingly on women.[10] Despite the important role of women in the downfall of the communist regime – albeit mostly behind the scenes – their demands for gender equality went unheard. As the leading Polish feminist Agnieszka Graff observes, the gender question in Poland fell victim to the hostility against feminists, widespread across the anti-communist opposition.[11]

In 1956, Poland legalised abortion on medical grounds, for victims of rape or incest, or due to the difficult living conditions of pregnant women. In approximately 90 per cent of all abortions, the last reason was given.[12] The number of abortions was high: in 1977, for example, between 620,000 and 700,000 abortions were performed in Poland.[13] In the 1970s, Church-sponsored anti-abortion campaigns began to gain pace, especially after the Polish Cardinal Karol Wojtyła, known for his conservative

---

5 Cf. Frances Pine, Privatisation in Post-Socialist Poland: Peasant Women, Work, and the Restructuring of the Public Sphere, in: The Cambridge Journal of Anthropology, 17, 3 (1994), 19–42.
6 Cf. Ania Plomien, Women and the Labor Market in Poland: From Socialism to Capitalism, in: Hans-Peter Blossfeld and Heather Hofmeister (eds.), Globalization, Uncertainty and Women's Careers, Cheltenham 2006, 247–271.
7 Cf. Valentine M. Moghadam, Patriarchy and Post-Communism: Eastern Europe and the Former Soviet Union, in: Valentine M. Moghadam (ed.), Patriarchy and Development. Women's Positions at the End of the Twentieth Century, Oxford 1996.
8 Cf. Małgorzata Fidelis, Equality through Protection: The Politics of Women's Employment in Postwar Poland, 1945–1956, in: Slavic Review, 2, 63 (2004), 301–324.
9 Cf. Magdalena Grabowska, Zerwana genealogia. Działalność społeczna i polityczna kobiet po 1945 r. a współczesny ruch kobiecy [Interrupted Genealogy. Women's Social and Political Activism after 1945 and the Contemporary Women's Movement], Warsaw 2018.
10 Cf. e.g. Shana Penn, Women in Poland's Solidarity, in: Fábián Katalin, Janet Elise Johnson and Marda Lazda (eds.), The Routledge Handbook of Gender in Central-Eastern Europe and Eurasia, Abingdon/New York 2021, 133–142; or the documentary film "Solidarność według kobiet" [Solidarity According to Women], Marta Dzido and Piotr Śliwowski (dir.), Poland 2014.
11 Cf. Agnieszka Graff, Lost Between the Waves? The Paradoxes of Feminist Chronology and Activism in Contemporary Poland, in: Journal of International Women's Studies, 4, 2 (2003), 100–116.
12 Cf. Eleonora Zielińska, Problem dopuszczalności prawnej przerywania ciąży na tle tendencji światowych [The Legality of Pregnancy Termination in the Light of Worldwide Tendencies], in: Studia Demograficzne, 1, 111 (1993), 9–26.
13 Cf. Marek Okólski, Zapobieganie i przerywanie ciąży w Polsce [Preventing and Terminating Pregnancy in Poland], in: Studia Demograficzne, 2, 76 (1984), 45–74.

views on reproductive rights and sexuality, had become Pope John Paul II in 1978. At the same time, feminists advocated for a more liberal access to abortion, for lifting the abortion stigma and for giving women agency in reproductive decisions. The Catholic Church, however, not only promoted traditional gender roles and opposed abortion, it also played a key role in the political opposition. Thus, the anti-communist mobilisation often overlapped with anti-abortion, anti-gender and, by extension, anti-feminist issues, especially on the right wing. By contrast, the more liberal wing seemed to have more important problems than fighting the feminist cause. After the regime change in 1989, restricting abortion rights became a priority for the former anti-communist opposition.

2. An imposed compromise

In the 1990s, abortion played a pivotal role in forging a new, democratic Polish identity. Its status shifted from a gender issue to one of nation, state, morality, religion, family and procreation. Terms such as "unborn child", "conceived child", and "mother" quickly entered legal language and public discourse. This discursive shift, which reflected the growing influence of the Catholic Church in Polish politics, associated the (relatively) liberal abortion law with the communist regime. In 1993, parliament passed a new law that restricted abortion to cases of rape, incest, foetal abnormalities and danger to the life or health of the pregnant women. The law was promoted as a compromise between Catholic values and women's rights, and soon became known as the "abortion compromise".

Although the "abortion compromise" quickly became established in the political debate, it was heavily contested. In 1996, the post-communist left-wing majority passed an amendment that legalised abortion due to difficult living conditions or the personal situation of the pregnant woman. The new law came into effect on 4 January 1997, causing the number of legal abortions to increase more than sixfold.[14] The liberalisation was short-lived: on 8 May 1997, the Constitutional Tribunal reinstated the law in its 1993 form. It was the Tribunal, staffed by prominent anti-communist lawyers, that cemented Poland's restrictive abortion law long before PiS ascended to power. The Tribunal's 1997 ruling, as Marta Bucholc and Karina de Vries show,[15] was instrumental in securing the hegemony of conservative family values, which severely restricted women's reproductive rights.

---

14 Cf. Dawid Bunikowski, Kontrowersje prawa i moralności w Europie Środkowowschodniej [Controversies of Law and Morality in Central and Eastern Europe], Włocławek 2019.
15 Cf. Marta Bucholc and Karina S. de Vries, Back-and-Forth of Abortion-Debates in Poland. Towards a Historical Understanding of the Misrecognition Gambit by the National Catholic Right (forthcoming 2024).

The legal change and the media campaign justifying the new law quickly shifted public opinion: in 1992, 53 per cent of Poles supported abortion for social and economic reasons; in 2012, 13 per cent.[16] The data measuring the views on the abortion law in the 1990s and 2000s shows the transformation of the social imagination, from over a half of society supporting abortion for "social reasons" in 1989 to turning it into a communist relic supported by about a fifth of the population.

Appeals to social justice and equality failed to reverse this spurious consensus over a fake compromise. The post-1989 governments largely neglected the just distribution of material and political gains of the unfinished democratic revolution, including those related to gender.[17] This created a new intersectional nexus of inequality and exclusion, paving the way for revisionist conservative politics that sought to dispose of the communist legacy as well as the alleged Western impositions that were blamed for the partial deprivation of Polish society during the transformation. Thus, the fact that most Western countries had more liberal abortion laws than the 1993 "compromise" became an additional argument for the conservatives seeking to further restrict abortion rights in Poland.

3. The emergent right to abortion and the impact of human rights framing

One reason why the majority of people delegitimised the right to abortion with relative ease after 1993 was the fact that abortion, albeit a widespread medical procedure, never became an individual right in Poland. Under communism, the concept of human rights was problematic but not absent, as recent studies on human rights under socialism have shown.[18] For the anti-communist opposition, the argument of human rights was crucial in fighting the regime, but it conceptualised them as classical democratic civic liberties. Rights guaranteeing bodily autonomy, self-determination and privacy – central to the right to abortion – were more or less ignored.

Interestingly, it was not the progressive left wing that finally challenged the 1993 law, but the national conservative forces. Promptly upon its electoral victory in 2015,

---

16 Cf. Centrum Badania Opinii Publicznej [Centre for Public Opinion Research], Komunikat z badań nr 47/2023. Stosunek Polaków do aborcji [Research Bulletin no. 47/2023: The Attitude of Poles Towards Abortion], 2023, at: https://www.cbos.pl/PL/publikacje/raporty/open_file.php?url=2023/K_047_23.PDF&tytul=Stosunek+Polak;243;w+do+aborcji, access: 15 January 2024; Centrum Badania Opinii Publicznej, Komunikat z badań nr 104/1992. Opinia społeczna o przerywaniu ciąży [Research Bulletin no. 104/1992: Public Opinion on Pregnancy Termination], at: https://www.cbos.pl/SPISKOM.POL/1992/K_104_92.PDF, access: 15 January 2024.
17 Cf. Grabowska, Zerwana genealogia, see note 9.
18 Cf. Ned Richardson-Little, Hella Dietz and James Mark, New Perspectives on Socialism and Human Rights in East Central Europe since 1945: Introduction to the Thematic Issue, in: East Central Europe, 46, 2–3 (2019), 169–187.

PiS made the first attempt to tighten the abortion law in 2016, leading to a wave of protests that impeded any change until 2020.[19] The year 2016 thus marked the incipient change in framing abortion as a self-standing right.

The concept of abortion as a human right began to enter the political mainstream in Poland with the *Tysiąc v. Poland* decision of the European Court of Human Rights (ECtHR) in 2007.[20] Alicja Tysiąc filed a case against Poland because she had been denied an abortion even though her third pregnancy endangered her health. The ECtHR decided that Poland had violated the European Convention on Human Rights. Other abortion-related lawsuits followed.[21] The name of Alicja Tysiąc, deceased in 2021, became a symbol of the struggle for women's rights as human rights. However, the ECtHR's decisions had little impact on the Polish legal order, so the concept of abortion as a right did not get much footing in the public discourse until the late 2010s, when the attempts of PiS to further restrict access to abortion fuelled broad resistance. Poland's discursive shift towards abortion as a right coincides with the efforts of international organisations, particularly the UN, to promote the concept of abortion as a human right. The restrictions of abortion law in other countries, notably in the US, provided a further impulse for political action aimed at legal change. Following a series of resolutions on the threats to the right to abortion, the European Parliament on 22 November 2023 called for this right to be included in the Charter of Fundamental Rights of the European Union.[22] Anna Śledzińska-Simon observes a worldwide "paradigm shift in constitutional law toward framing abortion as part of the right to reproductive health, as already affirmed in international human rights law".[23] On 4 March 2024, the French parliament decided to anchor the right to abortion in the constitution, the first country to explicitly do so.[24]

---

19 Cf. Elżbieta Korolczuk, Explaining Mass Protests against Abortion Ban in Poland: The Power of Connective Action, in: Zoon politikon, 7, 7 (2016), 91–113; Agnieszka Graff, Angry Women: Poland's Black Protests as Populist Feminism, in: Gabriele Dietze and Julia Roth (eds.), Right-Wing Populism and Gender, Bielefeld 2020, 231–250.
20 Cf. Tysiąc v. Poland, European Court of Human Rights, 5410/03.
21 Cf. Marta Bucholc, Legal Governance of Abortion: Interdependencies and Centrifugal Effects in the Global Figuration of Human Rights, in: Historical Social Research (forthcoming 2024).
22 Cf. European Parliament Resolution of 22 November 2023 on Proposals of the European Parliament for the Amendment of the Treaties (2022/2051(INL)), Amendment 245 *in fine*, at: https://www.europarl.europa.eu/doceo/document/TA-9-2023-0427_EN.pdf, access: 15 March 2024.
23 Anna Śledzińska-Simon, Constitutional Framings of the Right to Abortion: A Global View, in: International Journal of Constitutional Law, 21, 2 (2023), 399–406, 399.
24 Cf. France Enshrines Abortion as a Constitutional Right in Historic Vote (4 March 2024), in: France24, at: https://www.france24.com/en/europe/20240304-france-to-enshrine-abortion-rights-in-country-s-constitution, access: 14 March 2024. The USA was the first country to define the right to abortion as a constitutional right in the Roe v. Wade decision of the US Supreme Court in 1973.

How the ECtHR will contribute to the debate on abortion in Poland remains to be seen. On 14 December 2023, the Court ruled in the case of *M. L. v. Poland*,[25] the first case directly concerning the 2020 restriction of abortion. It found that Poland had breached the applicant's right to privacy by denying her access to an abortion and forcing her to undergo it abroad. However, the Court did not object to the severity of abortion restriction as such. Instead, it criticised the irregular nominations of some judges and considered the removal of the provisions that qualified M. L.'s legal access to abortion to be excessive and arbitrary. Against the expectations of many feminist lawyers in Poland, the ECtHR did not define the restrictive abortion law as a violation of human rights, but rather the failure to follow the legal procedures: "the interference with the applicant's rights could not be regarded as lawful [...] because it had not been issued by a body compatible with the rule of law requirements".[26]

How much of a resource the human rights framing will provide, remains thus an open question. Apart from the Maputo Protocol to the African Charter, no human rights treaty explicitly recognises abortion as a human right,[27] nor does the international human rights jurisprudence. However, the United Nations High Commissioner has urged member states not to criminalise abortion and repeatedly highlighted the health risks of illegal and unsafe abortion.[28] The overall trend seems to be one of increasing acceptance of abortion as a human right at the international and regional levels, but with relatively little cohesion among the nation states. Moreover, abortion opponents also use the human rights argument, stressing the human rights of the foetus as a person while proponents of more liberal abortion laws emphasise the human rights of the pregnant woman.

4. Conclusion

The 2020 decision of the Constitutional Tribunal placed abortion at the centre of the political debate leading to the 2023 elections.[29] The ruling remains a bone of contention within the victorious anti-PiS coalition, which consists of parties with drastically different views and ideas on abortion legislation. At the time of writing, a prompt

---

25 Cf. *M. L. v. Poland*, European Court of Human Rights, 40119/21.
26 ECtHR, *M. L. v. Poland*, see note 25, 175.
27 Cf. Victor Olawusina Ayeni (ed.), The Impact of the African Charter and the Maputo Protocol in Selected African States, Pretoria 2016.
28 Cf. Office of High Commissioner, United Nations Human Rights Commission, Information Series: Sexual and Reproductive Rights: Abortion, 2020, at: https://www.ohchr.org/en/women/information-series-sexual-and-reproductive-health-and-rights, access: 15 January 2024.
29 Cf. Dominika Tronina and Kaja Kaźmierska, Abortion Rights and Election Campaigns: The Case of Poland, London School of Economics, Engenderings Blog, 10 October 2023, at: https://blogs.lse.ac.uk/gender/2023/10/11/abortion-rights-and-election-campaigns-the-case-of-poland/, access: 15 January 2024.

liberalisation seems unlikely. Although a pregnant person seeking abortion is exempt from criminal prosecution, abortion and assistance in accessing it remains illegal in Poland. Moreover, many doctors refuse to perform the procedure, invoking the conscientious objection clause which *de facto* limits access to legal abortion.[30] However, politics and the law seem to lag far behind public opinion. In February 2024, 62 per cent of Poles and over 90 per cent of the ruling coalition's voters were in favour of allowing abortion up to the twelfth week of pregnancy.[31]

The anti-gender movement vehemently opposes feminism and its fight for women's rights, the rights of LGBTIQ+ persons, sexual education, and reproductive healthcare. It promotes a powerful image of Polish families endangered by "gender ideology" and its champions and presents the West as an ideological and legal coloniser – a successor of the Soviet Union, imposing foreign moral and social standards on Poland.[32] Although its proponents include mostly conservatives and traditionalists, their influence owes much to the long-lasting reluctance of centrists and moderates to advance a progressive agenda. The anti-gender discourse can rely on the support of the vast majority of the Catholic clergy and a big fraction of Catholics. Religion still plays a formative role in Polish society, even though the youngest cohorts seem to be entering a period of speedy secularisation.[33] However, the current state of abortion law in Poland expresses far more than the ideological views of today's conservative right. It is a legacy of the anti-communist opposition's failure to contest the anti-gender discourse at the beginning of the 1989 democratic transformation. At the time, the political right succeeded in discursively aligning feminists with the unfortunate relics of the communist era that had to be eliminated, maligned or – at best – patronised.[34]

The subsequent attempts to tighten the abortion law in Poland – a failed one in 2016, and a successful one in 2020, with their popular mobilisation aftermaths – led to

---

30 Cf. Okręgowa Izba Lekarska w Warszawie [District Medical Chamber in Warsaw], Nowoczesna chce wiedzieć, co z dostępem do aborcji na Podkarpaciu [Nowoczesna Party Wants to Know – What about the Access to Abortion in Podkarpacie Region], 13 May 2016, at: https://izba-lekarska.pl/monitor-lekarski/nowoczesna-chce-wiedziec-co-z-dostepem-do-aborcji-na-podkarpaciu/, access: 15 January 2024.
31 Cf. OkoPress, Hołownia mrozi aborcję, 6 March 2024, at: https://oko.press/holownia-mrozi-aborcje-a-jego-wyborcy-chca-tej-ustawy, access: 15 March 2024.
32 Cf. Agnieszka Graff, Report from the Gender Trenches: War against 'Genderism' in Poland, in: European Journal of Women's Studies, 21, 4 (2014), 431–435; Marta Bucholc, The Rule of Law as a Postcolonial Relic: The Narrative of Polish Right, in: Zeitschrift für Rechtssoziologie, 42, 1 (2022), 43–66.
33 Cf. Sławomir Mandes, Pomiędzy antyklerykalizmem a ortodoksją. Religijność Polaków w świetle danych Europejskiego Sondażu Wartości [Between Anti-Clericalism and Orthodoxy: Religiosity of Poles in the Light of European Values Study], Studia Socjologiczno-Polityczne. Seria Nowa, 11, 2 (2019), 13–28; Piotr Żuk and Paweł Żuk, 'Murderers of the Unborn' and 'SeDual Degenerates': Analysis of the 'Anti-Gender' Discourse of the Catholic Church and the Nationalist Right in Poland, in: Critical Discourse Studies, 17, 5 (2020), 566–588.
34 Cf. Graff, Report, see note 32.

an unprecedented electoral turnout in 2023. The elections confirmed that the current state of abortion law no longer reflects the attitudes and aspirations of the majority of society. Most women and young people have shown a consistently increasing support for a liberalisation. Moreover, the elections enabled the opposition to frame the right to abortion as a human right, a view that has been gaining momentum since the 2016 protests and has entered official politics. The future liberalisation of the law in Poland will also depend on the resilience of the human rights-oriented approach to abortion. This, in turn, will rely on the developments in the EU, on the influence of international human rights bodies, but first and foremost on the practical role of human rights as an instrument for fighting anti-genderism in Poland.

Brenna McCaffrey

Aiding, Abetting, and America's Bitter Abortion Pill*

Since the overturn of the constitutional right to abortion in June 2022 with the Supreme Court's decision in *Dobbs v. Jackson Women's Health Organization*, the landscape of abortion rights, access, and discourse has undergone rapid changes in the United States. Some were expected, like the immediate ban or severe restrictions on abortion in states with "trigger laws", pre-existing state laws that went into immediate effect after the fall of *Roe v. Wade*. Others more surprising, such as the anti-abortion movements' decision to challenge the United States Food and Drug Administration's (FDA) decades-standing approval of the abortion medication Mifepristone, which will be discussed further down. Within these changing legal conditions are the many actors working to mediate between new law and policy. First and foremost, the people who continue to want and need abortions; the doctors and nurses forced to shift how they practice medicine at the drop of a hat; the abortion funds scrambling to help people access abortion in nearby states; the activists advocating publicly to keep abortion front of mind for those in power.

---

* For previous contributions in "L'Homme. Z. F. G." with a focus on "anti-genderism" and "masculinism", cf. Rita Perintfalvi, Anti-Genderismus und Pädophilie-Diskurs als politisch-kirchlicher Kampfplatz. Das Fallbeispiel Ungarn, in: L'Homme. Z. F. G., 33, 2 (2022), 137–145; Judith Goetz, Traditionelle Geschlechterordnungen und importierte Unterdrückung. Die antifeministischen Geschlechterpolitiken der FPÖ, in: L'Homme. Z. F. G., 32, 1 (2021), 127–134; Anthony Castet, Reframing "Identity Politics" to Restore America's Greatness in the Age of Trump, in: L'Homme. Z. F. G., 30, 2 (2019), 127–133; Margit Eckholt, Notwendige Klärungsprozesse. Anmerkungen zur Gender-Debatte in der katholischen Kirche und Theologie, in: L'Homme. Z. F. G., 29, 1 (2018), 133–139; Ulrike Krampl and Xenia von Tippelskirch, Anti-Gender-Bewegungen in Europa. Erste kritische Bestandsaufnahmen, in: L'Homme. Z. F. G., 28, 2 (2017), 101–107; Kerstin Palm, Fake Evolution. Eine biologisch basierte Kritik an Anti-Genderismusrekursen auf die Biologie, in: ebd., 109–114; Karin Neuwirth, Die Väterrechtsbewegung in Österreich – zeitgemäßes Familienleben und pseudoegalitäre Machtdemonstrationen, in: L'Homme. Z. F. G., 25, 2 (2014), 129–137; Rolf Pohl, Die feindselige Sprache des Ressentiments. Über Antifeminismus und Weiblichkeitsabwehr in männerrechtlichen Diskursen, in: L'Homme. Z. F. G., 24, 1 (2013), 125–136; Christa Hämmerle, Genderforschung aus neuer Perspektive? Erste und noch fragende Anmerkungen zum Neuen Maskuli(ni)smus, in: L'Homme. Z. F. G., 23, 2 (2012), 111–120.

As of this writing,¹ 21 US states ban or severely restrict abortion pre-viability: fourteen of these have full bans on abortion without any exceptions. Increasingly, abortion-seekers from restricted states must travel across three or four state borders to get to a state with legal abortion. In this climate, many people are delaying abortions because they cannot afford to travel – leading to further costs for later procedures, and more difficult travel as gestational age increases.

Under such conditions, some people who support abortion access may suddenly find themselves accused of directly "aiding and abetting" abortion. The phrase comes from nineteenth-century penal codes that define "aiding and abetting" as supporting, assisting and/or encouraging someone else to commit a crime.² The state of Texas brought the term into popular use in the contemporary US abortion access movement, after passing Senate Bill 8 (SB8) in 2021, a law that threatens potential civil and criminal liability to any individual found to "aid and abet" an abortion.³ Crucially, SB8 allows these lawsuits to be brought by any individual, not just law enforcement, leading to a situation many have described as "abortion bounty hunting".⁴ The phrase is powerful – it rings strongly with the language of criminality, returning to a past "when abortion was a crime".⁵ But the popularity of this phrase is also tied up with the materiality of abortion access in the current political climate. "Aiding and abetting" implies the physical, financial, and material involvement with causing or facilitating abortion – an act that has been made easier by the growing use of medication to induce abortion. Where in the fabled pre-Roe era only the radical fringes of the women's health movement were directly involved in performing abortions with homemade manual vacuum aspirators, today anyone with internet access can purchase abortion medications and help distribute them to others.

In the past decade, movements to democratise access to abortion through medication have grown in the United States. For example, the organisation Plan C Pills advocates for more education about and access to medication abortion. It runs a website that keeps an updated list of legally grey online pharmacies where one can purchase safe abortion pills from overseas. Attention to these movements intensified because of both the COVID telehealth boom and the overturn of *Roe*. "Aiding and abetting" abortion

---

1 March 2024.
2 Congressional Research Service, Accomplices, Aiding and Abetting, and the Like: An Overview of 18 U.S.C. § 2, 2020, at: https://crsreports.congress.gov/product/pdf/R/R43769#:~:text=Aiding%20and%20abetting%20means%20assisting,intentionally%20contribute%20to%20its%20success, access: 28 March 2024.
3 Senate Bill No. 8, May 2021, in: Texas Legislature Online, at: https://capitol.texas.gov/tlodocs/87R/billtext/pdf/SB00008F.pdf, access: 28 March 2024.
4 Sarah McCammon, He helped craft the 'bounty hunter' abortion law in Texas. He's just getting started, in: National Public Radio, 8 May 2024, at: https://www.npr.org/2023/05/08/1174552727/jonathan-mitchell-abortion-texas-sb8-roe-v-wade-dobbs, access: 28 March 2024.
5 Leslie J. Reagan, When Abortion was a Crime. Women, Medicine, and Law in the United States, 1867–1973, Berkeley 1997.

in this way drew public attention to the inequalities that shape access to the procedure, recognising the barriers of cost, travel and care responsibilities that hamper access to abortion care for certain groups. But these conditions of inequality simultaneously complicate activist calls to "aid and abet" abortion, in the context where increased criminalisation may now impact activists as well as abortion seekers.

Activists began using the availability of abortion medication to facilitate access to illegal abortion in the late 1990s and early 2000s, in places like the Philippines, Ireland and South Africa. This work, facilitated by transnational organisations like Women on Web and Women Help Women, formed the inspiration for groups in the United States who are now taking the same tack. But evidence from the work of abortion pill activists around the world also shows the on-going legal risk the activists are taking. In Poland, for instance, activist Justyna Wydrzyńska was arrested in 2021 and recently convicted of "abetting an abortion" because she had mailed abortion pills to a person in need.[6] The same happened back in 2013 to a mother in Northern Ireland, who was prosecuted for helping her teenage daughter access abortion pills while she was in an abusive relationship.[7] In protest, activists in Ireland and Northern Ireland turned themselves in to the police, admitting to possession of illegal abortion pills. They swallowed abortion pills in front of media and law enforcement, "taunting" the government with the fact that legal bans could never stop access to abortion. Inspired by these acts, American abortion activists did the same, publicly taking abortion pills at a protest outside the Supreme Court in 2021, standing in front of a large banner that read: "We are taking abortion pills forever".[8] This activist engagement with the direct, material reality of abortion access in restricted settings has been made easier with the shift to abortion access through medication rather than clinical procedures.

After the Texas law against "aiding and abetting" abortion passed, some US-based activist organisations took up the accusation as a rallying cry. "I will aid and abet abortion" decorated t-shirts, buttons and social media profiles. Yet in organising spaces both online and in person, other activists bristled at the brazen slogan. The argument from many was that the privileged activists in coastal states like New York and California, where abortion was not illegal, could wear these shirts around as a fashion statement with few repercussions. The activists in Texas and Mississippi who would be prosecuted for "aiding and abetting" had no need to flaunt that action.

---

6 Rebecca Grant, The Conviction of Justyna Wydrzyńska, in: The Nation, 23 June 2023, at: https://www.thenation.com/article/society/justyna-wydrzynska-poland-abortion/, access: 28 March 2024.
7 Cf. Amnesty International UK, Northern Ireland: woman who bought abortion pills for daughter in court to challenge prosecution, Press Release, 5 November 2018, at: https://www.amnesty.org.uk/press-releases/northern-ireland-woman-who-bought-abortion-pills-daughter-court-challenge-1, access: 28 March 2024.
8 Caitlin Cruz, Activists Swallowed Abortion Pills on Steps of the Supreme Court, in: Jezebel, 1 December 2021, at: https://jezebel.com/activists-swallowed-abortion-pills-on-steps-of-the-supr-1848143679, access: 28 March 2024.

This is a conflict that calls attention to the inequalities that have always animated reproductive politics, both in the United States and globally. Who is able to access safe abortion, especially in the face of legal restrictions? Who is privileged enough to be able to fight for legal change through illegal acts? Whose political actions are lauded, and whose scrutinised? Tensions arise between abortion activists on questions of public rhetoric and strategy, especially when the dominant discussions seem to neglect how race, ethnicity, citizenship, class, sexuality and other identity markers place people at differential risk for criminalisation. An intersectional lens is needed to understand the choices of abortion-seekers as well as the activists who are working to help them. Activist strategy is not merely theoretical, but informed by the community needs of those choosing action. The choice to "aid and abet" – to mail abortion pills to a friend, to drive a neighbor across state lines to a clinic, to send a sister the link to a legally suspect online pharmacy – is both symbolically and materially meaningful, but not equally accessible to everyone.

Anti-abortion groups are focusing on increased criminalisation of those who access abortion in any capacity, while at the same time cracking down on the ways in which people access abortion outside the law in the first place. Anti-abortion activists are using targeted tactics, seeking out new battlegrounds to push back on existing liberal abortion laws and pre-emptively instituting policies that will impede future actions of abortion-supporters who work to undo these bans. In the United States, as across parts of Europe, part of their new tactics is the secularisation of 'pro-life' rhetoric: grounding anti-abortion arguments in 'science' rather than religious morality. We saw one iteration of that strategy when the anti-abortion group 'Alliance for Hippocratic Medicine' filed a suit against the US Food and Drug Administration (FDA) in late 2022. The case was very deliberately brought to the US District Court for Northern Texas, where Judge Matthew Kacsmaryk – a Trump appointee with known far-right, anti-LGBTQ+, anti-abortion politics – was prepared to adjudicate. The Alliance for Hippocratic Medicine's claim was that the FDA did not adequately assess the safety of the abortion medication Mifepristone when it approved it for use in 2000. The organisation denied that the lawsuit was a blatant attempt at further restricting abortion, saying: "The goal of this lawsuit is to protect women and girls from this dangerous abortion drug."[9] Currently, the decision of the US Court of Appeals for the 5th Circuit assures that the pill remains legal in the United States, though with increased restrictions. The Supreme Court is set to hear oral arguments on this issue soon, and it is possible it could further erode access.

Yet while the American anti-abortion movement is attempting to weaponise pills through these court cases, the abortion rights movement in general has had its own

---

[9] Alliance Defending Freedom, ADF to court: Protect women, girls from dangerous chemical abortion drugs, ADF Press Release, 15 March 2023, at: https://adfmedia.org/press-release/adf-court-protect-women-girls-dangerous-chemical-abortion-drugs, access: 28 March 2024.

struggles with how to approach the issue. As I have previously argued,[10] mainstream activism has not always taken a strong stance on abortion pills, either for lack of familiarity with the intricacies of the telemedicine and/or self-managed abortion landscape, or for fear of the messiness of the argument for abortion pill access. Outside the Supreme Court when the *Dobbs* decision was announced in June 2022, signs for abortion rights still read slogans like: "We won't go back", adorned with images of wire coat-hangers dripping with blood. Activists who support abortion pills as a method of safe access to abortion outside the law cautioned against the bloody coat-hanger symbolism. They warned that it might be misleading and potentially dangerous for the people living under abortion bans who may not know that a medically safe illegal abortion is accessible to them through medication. The battlefield of abortion has changed fundamentally, and it requires fundamentally different arguments.

In the world of polarised politics and media headlines, it is difficult to talk through these nuanced arguments. The fact that extremely safe abortion pills, clinically proven to be effective even when people self-administer them,[11] are available through (legally grey) online sources is a crucial stopgap measure enabling abortion access for those who cannot or do not want to travel. But that does not mean that, because we have this tool, abortion bans will not cause harm. They will merely cause different forms of harm. By and large, injury will not be physical, at the hands of coat-hangers and 'back alley butchers' – they will be from the ER (emergency room) doctors who report the undocumented patients they suspect induced their own abortion; from the state ban that forces a patient to delay care leading to a costly two-day procedure later in pregnancy; and ultimately, the constellation of law, policy, access and inequality that will force people to carry pregnancies that they do not want – a situation that a recent longitudinal study has proven to negatively impact the mental health and financial situation of both mother and child for years following.[12] These harms, rather than causing immediate injury or death, target people through stigma, criminalisation, financial distress and the psychological suffering caused by secrecy and fear. But much of the dominant "abortion rights" arguments in the United States have struggled to capture those nuanced conversations on a cardboard protest sign. Feminist activists who fight primarily to reinstate *Roe* and protect abortion clinics often opt-out of the discussions about abortion pill access and activism, because it undermines their primary claim that abortion bans will lead to dangerous illegal abortion.

---

10 Cf. Brenna McCaffrey, We Should Talk more about the Abortion Pill, in: Sapiens. Anthropology Magazine, 12 May 2022.
11 Cf. Abigail R.A. Aiken, Evdokia P. Romanova, Julia R. Morber, and Rebecca Gomperts, Safety and Effectiveness of Self-Managed Medication Abortion Provided Using Online Telemedicine in the United States: A Population Based Study, in: The Lancet Regional Health–Americas, 10 (2022), at: https://doi.org/10.1016/j.lana.2022.100200, access: 1 March 2024.
12 Cf. Diana Greene Foster. The Turnaway Study. Ten Years, a Thousand Women, and the Consequences of Having – or Being Denied – an Abortion, New York 2021.

"Aiding and abetting activism" is on the rise, in direct response to the more extremist streams of anti-abortion movements that are calling for the increased criminalisation of abortion-seekers and abortion-providers. The stakes of "aiding and abetting" are growing higher still, especially for those whose life and identity make them at higher risk for criminalisation in the first place. And yet, among those high stakes, we see people rise every day and do that work. "Aiding and abetting" is direct action – it gets abortions done. It is not just political advocacy or mere protest rhetoric. It is part of a deliberate feminist praxis and ethic of care.

Maria Fritsche und Ulrike Krampl im Gespräch mit
Elisabeth Holzleithner

„Einer queer*feministischen Juristin geht die Arbeit nie aus"*

Elisabeth Holzleithner ist Professorin für Rechtsphilosophie und *Legal Gender Studies* am Institut für Rechtsphilosophie der Universität Wien, das sie seit 2014 leitet. Ihr Interesse für feministische Rechtswissenschaften wurde Anfang der 1990er Jahre geweckt, und sie begann bald auch in diesem Feld zu unterrichten. Anfang der 2000er war sie mit ihrem Kollegen Nikolaus Benke, bis 2019 Professor für Römisches Recht an der Rechtswissenschaftlichen Fakultät, federführend an der Etablierung der *Legal Gender Studies* im Studium der Rechtswissenschaften in Wien beteiligt. Die Bezeichnung *Legal Gender Studies* wurde nicht zuletzt aus strategischen Überlegungen gewählt. Anders als der Begriff der feministischen Rechtswissenschaften stand „Gender" damals noch nicht unter Ideologieverdacht und konnte auf breitere Akzeptanz hoffen. 2011 erfolgte die Habilitation mit einer Arbeit zum Thema „Dimensionen gleicher Freiheit. Recht und Politik zwischen Toleranz und Multikulturalismus".

Im Mittelpunkt der Forschung und Lehre von Elisabeth Holzleithner stehen feministische und queere Fragestellungen, Menschenrechte und Theorien der Gerechtigkeit,[1] aber auch das Recht in Literatur und Populärkultur. Viele ihrer zahlreichen Publikationen setzen sich mit aktuellen gesellschaftlichen Entwicklungen und Kontroversen auseinander, etwa mit sexueller und geschlechtlicher Selbstbestimmung, Multikulturalismus, Religion und Geschlecht, Debatten zu Kopftuch und Gesichtsverhüllungen, Gleichberechtigungsfragen von Frauen und queeren Menschen, intersektionaler Theoriebildung in den Rechtswissenschaften, insbesondere im Antidiskriminierungsrecht und der Anerkennung alternativer Familienmodelle, aber auch mit zivilem Ungehorsam und illiberalen Ansätzen im politischen Denken.[2] Seit 2020 ist sie

---

* Das Gespräch wurde am 6. 12. 2023 als Videointerview durchgeführt und aufgezeichnet, mittels der KI-unterstützten Transkriptionssoftware Sonix transkribiert und von den drei Beteiligten gekürzt und ediert.
1 Elisabeth Holzleithner, Gerechtigkeit, Wien 2009.
2 Vgl. etwa Elisabeth Holzleithner, Law and Social Justice. Intersectional Dimensions, in: Kathy Davis u. Helma Lutz (Hg.), The Routledge International Handbook of Intersectionality Studies, London 2023, 251–263; dies., Reactionary Gender Constructions in Illiberal Political Thinking, in: Politics and Governance, 10, 4, (2022), 6–15; dies., Intersektionale (mehrdimensionale) Diskriminierung,

Sprecherin der interdisziplinären Forschungsplattform *GAIN – Gender: Ambivalent In_Visibilities,* die sich mit Produktionen vergeschlechtlichter Unsichtbarkeiten und Sichtbarkeiten sowie deren Konsequenzen befasst. Holzleithner ist zudem eine gefragte Gesprächspartnerin der österreichischen Print- und Radiomedien und eine wichtige Stimme im öffentlichen Diskurs. Neben ihrer wissenschaftlichen Tätigkeit engagiert sie sich seit vielen Jahren als Mitglied universitärer Schiedskommissionen für Gleichbehandlung und die Umsetzung von Diskriminierungsverboten. Ihre mehrfach ausgezeichnete Forschungsarbeit ist von einem durchgehenden Interesse für die Historizität aktueller Rechtsfragen geprägt. Für die Zeitschrift „L'Homme. Z. F. G." hat sie bereits 1998 gemeinsam mit Nikolaus Benke einen Beitrag zum Sexualstrafrecht publiziert (siehe unten).

Maria Fritsche und Ulrike Krampl: Wie würden Sie die historische Dimension in ihrer juristischen Arbeit beschreiben?

Elisabeth Holzleithner: Ich arbeite immer auch rechtshistorisch, weil ohne die geschichtlichen Entwicklungen die Gegenwart nicht zu verstehen ist. Das betrifft jedes Feld, in dem ich mich mit Geschlechterfragen befasse, sei es der rechtliche Geschlechterbegriff oder die Frage, wie das Recht sexuelle Autonomie konstruiert. Ich mache gewissermaßen historische Tiefenbohrungen. In meinem Fach bedeutet das, die historischen Rechtstexte sowie die einschlägigen Materialien zu erheben: Gesetzesentwürfe, Kommentare dazu, Diskussionen im Parlament sowie die zeitgenössische Kommentarliteratur zu Gesetzeswerken wie etwa dem Strafgesetzbuch. Gemeinsam mit Nikolaus Benke habe ich etwa für „L'Homme" vor vielen Jahren einen Text zum österreichischen Sittlichkeitsstrafrecht geschrieben; in Österreich hat das Sexualstrafrecht ja bis 2004 Sittlichkeitsstrafrecht geheißen, und es hat vor lauter Unzuchtsverboten nur so gewimmelt; das wurde nur mühsam überwunden und hatte starke Nachwirkungen.[3] Geschichte ist für mich ein wesentlicher Fundus, um die Gegenwart zu verstehen, auch um zu sehen, an welchen Schrauben gedreht werden konnte, um in einem bestimmten Moment etwas zu verändern. Dabei kann man dann auch sehen, was gelungen ist und was nicht gelingen konnte.

---

in: Anna Katharina Mangold u. Mehrdad Payandeh (Hg.), Handbuch Antidiskriminierungsrecht, Baden Baden 2022, 543–594; dies., Gemeinwohl und Multikulturalismus, in: Christian Hiebaum, Handbuch Gemeinwohl, Wiesbaden 2020, 335–350; dies., Sexuelle Selbstbestimmung als Individualrecht und als Rechtsgut. Überlegungen zu Regulierungen des Intimen als Einschränkung sexueller Autonomie, in: Ulrike Lembke (Hg.), Regulierungen des Intimen. Sexualität und Recht im modernen Staat, Wiesbaden 2016, 31–50.

3 Nikolaus Benke u. Elisabeth Holzleithner, Zucht durch Recht. Juristische Konstruktionen der Sittlichkeit im österreichischen Strafrecht, in: L'Homme. Z. F. G., 9, 1 (1998): Unzucht, hg. von Susanna Burghartz u. Edith Saurer, 41–88.

Sie haben zur Theorie des Liberalismus und illiberalen Bewegungen, Menschenrechten, Diskriminierung, zum Spannungsverhältnis von Feminismus und Multikulturalismus geforscht. Auch aktuelle Debatten zum Verhüllungsverbot beziehungsweise Kopftuchstreit oder zu LGBTIQ+ Rechten nehmen in Ihren wissenschaftlichen Publikationen einen wichtigen Platz ein. Inwieweit wird Ihre Forschung von aktuellen politischen Debatten bestimmt?

Ich denke, dass sowohl die Rechtsphilosophie als auch die *Legal Gender Studies* etwas dazu beitragen können, die Zeit und die sozialen Verhältnisse zu verstehen und Ungerechtigkeiten aufzudecken. Aktuelle Fragen beschäftigen mich stark, in der Forschung wie in der Lehre. Recht und Rechtswissenschaft sind immer darauf ausgerichtet, in die sozialen Verhältnisse einzugreifen. Das prägt auch mein Verständnis als Juristin. Neben meiner wissenschaftlichen Arbeit war ich acht Jahre lang als Vorsitzende des Arbeitskreises für Gleichbehandlungsfragen der Uni Wien tätig und jetzt nochmal zwei Jahre als Vorsitzende einer Schiedskommission. Da bin ich gleichsam auf der anderen Seite gestanden, weil Schiedskommissionen über Einsprüche entscheiden, die vom Arbeitskreis wegen des Verdachts erhoben werden, dass eine Diskriminierung erfolgt ist. Ich werde auch häufig von Medien für Interviews angefragt. Das inspiriert meine Forschung, und es ermöglicht mir, mein Wissen und meine Ideen einer breiteren Öffentlichkeit zu vermitteln.

In der Geschichtswissenschaft spielt das Recht ebenfalls eine wichtige Rolle. In den 1970er, 1980er Jahren richtete sich die Aufmerksamkeit auf die Diskrepanz zwischen Norm und Praxis und machte dadurch auch den historischen Handlungsspielraum von Frauen sichtbar. Zum einen erschien die praktische Umsetzung des Rechts nunmehr relevanter, um die Gesellschaft zu verstehen, zum anderen wurde deutlich, dass die Veränderungen auf der Ebene der Rechtssetzung aus den Entwicklungen der sozialen Praxis hervorgehen beziehungsweise diesen nachhinken. Inwieweit beziehen Sie in Ihrer Arbeit die Frage der Unterscheidung zwischen Norm und Praxis mit ein, und kann man aus Ihrer Sicht sagen, dass das Recht oft der gesellschaftlichen Entwicklung „nachhinkt"?

Zuerst mal zur Frage: „Hinkt Recht nach?" Es gibt da so eine herrliche juristische Floskel, die immer stimmt: „Das kommt darauf an!" Das bringe ich meinen Studierenden in der ersten Stunde bei. Manchmal hängt das Recht wirklich massiv nach. Das hat damit zu tun, dass etwa politische Parteien an bestimmten Ideologien festhalten, die von der Bevölkerung gar nicht mehr so vertreten werden. Also zum Beispiel der extreme Widerstand des Gesetzgebers gegen die Öffnung der Ehe für gleichgeschlechtliche Paare, obwohl es in Österreich bereits in den 2010er Jahren eine Umfragemehrheit für die Öffnung der Ehe gab. Der Gesetzgeber beziehungsweise die sich in der Mehrheit befindlichen politischen Parteien wollten ideologische Duftmarken setzen, und es hat das Verfassungsgericht gebraucht als Korrektiv.

In anderen Bereichen allerdings ist das Recht in einer Weise vorangeprescht, wo ich gar nicht weiß, ob die Bevölkerung heute dafür wäre, etwa bei den Frauenquoten. Seit 1993 enthält das Bundesgleichbehandlungsgesetz Bestimmungen, wonach gleich gut qualifizierte Frauen beim beruflichen Aufstieg und bei der Einstellung vorrangig zu berücksichtigen sind – damals bis zum Erreichen einer Quote von 40 Prozent, heute sind es 50 Prozent. Da ist der österreichische Gesetzgeber tatsächlich vorangeprescht. Ebenso bei der Strafbarkeit der Vergewaltigung in der Ehe, die in Österreich 1989 gesetzlich etabliert wurde, und zwar gegen den Widerstand der Strafrechtswissenschaft. Gelungen ist diese Reform durch das Zusammenwirken einer starken Frauenministerin, Johanna Dohnal, mit den Frauen in den verschiedenen Parlamentsparteien. Das ist übrigens ein entscheidender Faktor, den man immer wieder feststellen kann bei großen gesetzgeberischen Aktivitäten, dass sich da die Parlamentarierinnen aus den unterschiedlichen ideologischen Lagern zusammengetan und ihre männlichen Kollegen überzeugt haben.

Da, wo die Rechtsordnung voranprescht, gibt es aber regelmäßig ein ziemlich starkes *Compliance*-Problem. Wir konnten das *live* an der Universität erleben, als Anfang der 1990er Jahre die Gleichbehandlung in die Gänge gekommen ist – ich habe das als Vorsitzende des Arbeitskreises für Gleichbehandlungsfragen miterlebt. Damals hat schlicht das Rechtsethos gefehlt: Die einschlägigen Normen wurden primär als Last erlebt. Anstatt sie zu beachten, hat man versucht, sie zu umgehen. Wir hatten etwa im Frauenförderungsplan eine Bestimmung, wonach eine Stelle noch einmal ausgeschrieben werden musste, wenn sich keine Frau beworben hatte. Da ist es schon vorgekommen, dass man eine Sekretärin gebeten hat, sich auf die Stelle einer Universitätsassistentin zu bewerben, um die Neuausschreibung zu umgehen. Wir haben beanstandet, dass dies nicht im Sinne des Gesetzes sei, gemeint seien weibliche Bewerberinnen mit entsprechenden Qualifikationen. Dagegen hat man dann sinngemäß eingewendet, das stehe aber nicht so da. Also musste der Frauenförderungsplan entsprechend geändert werden.

Die Arbeit endet also nicht mit der Rechtssetzung, sondern beginnt vielleicht erst mit der Umsetzung des Rechts, weil die gesetzlichen Vorgaben oftmals ignoriert werden. In der NS-Justiz hat es mit der Umsetzung leider viel zu gut geklappt. Auch in der Gegenwart gewinnen auf der ganzen Welt populistische und fundamentalistische Strömungen an Einfluss. Das zeigt sich an einer immer rigideren Asylpolitik, der Einschränkung der Rechte von LGBTIQ+ Minderheiten, aber auch an der Aufhebung des Verbots der Kinderarbeit in einigen US-Staaten. Wie resilient ist das Recht gegenüber rechtskonservativen, populistischen Bewegungen, die liberale Rechte einzuschränken versuchen?

Witzig, genau diese Frage hat mir heute ein Student nach meiner Einführungsvorlesung gestellt. Ich habe die Praxis des *Court Packing* diskutiert, also die von illiberalen Machthabern angewendete Methode, missliebige Richter*innen durch frühzeitige

Pensionierung loszuwerden oder, wenn das nicht gelingt, neue Positionen zu schaffen, um eine Mehrheit von politisch genehmen Richter*innen zu installieren. Da soll die Justiz auf Linie gebracht werden – nicht zuletzt die Verfassungsgerichtsbarkeit, die üblicherweise darüber entscheidet, ob Grundrechte verletzt wurden. Damit versucht man, die Gewaltenteilung zu unterlaufen – die Kontrolle der Exekutive und der Gesetzgebung durch die Judikative. Möchtegern-Autokraten und -Autokratinnen finden die Gewaltenteilung sehr lästig, und die Verlockung ist groß, diese zu unterlaufen.

Aus einer liberalen Perspektive könnte man vielleicht hoffen, dass die Umsetzung solch freiheitsbeschränkender Gesetze ähnlich mühsam ist wie die angesprochene Umsetzung von progressiven Gesetzen. Also, dass die Jurist*innen hier auch subversiv agieren?

Das ist eine schwierige Frage. Wir versuchen, die Leute so auszubilden, dass sie das Recht nach bestem Wissen und Gewissen anwenden. Rechtsanwendung ist kein Wunschkonzert. Wenn es aber hart auf hart geht, also wenn die Gesetze wirklich grausam werden, dann muss man ein Stück weit darauf hoffen, dass Jurist*innen nicht einfach mitspielen. Gustav Radbruch argumentierte in seinen kurz nach dem Zweiten Weltkrieg publizierten Texten über gesetzliches Unrecht, dass Recht nicht als geltendes Recht zu betrachten sei, wenn es fundamentale Vorstellungen von Gerechtigkeit mit Füßen tritt, wie etwa die Nürnberger Rassengesetze. Im Grunde erhoffte er sich von der Richterschaft zumindest passiven Widerstand.

Diese These von Radbruch wurde und wird sehr kontrovers diskutiert. In Österreich etwa gibt es eine starke, von Hans Kelsen und seiner *Reinen Rechtslehre* ausgehende Tradition, die der Radbruch-These sehr kritisch gegenübersteht. Kelsen meinte, wir könnten das NS-Recht hassen wie eine Giftschlange, und doch war es geltendes Recht, daran könne nichts herumgedeutet werden. Wenn eine Norm entsprechend erlassen wurde, dann ist sie geltendes Recht – egal, wie problematisch ihr Inhalt ist.

Die Ethik spielt also keine Rolle?

Jedenfalls nicht, wenn man der Ansicht von Kelsen folgt. Er meinte, dass Vorstellungen von Gerechtigkeit nur subjektiv sein können. Die Domäne moralischer Normen ist die Rechtspolitik, also der Prozess der Gesetzgebung. Aber wenn das Gesetz mal da ist, dann muss es als Gesetz angenommen und rechtswissenschaftlich interpretiert werden.

Sie haben eingangs formuliert, dass Recht auch Geschlecht produziert. In Ihren Aufsätzen zum illiberalen Denken wird deutlich, wie über die Verrechtlichung von Körper, Sexualität oder dem Kopftuchtragen die Grenze zwischen öffentlich und privat verhandelt wird. Die Haltung dieser illiberalen Strömungen ist widersprüchlich: Einerseits soll sich der Staat aus dem Privaten heraushalten, weil das Private ja als ‚natürlich' gilt, nach dem Modell: Vater, Mutter, Kind. Andererseits soll der Staat Abtreibung verbieten, den Zugang zu Verhütung einschränken. Wie gehen Sie als kritische Rechtswissenschaftlerin mit derlei Widersprüchen um?

Ich versuche, sie aufzudecken und zu zeigen, wie manipulativ hier argumentiert wird. Der polnische Philosoph Ryszard Legutko etwa zelebriert die Privatheit im Sinne eines nachhallenden Kampfes gegen den totalitären Kommunismus. Legutko und andere illiberale politischen Philosophen imaginieren ein „Wir", und dieses Wir ist der weiße christliche Mann, der einer Großfamilie vorsteht und in dessen Machtbereich nicht eingegriffen werden soll. Das ist die Privatheit, die er meint. Jeglichen Eingriff in das Private sieht er als eine gefährliche Politisierung. Genau diese Fassung von Privatheit wird in den *Gender Studies* ganz trefflich kritisiert: Privatheit als Raum patriarchaler Ausbeutung und Gefährdung durch Gewalt.

Beate Rössler hat zu Recht darauf hingewiesen, dass das Private auch für Frauen ein wichtiger Raum des Rückzugs sein kann, eine Ressource für autonomes Handeln, ein Bereich, wo man vom Staat in Ruhe gelassen wird. Auf diese Argumentation stützt sich ja auch die Forderung nach einem Recht auf Abtreibung. Die Illiberalen sehen das aber ganz anders: Sie schaffen es, die Privatheit zu zelebrieren und gleichzeitig Frauen Rechte über ihren eigenen Körper zu entziehen.

Um diese Art des Privaten zu definieren, wird oft auch auf bestimmte Kategorien rekurriert, wie auf Natur und Religion.

Ja, die Natur ist ganz wichtig, das Natürliche und das Widernatürliche als Gegenbegriff. Dann die Religion, die das alles überhöht und dem Widernatürlichen seinen Inhalt gibt, und das Ganze eingebettet in eine althergebrachte patriarchale Tradition. Je nachdem, wie man es braucht, wendet man es dann an. Denken wir an die Geschlechterdichotomie, von der es heißt, sie sei natürlich vorgegeben. Wenn aber medizinische Forschungen belegen, dass es intergeschlechtliche Personen gibt, dann schlägt das Imperium zurück, und zwar in Gestalt religiöser Glaubenssätze: „Als Mann und Frau schuf er sie", heißt es etwa in einem Dokument der Kongregation für das katholische Bildungswesen. Um es etwas polemisch zu sagen: Die Schöpfung Gottes ist dem Vatikan nicht gut genug, wenn das Geschlecht uneindeutig ist. Auch im Recht hat man das Prinzip der Zweigeschlechtlichkeit gegen die Anerkennung von intergeschlechtlichen Personen in Position gebracht. Das hat sich erst in den letzten Jahren geändert.

Wir haben ja darüber gesprochen, dass rechtspopulistische und rechtskonservative Gruppen den Schutz des Privaten vor staatlichen Eingriffen fordern. Und gleichzeitig zwingen sie ja bestimmte Handlungen in das Private. Beispielsweise argumentiert die rechtspopulistische ungarische Fidesz-Regierung, dass gleichgeschlechtliche Beziehungen okay sind, solange sie im Privaten und damit unsichtbar für die Öffentlichkeit bleiben. Und dann haben wir die feministische Bewegung, die eine Öffnung und staatliche Regulierung des Privaten fordert, um Schwächere zu schützen, vor allem Frauen und Kinder. In beiden Fällen geht es um die Frage, wer über den Körper verfügen darf. Der Staat oder der Ehemann beziehungsweise der Vater?

In einer liberalen Demokratie, die im Zeichen gleicher Freiheit steht, kann selbstredend nur die jeweilige Betroffene selbst über den eigenen Körper verfügen dürfen. Traditionell wurde aber dem Ehemann und Vater erhebliche Macht eingeräumt – im Rahmen des patriarchalen Familienrechts, das ihn als Haupt der Familie bestimmte. Erst seit den 1970er Jahren hat sich dies verändert: durch das Prinzip der Partnerschaftlichkeit im Eherecht und, viel später, die Anerkennung von gleichgeschlechtlichen Beziehungen. Allerdings wirkt das Patriarchat stark nach, und in den illiberalen Bewegungen erhebt es erneut sein bedrohliches Haupt, mit allen negativen Folgen für reproduktive, geschlechtliche und sexuelle Selbstbestimmung.

In Ihren Arbeiten ist der Begriff der Autonomie von zentraler Bedeutung. Sie sprechen beispielsweise von „sexueller Autonomie". In der Tradition der Aufklärung geht der Begriff der Autonomie von einem abstrakten Individuum aus, das, so die feministische und intersektionale Kritik, historisch immer als männlich, weiß und bürgerlich verstanden wurde. In den Sozial- und Geschichtswissenschaften wird zurzeit der Begriff agency, also eine von Normen mitgestaltete Form der Handlungsautonomie, fruchtbar angewendet. Wie fassen Sie Autonomie? Wie lässt sich das Verhältnis von kollektiven Regeln und Autonomie denken?

Ja, das ist jetzt eine ganz winzige Frage (lacht). Ich halte bewusst am Begriff der Autonomie fest. Ich entnehme den Begriff der Tradition und halte ihn auch der Tradition entgegen. Autonomie kann man selbstverständlich nicht autarkistisch kurzschließen, im Sinne von „I am an Island", denn Autonomie entsteht nur in Beziehungen. Kant sagt, Autonomie ist uns Menschen auch aufgetragen. Es ist eine Bürde, weil wir nicht anders können, als Entscheidungen zu treffen und irgendwie versuchen müssen, mit diesen Entscheidungen zu leben. Autonomie ist eine existenzielle Angelegenheit, eine Chance, das eigene Leben zu gestalten, das impliziert ein mögliches Gelingen wie ein Scheitern. Auch darauf hat Kant hingewiesen, wenn er meinte, dass die Menschen aus krummem Holz sind, da kann man nichts geradebiegen. Das spricht auf wunderbare Weise die menschliche Fehlbarkeit an, mit Blick auf sich selbst wie mit Blick auf andere. Einen Rahmen für die Entfaltung gleicher Freiheit zu schaffen, das ist die Aufgabe, in deren Zeichen das Recht steht. Das ist für mich die Idee des liberal-demokratischen Rechtsstaats.

Den Begriff der Autonomie erfasse ich über drei Bedingungen. Das eine sind Lebensmöglichkeiten, die Menschen haben sollen, dann die Kapazitäten, diese wahrzunehmen und auch ergreifen zu können. Und in der jeweiligen Situation darf kein illegitimer Zwang, keine Manipulation herrschen. Ich verwende diese Bedingungen vor allem analytisch, um zu erheben, ob bestimmte rechtliche Gestaltungen Autonomie ermöglichen oder einschränken. So kann ich etwa zeigen, dass bestimmte Konstruktionen von Differenz als Keule eingesetzt werden, um Autonomie abzusprechen. Wir sehen das auch in manchen feministischen Strömungen, wenn etwa Alice Schwarzer meint, eine Frau, die aus religiösen Motiven ein Kopftuch trägt, könne nicht autonom sein, sondern nehme ihre eigene Unterdrückung an. Das ist für mich das Schwingen der Differenzkeule.

Und es gibt dann noch die Autonomiekeule, die zusammen mit der Differenzkeule geschwungen wird. Die wird genutzt, um etwa Förderungsmaßnahmen für benachteiligte Gruppen abzuwürgen. So haben Kritiker von Frauenförderungsmaßnahmen die geringe Zahl von Professorinnen in den 1990er Jahren damit erklärt, dass Frauen einfach anders sind, andere Interessen haben und sich daher für ihre Familie entscheiden – niemand würde sie daran hindern, Karriere zu machen, schon gar keine diffusen strukturellen Ungleichheiten. Diese Kritiker warfen Feministinnen vor, sie hätten ein totalitäres Weltbild, das sie allen Frauen überstülpen wollen.

Zur Frage, ob es ‚natürliche' Unterschiede gibt, finde ich die feministischen Debatten der letzten Jahre sehr interessant und auch sehr schwierig. Es geht dabei um weibliche Autonomie und die Frage, ob transsexuelle Personen Zutritt zu Räumen bekommen sollen, die Frauen vorbehalten sind. Bestimmte feministische Strömungen nutzen biologistische Argumente, um diese Ansprüche abzuwehren. Sie argumentieren, dass es unüberwindbare ‚natürliche' Unterschiede zwischen Mann und Frau gebe und die Ausweitung von Rechten für Transsexuelle auf Kosten von Frauen gehe. Ich glaube, dass die verschiedenen Lager einander viel näher sind, als sie zugeben wollen. Aber es geht offensichtlich sehr stark um Ängste, um erkämpfte Rechte, um Identitäten. Welche Rolle spielt das Recht in diesen Debatten?

In Teilen, glaube ich, eine zu kleine Rolle, weil ich den Eindruck habe, dass viele Leute die einschlägigen rechtlichen Regelungen gar nicht kennen. Nehmen wir etwa den Europäischen Gerichtshof für Menschenrechte. Seine Judikatur war zunächst geprägt von der Haltung, dass es sich bei Transsexuellen um Kranke handelt, denen von der Medizin geholfen werden kann, und das Recht soll das unterstützen. Das hat zur vollumfänglichen Anerkennung von Transpersonen in ihrem Identitätsgeschlecht geführt, zunächst noch unter Voraussetzung einer medizinischen Geschlechtsanpassung. Auch davon ist man in den letzten Jahren abgekommen – die Entwicklung bewegt sich immer mehr in Richtung Autonomie, also geschlechtliche Selbstbestimmung. Und nun beginnt die Stimmung zu kippen, auch in manchen feministischen Zusammenhängen. Polemisch gesprochen heißt es: „Da kann ja jeder daherkommen, jeglicher männliche Troll und sagen, ich identifiziere mich als Frau." Die Argumentation scheint mir in etwa wie folgt zu verlaufen: „Wir Frauen werden seit Jahrhunderten unterdrückt. Jetzt kommen diese Männer, die sich anmaßen, Frauen zu sein, und wollen uns erklären, wer Frau ist und wer nicht, und wie wir uns zu verhalten haben. Wie kommen wir dazu?!" Das führt wiederum zu heftigen Reaktionen aus der Trans-Bewegung, es kommt zu einem kompletten polarisierenden Auseinanderdriften, und das finde ich wirklich bestürzend.

Ist es Aufgabe des Rechts hier zu intervenieren und zu sagen, okay, schauen wir uns mal die Argumente an?

Das Recht setzt uns Grenzen. So ist etwa Hassrede nicht erlaubt und gilt als massiver Verstoß gegen die Menschenrechte. Nicht alles, was uns verletzt, ist aber verboten. Das Recht verlangt uns ziemlich viel Toleranz ab. Politisch-strategisch gesprochen stellt sich die Frage, ob und inwieweit man bereit ist, sich auf eine Debatte mit anderen einzulassen, die nicht dieselben Vorstellungen teilen. Ich denke etwa an die 1990er Jahre, als ich begann, mich in der LGBTIQ-Bewegung zu engagieren. Da gab es in Österreich noch die strafrechtlichen Bestimmungen gegen gleichgeschlechtliche Unzucht. Von eingetragener Partnerschaft oder Ehe war überhaupt keine Rede. Man musste irgendwie ins Gespräch kommen mit der anderen Seite und Argumente vorbringen, warum es gut wäre, diese Bestimmungen abzuschaffen und gleichgeschlechtliche Partnerschaften anzuerkennen. Da hat man sich die entsetzlichsten Dinge anhören müssen, das war kaum zu ertragen. Und doch hat sich Schritt für Schritt etwas verändert.

Ruth Bader Ginsburg hat auf den „incremental change" gebaut, der es der Gesellschaft ermöglicht, sich über kleine Schritte an die veränderte Situation zu gewöhnen. Dabei werden alle Seiten Abstriche machen. Aber das gehört zum Kompromiss dazu, und ohne den ist eine Demokratie nicht möglich. Klar muss man das jeweilige Ergebnis wegen seiner Halbherzigkeit kritisieren, und mit Leidenschaft! Was habe ich nicht das eingetragene Partnerschaftsgesetz mit seinen unsinnigen Unterscheidungen zur Ehe aufgespießt! Das hat mir auch eine Lust bereitet, diese Blödsinnigkeiten auszustellen. Aber man benötigt die Bereitschaft zu sagen: Da sind wir jetzt und dann kommt der nächste Schritt und der nächste. Auf diese Art erreichen wir letztendlich mehr. Rechtsreform zu betreiben oder sich da zu engagieren, heißt immer auch, sich in Geduld zu üben. Und wenn eine Rechtsreform errungen worden ist, dann gibt es nie den Punkt, wo man sagt, es ist vollbracht. Sondern dann stellt sich gleich die Frage, wie wirkt sich das jetzt aus? Wird das Ziel erreicht? Oder gibt es vielleicht Bumerangeffekte? Einer queer*feministischen Juristin geht die Arbeit nie aus.

Vielen Dank, Frau Holzleithner, für das anregende Gespräch!

Gerne, es hat mir großen Spaß gemacht!

Lina Gafner und Simona Isler

Unter neuen Sternen. Das Gosteli-Archiv zur Geschichte schweizerischer Frauenbewegungen[*]

Abb. 1: Das Wohnhaus auf dem Gosteli-Gut wurde 1884 erbaut. Heute sind in dem Gebäude ein Teil der Archivbestände, die Bibliothek, Büros und Arbeitsplätze sowie ein Veranstaltungsraum untergebracht. Fotografie aus dem Familiennachlass, aufgenommen um 1900, Staatsarchiv Bern, N Gosteli 78_1

---

[*] Für frühere Beiträge in „L'Homme. Z. F. G." zum Thema *Public History* und Geschichtsvermittlung vgl. Tetiana Isaieva, Das Gendermuseum in Charkiv. Ein Dialog über Geschlechtergleichheit und Menschenrechte – 15 Jahre informelle Bildung, in: L'Homme. Z. F. G., 35, 1 (2024), 119–122; Stefania Pitscheider Soraperra, Das Frauenmuseum Hittisau – ein Ort der Vielstimmigkeit und Inklusion, in: L'Homme. Z. F. G., 34, 1 (2023), 127–134; Andreas Brunner u. Hannes Sulzenbacher, QWIEN – Wiens Archiv für queere Geschichte, in: L'Homme. Z. F. G., 32, 2 (2021), 111–115.

1. Ein Archiv mit Geschichte …

Der Weg zum Gosteli-Archiv in Worblaufen bei Bern führt durch ein Wohnquartier auf einen Hügel, an Pferdeweiden und einem Bauerngut vorbei auf ein eingefriedetes Gelände und endet vor einem schmucken, aber schlichten historistischen Bau aus der *Belle Époque*. Auf dicht bebautes Gebiet folgen unvermittelt Grünraum, Ruhe und Bergsicht. Das Land weiterum wurde seit 1735 von der Familie Gosteli bewirtschaftet. Marthe Gosteli, 1917 hier geboren, war Bauerntochter. Und sie war Frauenrechtlerin. Den Einsatz, den die Frauen ihrer Zeit und der Zeit davor geleistet haben, um die Schweizer Männer davon zu überzeugen, dem Frauenstimm- und Wahlrecht zuzustimmen, beschreibt sie als „Aufklärungsarbeit" und „harte Knochenarbeit".[1] Anfeindungen und Spott kannte sie gut – Stimmrechtlerinnen galten „nicht als richtige Frauen",[2] besonders wenn sie, wie Marthe Gosteli auch, unverheiratet blieben. Alleinstehend, aber alles andere als alleine: Gosteli stellte sich in ihren Erzählungen in eine lange Tradition engagierter Frauen, zu denen sie ihre Mutter, ihre Großtante und Tante, aber auch ihre Lehrerinnen und andere Frauenrechtlerinnen zählte. Zu ihnen wollte sie gehören und trat mit 32 Jahren dem Frauenstimmrechtsverein Bern bei. Rasch wurde sie Delegierte im Dachverband „Bund Schweizerischer Frauenorganisationen" und 1968 schließlich dessen Vizepräsidentin.[3] Auch daheim wirkte sie in einem Kreis von Frauen: Nach dem Tod des Vaters verwaltete Marthe Gosteli gemeinsam mit ihrer Mutter und ihrer Schwester Land und Hof.

Schon in den 1960er Jahren schmiedeten die großen schweizerischen Frauenverbände Pläne für eine gemeinsame Dokumentationsstelle, eine Bibliothek und ein Archiv. Denn die intensive politische Arbeit der Frauen, die diese außerhalb der staatlichen Strukturen leisteten, wurde nirgends zentral und dauerhaft dokumentiert. Das Vorhaben scheiterte jedoch an der Finanzierung. Als den Frauen 1971 per Volksabstimmung endlich das Stimm- und Wahlrecht zugestanden wurde, war ein wichtiges Ziel erreicht und manche Frauenorganisationen begannen in der Folge, ihre Akten zu entsorgen. Die Archivfrage wurde damit umso dringlicher.

Marthe Gosteli hatte dokumentarische Berufserfahrung. Während des Zweiten Weltkriegs arbeitete sie für den Pressedienst des Schweizerischen Armeestabs und führte danach bis in die 1960er Jahre die Filmabteilung des amerikanischen Informationsdienstes in der Botschaft in Bern. Sie entschloss sich, dieses Wissen zu nutzen und investierte ihre Arbeitskraft, ihren Wohnraum und schließlich auch große Teile der Erlöse aus den Landverkäufen des Bauernguts in die Dokumentation der schweizerischen Frauenbewegung. 1982 gründete sie die Gosteli-Stiftung, das Archiv zur Ge-

---

1 Radiobeitrag SRF 2, „Musik für einen Gast" mit Marthe Gosteli, gesendet am 5.6.2011, um 12:40 Uhr.
2 Franziska Rogger, Marthe Gosteli. Wie sie den Schweizerinnen ihre Geschichte rettete, Bern 2017, 80.
3 Vgl. Rogger, Marthe Gosteli, wie Anm. 2, 79f.

schichte der schweizerischen Frauenbewegung, das einer wachsenden Menge von Material zur Geschichte der Frauen in der Schweiz ein Zuhause gab und so eine klaffende Lücke in der schweizerischen Archivlandschaft füllte.[4]

2. ... und Zukunft

Nach dem Tod von Marthe Gosteli 2017 war das Überleben von Stiftung und Archiv gefährdet. In Fachkreisen war „das Gosteli" jedoch bereits etabliert und dank parlamentarischer Vorstöße, der Einflussnahme wichtiger Vertreter:innen aus Forschung und Politik sowie einer von 11.000 Forschenden und Sympathisant:innen unterzeichneten Petition gelang es schließlich eine Finanzierung über die öffentliche Hand zu ermöglichen. Die Tatsache, dass das Gosteli-Archiv das gesamte politische Spektrum der Frauenbewegung dokumentiert, erleichterte die politische Einigung darüber, die Kosten für das Archiv mitzutragen. Und mit Sicherheit verlieh auch der Frauenstreik 2019 – mit über einer halben Million Teilnehmerinnen die größte politische Mobilisierung in der Geschichte der Schweiz – dem Anliegen Nachdruck. So begann 2021 eine neue Ära in der Geschichte des Archivs, unter ganz neuen Vorzeichen: Die Gosteli-Stiftung wird seither als Forschungsinfrastruktur von nationaler Bedeutung anerkannt und subsidiär von Bund, Kanton Bern, Burgergemeinde Bern und weiteren Geldgebern gefördert. Seither ist ein schrittweiser Um- und Ausbau auf vielen Ebenen im Gang und die Stiftung konnte ihr vierzigjähriges Jubiläum frei von Zukunftsängsten, mit einer ambitionierten Vision und unter neuer Leitung feiern.[5]

3. Archivierung: gestern, heute und morgen

Das Spektrum der Sammlung ist seit dem Bestehen der Stiftung das gleiche geblieben. Wir archivieren die Akten von Frauenorganisationen aus der ganzen Schweiz, aber auch Privatnachlässe engagierter Frauen. Dazu kommen eine kleine Fachbibliothek sowie eine thematische und eine biografische Pressedokumentation. Insgesamt entspricht der Bestand etwa einem Laufkilometer; der größte Teil davon ist nach dem Provenienzprinzip und den üblichen archivarischen Standards erschlossen und in einem Archivinformationssystem online durchsuchbar. Es ist uns weiterhin wichtig, die gesamte politische, soziale, thematische und geografische Breite der Frauenbewegungen zu

---

4 Zum Archiv vgl. auch Silvia Bühler u. Ladina Fessler, Die Gosteli-Stiftung. Das Archiv der schweizerischen Frauenbewegung, in: Ariadne. Forum für Frauen und Geschlechtergeschichte, Bd. 77 (2020), 230–243.
5 Vgl. Frauengeschichte im Archiv. 40 Jahre Gosteli-Stiftung, Wettingen 2024, mit Beiträgen u. a. von Ruth Ammann, Caroline Arni, Lina Gafner, Sandra Künzi, Corinne Rufli und Tobias Urech.

dokumentieren.⁶ Die bis ins 19. Jahrhundert zurückreichenden Organisationsbestände umfassen Berufsorganisationen wie die Verbände der Hebammen, Akademikerinnen, bildenden Künstlerinnen oder Bäuerinnen, Ausbildungsstätten wie Pflegerinnenschulen oder Hauswirtschaftsschulen, politische Gruppen und Organisationen von den Radikalfeministinnen bis zu den Gegnerinnen des Frauenstimmrechts, gemeinnützige Organisationen, Interessengruppen und Vereine aller Art, die sich für die Rechte und Förderung von Frauen einsetzen.

Während zu Lebzeiten Marthe Gostelis mancher Archivbestand aus Platznot an andere Einrichtungen weiterverwiesen werden musste, ist heute eine aktive Sammlungstätigkeit möglich. Es ist Teil unserer Arbeit, Frauen zu ermutigen, ihre persönlichen Dokumente aufzubewahren und uns zu übergeben, damit ihr Engagement für die Nachwelt nachvollziehbar bleibt. Sensibilisieren, aktiv auf potenzielle Nachlass- oder Vorlassgeberinnen zugehen, aber auch Grenzen ziehen: Eine Sammlungsstrategie, die unser Profil als Archiv schärft und dennoch offen genug ist für unerwartet Spannendes, wurde 2023 formuliert und online publiziert. Darin bekennt sich das Archiv zum breiten thematischen Interesse am Engagement von Frauen und an der feministischen Bewegung: „Ob sich Frauen für politische Rechte, für hauswirtschaftliche Arbeit, gegen Gewalt, in spezifischen Berufsfeldern oder für andere aus ihrer Sicht wichtige gesellschaftliche Fragen engagiert haben, ist für die Gosteli-Stiftung gleichermassen relevant und interessant. Wir bemühen uns auch um die Archivierung von Beständen von feministischen Bewegungen, die sich vom Begriff ‚Frauen' abgrenzen, wie auch von feministischen Männerorganisationen."⁷ Für die Bewertung von Privatnachlässen ist uns ein kritischer Umgang mit dem Öffentlichkeitsbegriff wichtig: „Die Gosteli-Stiftung wendet in ihrer Sammlungspolitik nicht die üblichen Relevanzkriterien an, die bisweilen nur öffentlichkeitswirksames Engagement als wichtig erfassen. Alle Tätigkeitsfelder von Frauen werden gleichwertig behandelt."⁸ Teilweise setzen wir aber sehr wohl Sammlungsschwerpunkte; so bemühen wir uns derzeit beispielsweise um die Bestände migrantischer Frauenorganisationen und um solche aus der französischsprachigen Schweiz.

Ein Juwel des Gosteli-Archivs ist die seit 1924 gepflegte Sammlung biografischer Notizen, die aktuell etwa 14.000 Dossiers umfasst. Die Journalistinnen Agnes Debrit-Vogel und Gertrud Lüthardt hatten die Sammlung dereinst initiiert, mit dem Ziel daraus ein Frauenlexikon entstehen zu lassen. Seither wurde sie stetig ausgebaut und wird von Forschenden aus Journalismus, Wissenschaft, Archiven und Museen häufig genutzt. 2024 wird diese nunmehr hundertjährige Sammlungstätigkeit beendet, weil die Möglichkeiten der digitalen Recherche gegenüber der analog kuratierten Dokumentation entscheidende Vorteile haben. Auch eine von Marthe Gosteli angelegte,

---

6 Geografisch beschränken wir uns auf die Schweiz und sind darum bemüht, Bestände in allen Landesprachen zu akquirieren und zu erschließen.
7 Sammlungsprofil 2023, Gosteli-Stiftung – Archiv zur Geschichte der schweizerischen Frauenbewegung, 5.
8 Sammlungsprofil 2023, wie Anm. 7.

reichhaltige thematische Sammlung mit Zeitungsausschnitten wird ab 2024 nicht mehr fortgeführt. Beide Sammlungen werden aber zurzeit vollständig im Online-Katalog erschlossen, angereichert mit zusätzlichen Daten und vernetzt mit anderen Datenbanken.[9] Die wertvolle dokumentarische Arbeit der letzten hundert Jahre soll so einer möglichst breiten Öffentlichkeit zugänglich gemacht werden.

Aus urherberrechtlichen und finanziellen Gründen ist es leider nicht möglich, diese beiden Sammlungen sowie andere spannende Bestände zu digitalisieren. Anders verhält es sich in Bezug auf unsere Fotosammlung. Fotos sind im Vergleich zu Papier noch kurzlebiger, so dass sich die Digitalisierung oft schon aus konservatorischen Gründen aufdrängt. Außerdem sind Fotos auch für die Öffentlichkeitsarbeit hilfreich. Schon bald kann man also via Gosteli-Archivkatalog zum Beispiel einen vertieften Einblick in den Arbeitsalltag der Pflege in der ersten Hälfte des 20. Jahrhunderts gewinnen.

Eine weitere digitale Herausforderung für die ganze Archivwelt, besonders aber für Archive mit privater Trägerschaft, ist der Umgang mit digitalen Daten, sogenannten *born digitals*. Da Privatnachlässe und auch Organisationsbestände häufig sehr spät ins Archiv gelangen, werden wir im Unterschied zu staatlichen Archiven zwar noch länger mit Papierablieferungen konfrontiert sein. Zugleich haben aber bereits die ersten Organisationen den Wechsel zur digitalen Ablage und Verwaltung vollzogen und die seit 2019 aktive Streikbewegung funktioniert fast ausschließlich digital. Wir sind also gefordert, in den kommenden Jahren eine Infrastruktur für die digitale Langzeitarchivierung bereitzustellen. Um die Vernichtung oder den Verlust wichtiger digitaler Daten zu verhindern, nehmen wir aber schon heute zuweilen Datenspeicher unterschiedlicher Art entgegen und sorgen für ihre sichere Aufbewahrung.

4. Vom Privathaus zum Ort der Begegnung ...

Die Wände des einstigen Wohnhauses auf dem Gosteli-Gut sind heute alle mit Akten und Büchern verstellt. Nur vereinzelt finden sich Spuren jener Zeit, als Frau Gosteli noch ein Zimmer bewohnte, während in den anderen Räumen bereits Angestellte an Bürotischen arbeiteten und Forschende über Akten brüteten. Damals kümmerten sich die Mitarbeiterinnen der Stiftung nicht nur um die Erschließung der Archivalien und die Betreuung der Benutzer:innen, sondern auch um die betagte Frau und ihren Hund. Wissenschaftler:innen und Studierende diskutierten ihre Vorhaben mit Frau Gosteli, nahmen in der Küche an ihrem Alltag teil und hörten aus ihrem Zimmer den Fernseher, während sie arbeitete. Das Haus war zu Öffnungszeiten auch für Führungen zugänglich – und doch strahlte es viel Privatheit aus. Seit Marthe Gostelis Tod wandelt sich das Archiv mehr und mehr zur öffentlichen Einrichtung.

---

9 Vgl. dazu den Online-Katalog des Archivs, unter: https://gosteli.anton.ch/, Zugriff: 15.1.2024.

Abb. 2: Die Räumlichkeiten des Gosteli-Archivs sind bis unters Dach mit Archivalien gefüllt. Papierablieferungen wie auch vereinzelte Objekte werden die Stiftung noch für viele Jahre beschäftigen. Foto: Adrian Moser, © Gosteli-Stiftung

Doch mit dem Attribut „Forschungsinfrastruktur von nationaler Bedeutung", den Leistungsverträgen mit den Geldgebern und der neuen Sammlungsstrategie veränderten sich auch die Anforderungen an die Infrastruktur. Das Wohnhaus wie auch die angrenzende Garage sind platzmäßig ausgelastet; zudem entsprechen die klimatischen Bedingungen für die Archivalien nicht den professionellen Standards. Derzeit planen wir eine Erweiterung der Räumlichkeiten, damit wir uns weiter aktiv um Nachlässe und Organisationsbestände bemühen, Archivalien fachgerecht lagern sowie unserem Vermittlungsauftrag gerecht werden können. Gleichzeitig soll sichergestellt werden, dass das einstige Bauerngut als offener Ort der Begegnung wahrgenommen und besucht wird. Denn für unser Archiv ist sein Standort, das Haus auf dem Altikofenhügel, Teil der Geschichte, die es erzählen will.

Den Weg ins Gosteli finden schon jetzt nebst Forschenden auch Schulklassen und Gruppen, die am Archiv und seiner Genese interessiert sind. 2023 haben ca. 500 Personen an Führungen teilgenommen. Künftig soll das Gosteli-Archiv noch stärker zu einem Begegnungsort werden. Wir sehen viel Diskussionsbedarf unter Frauen, in der Frauenbewegung sowie in feministischen Zusammenhängen. Wo, wenn nicht hier, umgeben von Quellen, die von vielen Jahrzehnten des politischen Engagements so unterschiedlicher Frauen zeugen, sind Begegnungen und Diskussionen über politische Gräben und zeitliche Dimensionen hinweg möglich?

Zurzeit werden unterschiedliche Dialog-Formate getestet: etwa ein Diskussionsabend in intimer Runde, bei Suppe, Brot und Wein, mit Frauen, die sich sonst nicht begegnen, die aber Ähnliches beschäftigt. Aber auch öffentliche Veranstaltungen, bei denen wir Kunstschaffende einladen, mit unseren Quellen in Interaktion zu treten. Für Schulklassen planen wir eine Online-Plattform, die das Thema „politische Teilhabe" anhand der Geschichte der Frauenbewegung aufnimmt und den Schüler:innen ermöglicht, ihre eigene Position in der Gesellschaft zu reflektieren.

Abb. 3: Veranstaltung anlässlich des 40-jährigen Jubiläums der Gosteli-Stiftung im August 2022, bei der Forschende einem breiten Publikum von ihrer Arbeit im Archiv erzählten. Foto: Sabine Burger, © Gosteli-Stiftung

5. ... und der Geschichte

Wir wollen als Archiv nicht nur Antworten liefern, sondern auch Fragen stellen beziehungsweise zum Fragenstellen anregen. Das Gosteli-Archiv war immer auch ein Ort der politischen Teilhabe, der Weitergabe und -entwicklung von Wissen. Lange Zeit war Marthe Gosteli Dreh- und Angelpunkt der Einrichtung – sie empfing Gäste aus der ganzen Welt in ihrem Haus und sprach über Frauenbewegung und Archivarbeit. Heute ist es ein Team aus acht Mitarbeiterinnen, das gemeinsam und mit viel Leidenschaft die Transformation dieses Ortes vorantreibt – und gleichzeitig seine Geschichtlichkeit hütet. Gemeinsam machen wir uns Gedanken darüber, was dieses Archiv definiert und in Zukunft definieren soll. Darüber, was Frauenbewegung ist und was sie braucht, welche

Erinnerungskultur wir leben und fördern wollen und welchen Beitrag das Gosteli-Archiv dazu leisten kann. Wir möchten nicht nur Speicher sein, sondern von Frauen erzählen und Frauengeschichte fördern. Wir empfangen Dozierende und Studierende, geben Einführungen in die Archivarbeit und leisten erste Recherchen für Forschende. Durchschnittlich betreuen wir jährlich rund 500 schriftliche oder mündliche Anfragen sowie Benutzer:innen vor Ort. Seit 2022 führen wir in Kooperation mit verschiedenen Institutionen[10] die „Gosteli-Gespräche" durch, ein Tagungsformat, das eine Brücke zwischen Aktualität und Frauengeschichte schlägt, Forschung sichtbar machen und Forschungsfelder vernetzen will, die bislang wenig miteinander im Gespräch waren, so etwa 2022 unter dem Titel „Staying with the Trouble: Frauengeschichte heute"[11], 2023 zum Thema „Reproduktive Gerechtigkeit. Eine interdisziplinäre Debatte über Zwang, Freiheit, Mutterschaft und Frauenbewegung"[12]. Ebenfalls 2023 haben wir Forschungsstipendien ausgeschrieben und wurden von der großen Anzahl qualitativ hochwertiger Einreichungen überrascht: Der Bedarf an Fördermitteln im Feld ist groß. Wir konnten sieben Projekte auswählen und freuen uns darauf, mithilfe der Forschenden noch sichtbarer zu machen, wie breit das thematische Spektrum unserer Archivalien ist.

Archivierung, Forschung, Vermittlung: All unsere Tätigkeitsfelder konnten wir in den letzten Monaten dank der neuen Finanzierungsgrundlage weiterentwickeln. Das empfinden wir als große Chance, aber auch als Herausforderung. In der kleinen Schweizer Archivwelt ist die Hilfsbereitschaft glücklicherweise groß und der Vernetzungsgrad hoch. So arbeiten wir beispielsweise eng mit dem Schweizerischen Sozialarchiv in Zürich zusammen, aber auch mit verschiedenen universitären Instituten. Gemeinsam organisieren wir Veranstaltungen, tauschen *Know-how* aus oder prüfen die Möglichkeit gemeinsamer Infrastrukturen im digitalen Bereich. Auch der Austausch und die Kooperation mit verschiedenen kleinen, regionalen Frauenarchiven ist uns wichtig, weshalb wir letztes Jahr die Interessengemeinschaft Frauenarchive gegründet haben. Im laufenden und kommenden Jahr möchten wir unsere Fühler vermehrt nach Europa ausstrecken, um auch dort unser Interesse an Vernetzung und Zusammenarbeit zu artikulieren. Wir freuen uns, so einen Beitrag zur schweiz- und europaweiten Ge-

---

10 Seit 2022 haben wir für die Gosteli-Gespräche mit dem Interdisziplinären Zentrum für Geschlechterforschung und dem Historischen Institut der Universität Bern sowie mit dem Historikerinnennetzwerk Schweiz zusammengearbeitet. Um die gesamtschweizerische Bedeutung unseres Archivs zu unterstreichen, möchten wir die Gespräche künftig auch an anderen Orten der Schweiz durchführen.
11 Vgl. Frauengeschichte, wie Anm. 5, Tagungsbericht von Ruth Amman, unter: https://www.infoclio.ch/de/gosteli-gespr%C3%A4che-2022-%E2%80%93-staying-trouble-frauengeschichte-heute, Zugriff: 15. 1. 2024.
12 Vgl. Joana Burkart, Tagungsbericht. Gosteli-Gespräche 2023, in: Genderstudies. Zeitschrift des interdisziplinären Zentrums für Geschlechterforschung IZFG, 39 (Herbst 2023), 17–19; Jennifer Burri, Gosteli-Gespräche 2023. Reproduktive Gerechtigkeit. Eine interdisziplinäre Debatte über Zwang, Freiheit, Mutterschaft und Frauenbewegung, in: infoclio.ch Tagungsberichte, 7. 9. 2023, unter: https://www.doi.org/10.13098/infoclio.ch-tb-0301, Zugriff: 19. 1. 2024.

nerierung, Vermittlung und Verknüpfung von Wissen in den Feldern Frauengeschichte und Geschichte der Frauenbewegung leisten zu können. Zahlreiche wichtige Brücken können so gestärkt werden: zwischen Archivar:innen und Historiker:innen, zwischen wissenschaftlicher Forschung, Bewegung und Öffentlichkeit, zwischen Sprachen und Ländern sowie zwischen Frauenorganisationen und Aktivistinnen unterschiedlicher politischer Couleur.

Sandra Maß und Xenia von Tippelskirch

In memoriam Regina Schulte (1949–2024)

Im Februar dieses Jahres ist Regina Schulte, langjährige Mitherausgeberin von „L'Homme. Z. F. G.", nach schwerer Krankheit verstorben. Seit 1995 prägte sie die Arbeit im Herausgeberinnengremium, indem sie mit Karin Hausen und Ute Gerhard zur ersten Erweiterung des Wiener Herausgeberinnenkreises um Edith Saurer und Christa Hämmerle beitrug und die Internationalisierung der Zeitschrift förderte. Unter ihrer Mitarbeit erschienen zahlreiche Themenhefte: 1997 „Höfische Welt", 2002 „Die Liebe der Geschwister", 2007 „Dienstbotinnen", 2010 „Prostitution", 2019 „Fall – Porträt – Diagnose". Ihr letztes Heft „Verstörte Sinne", das sie gemeinsam mit Ulrike Krampl herausgegeben hat, erschien 2020. Wir haben sie in all diesen Jahren als kritische und anregende Kollegin erlebt, die auch über die konkrete Arbeit an einzelnen Heften hinaus die Zeitschrift konzeptionell und strategisch mitentwickelt hat. Regina Schulte interessierten ungewöhnliche Zugänge, sie war neugierig und großzügig. Wissenschaftliche Konjunkturen verfolgte sie gespannt, ohne sich jemals von Modethemen einengen zu lassen.

Geboren 1949 auf einem westfälischen Bauernhof in der Nähe von Paderborn, studierte sie an den Universitäten Bonn und München Geschichte, Germanistik und Sozialkunde und promovierte bei Karl Bosl an der Ludwig-Maximilians-Universität München zur Geschichte der Prostitution.[1] Die Jahre von 1982 bis 1984 verbrachte sie am Deutschen Historischen Institut in London. Während dieser Zeit knüpfte sie enge Kontakte zu britischen Historiker*innen im Umfeld des „History Workshop Journal" wie etwa Miranda Chaytor, Michael und Lyndal Roper sowie Leonore Davidoff, mit deren Ansätzen sie sich intensiv auseinandersetzte. Im Anschluss war Regina Schulte an der Technischen Universität Berlin tätig, wo sie sich 1988 mit einer historisch-anthropologischen Arbeit zum dörflichen Leben von Mägden und Knechten, Bauern und Bäuerinnen sowie von Tagelöhnerfamilien habilitierte. In dieser Studie beschrieb sie – selbstreflexiv wie es für sie typisch war – ihre auktoriale Position als ethnologische Beobachterin: „Oft hat sich dabei das Dorf des 19. Jahrhunderts ferner und fremder

---

1 Regina Schulte, Sperrbezirke. Tugendhaftigkeit und Prostitution in der bürgerlichen Welt, Frankfurt am Main 1979.

herausgestellt, als es die mir vertrauten Verhältnisse nahelegten und als es eine Ansicht der unwandelbaren Traditionalität bäuerlicher Verhältnisse wahrhaben will."[2] Diese Fremdheit forderte sie als Historikerin heraus und verlangte nach genauer Interpretation. Nach einer Gastprofessur an der Cornell Universität im Jahr 1992 lehrte sie von 1993 bis 2014 als Professorin für Neuere und Neueste Geschichte/Geschlechtergeschichte an der Fakultät für Geschichtswissenschaft der Ruhr-Universität Bochum, wo sie an der Etablierung des Studiengangs *Gender Studies* entscheidend mitwirkte. Im Zeitraum von 1998 bis 2003 war sie als Professorin für *European History and Women's and Gender Studies* am Europäischen Hochschulinstitut in Florenz tätig. Dort leitete sie unter anderem ein interdisziplinäres Projekt zur europäischen Geschichte der höfischen Welt, befasste sich eingehend mit dem Medium des Briefes und beteiligte sich an Forschungen zu Dienstbot*innen.[3]

Regina Schultes Studien kreisen um Körpererfahrungen, Alltagsgeschichte und moralische Ökonomien. Sie hatte früh Michel Foucault gelesen, war mit den alten und neuen Spielarten der Psychoanalyse vertraut und suchte nach den Zumutungen der bürgerlichen Gesellschaft: auf dem Land, in den Kliniken, auf der Straße und in der Sexualität. Die Akten der bürgerlichen Kontrollinstanzen, seien es jene der Sittenpolizei, der Gerichte oder der Mediziner, ermöglichten ihr einen Blick auf historische Personen, die eindeutig nicht im Zentrum der Macht standen. Aber sie schrieb nie Enthüllungsgeschichten, betrachtete nie einzelne Heldinnen im Widerstand. Schlichter Marxismus war ihre Sache nicht. Die von ihr untersuchten Frauen und Männer kämpften zwar immer wieder mit dem Leben, mit der Herrschaft und den gesellschaftlichen Verhältnissen, in denen sie sich bewegten. Aber viele scheiterten, einige verhielten sich resilient, manche schlugen ihrem Schicksal mit Bauernschläue ein Schnippchen. In ihren Spurensuchen zur „verkehrten Welt des Krieges" beschäftigte sie sich mit unbekannten Landarbeitern in Niederbayern, mit der Marketenderin Courasche und bekannten Persönlichkeiten wie Käthe Kollwitz.[4] Mit großer Sorgfalt nahm sie die Subjekte der Geschichte ernst, rekonstruierte die Logiken ihres Handelns, ihren Alltag und ihre Emotionen. Ihre Akteure und Akteurinnen gingen nie in den sie prägenden Strukturen auf. Regina Schulte rekonstruierte vielmehr, wie subjektives Erfahren und Handeln diese Strukturen schufen und veränderten. An Geschlechterbeziehungen interessierte sie das Prozesshafte und die Momente der Unentschiedenheit. Sie wollte nicht, „daß die Menschen als von den objektiven Strukturen der Gesellschaft erschlagen erscheinen und daß schließlich die menschlichen Gesichter aus

---

2 Regina Schulte, Das Dorf im Verhör. Brandstifter, Kindsmörderinnen und Wilderer vor den Schranken des bürgerlichen Gerichts, Hamburg 1989, 30 (engl. Cambridge UP 1994).
3 Regina Schulte (Hg.), Der Körper der Königin. Geschlecht und Herrschaft in der höfischen Welt, Frankfurt am Main 2002 (engl. Berghahn 2006).
4 Regina Schulte, Die verkehrte Welt des Krieges. Studien zu Geschlecht, Religion und Tod, Frankfurt am Main 1998.

ihnen verschwinden".⁵ Noch in ihrem letzten Text über eine „verschrobene" Missionarstochter interessierten sie die verschiedenen Formen der „Nichtintegrierbarbeit".⁶

Regina Schulte beschränkte ihre Neugierde nicht auf Angehörige der sogenannten Unterschichten, sondern richtete ihre Aufmerksamkeit auch auf Königinnen und adelige Frauen. In ihren Studien rückte sie deren Körperlichkeit in den Fokus, rekonstruierte aus historisch-anthropologischer Perspektive die Erfahrungen, Vorstellungswelten und Zwänge, denen diese politischen und physiologischen Körper unterworfen waren.⁷ Deutsche Neuzeithistoriker*innen wagen es selten, zur Frühen Neuzeit zu publizieren. Regina Schulte hat sich durch solche arbiträren Einteilungen nicht bremsen lassen. Sie untersuchte die Regeln, denen Königinnen an europäischen Höfen unterworfen waren, etwa am Beispiel von Victoria und Elizabeth I. in England oder Marie-Antoinette in Frankreich. Die vor allem durch Ernst Kantorowicz hervorgehobene historiografische Denkfigur der zwei Körper des Königs, die sich auf die durch elisabethanische Juristen entwickelte Unterscheidung in *body politic* und *body natural* bezog, stellte sie produktiv in Frage. Sie argumentierte, dass *weibliche* königliche Bilder und Biografien weitaus vielschichtiger und widersprüchlicher waren als die dichotome Struktur von ‚politisch' und ‚natürlich' suggeriert und dass eine Gleichung politisch-männlich versus natürlich-weiblich viel zu kurz greift.

Unabhängig davon, ob sie zum königlichen Hof oder zu den Schützengräben des Krieges forschte: Intersektionalität war für sie zentral, auch wenn der Begriff in den 1980er und 1990er Jahren noch nicht existierte. Und noch eine Konstante wurde über die Jahre ihres Schreibens immer deutlicher sichtbar: Als Historikerin verfolgte Regina Schulte stets die Frage, warum wir etwas wissen. Jedes Thema befragte sie akribisch nach Form und Struktur der überlieferten Quelle, seien es Gerichtsakten, Briefe, Abbildungen oder ein Anamnesebogen aus einer psychiatrischen Anstalt. Viele ihrer Schriften durchzieht die Frage, wie die Form der Überlieferung unser Wissen strukturiert.⁸ Die Wissensproduktion selbst wurde zum Kern der Untersuchung. So nutzte sie etwa die dialogisch angelegte Quellengattung Brief als inspirierende Möglichkeit, um in dynamische familiäre Beziehungen einzutauchen.⁹ Ihre bevorzugte wissen-

---

5 Regina Schulte, Dorf im Verhör, wie Anm. 2, 285.
6 Regina Schulte, „geteilt, und zwar ganz genau in der Mitte". Die unmögliche Heimkehr der Missionarstochter Else Terra Flex, in: L'Homme. Z. F. G., 30, 1 (2019), 69–90, 69.
7 Regina Schulte, Der Körper der Königin – konzeptionelle Annäherungen, in: dies., Der Körper der Königin, 13; dies., Der Aufstieg der konstitutionellen Monarchie und das Gedächtnis der Königin, in: Historische Anthropologie, 6, 1 (1998), 76–103.
8 Vgl. zur Bedeutung mündlicher Überlieferung: Regina Schulte, Gerede und Arbeit im Dorf, in: Historische Anthropologie, 20, 1 (2012), 76–89; dies., „Es bleibt mir nichts anderes übrig, als daß ich ein Feuer entzünde und hineinspringe": Ein Geheimnis im dörflichen Gerede und die Wiederherstellung der sittlichen Ordnung, in: Zeitsprünge, 6 (2002), 369–380.
9 Regina Schulte, „… denn mit einem Amte und einem lieben Weibe ist man fertig in dieser Welt". Hegel heiratet Marie von Tucher, in: Historische Anthropologie, 17, 3 (2009), 345–359; dies., Männlicher Selbstentwurf und weibliche Bescheidung. Johann Gustav Droysen in Briefen an seine

schaftliche Textgattung war der Aufsatz, mit dem sie empirisch dicht gearbeitet ganze wissenschaftliche Felder aufschließen konnte. Viele ihrer Aufsätze wurden auch ins Englische übersetzt.

Für ihre Schülerinnen und Schüler war Regina manchmal eine Herausforderung. Sie konnte intellektuelle Schwindelgefühle hervorrufen. Sie forderte beständig dazu auf, das gewählte Thema neu zu positionieren, keine theoretischen Ungetüme zu errichten, sondern Theorie und Empirie miteinander zu verweben. Auch reflektierte sie stets über die Fangstricke historischer Narrative – inklusive feministischer Gründungsmythen – und legte die Konstruiertheit der eigenen Arbeit offen. Ihre Literaturempfehlungen waren auf den ersten Blick häufig überraschend, auf den zweiten Blick waren die Verknüpfungen, die sich daraus ergaben, äußerst produktiv. Bei ihr gab es keinen fest gefügten Kanon, keine fest umgrenzten Epochen und keine disziplinären Einschränkungen. Viele Studierende haben erst bei ihr erfahren, wie viel Freude die Geschichtswissenschaft machen kann. Ein ehemaliger Student beschrieb uns das so: Regina habe in ihren Seminaren „einen wunderbar wilden und offenen Denkraum geschaffen, in dem wir uns das erste Mal akademisch ausprobieren konnten". Sie kümmerte sich intensiv um ihre zahlreichen Doktorand*innen und bezog sie mit großer Selbstverständlichkeit in ihre europäischen Netzwerke innerhalb der Geschichtswissenschaft und Anthropologie mit ein. Dabei ließ sie ihren Schüler*innen ebenso wie ihren Kolleg*innen Freiräume, förderte mit großem Vertrauen und konstruktiven kritischen Nachfragen, die lange nachhallten.

Regina Schulte hinterlässt eine schmerzliche Lücke, als Herausgeberin, als originelle Denkerin, als geschätzte Kollegin, als gute Freundin und als loyale Unterstützerin.

Schwestern, in: Klaus Ries (Hg.), Johann Gustav Droysen. Facetten eines Historikers, Stuttgart 2010, 161–176.

Christina Holzmann

Geschlecht vor Gericht. Norwegische Kollaborationsprozesse und Geschlechterordnung nach dem Zweiten Weltkrieg

Unmittelbar nach dem Ende der nationalsozialistischen Okkupation Norwegens (1940–1945) begann die Aufarbeitung der Besatzung durch ein sogenanntes *Rettsoppgjør*. Diese „rechtliche Aufarbeitung" – so die wörtliche Übersetzung – hatten die norwegische Exilregierung und die Führung des Widerstands bereits während des Kriegs vorbereitet. Zahlreiche kollaborative Handlungen wurden als „Landesverrat" mit Haft- oder Geldstrafen sowie dem Verlust von Bürgerrechten belegt.[1] Gesetzlicher Dreh- und Angelpunkt aller Tatbestände war, ob eine Person durch ihre Zusammenarbeit mit den Deutschen dem Feind in „Rat und/oder Tat Beistand geleistet" hatte.[2] Viele Menschen erhielten Strafen wegen ökonomischer Kollaboration, das heißt bezahlter Tätigkeiten für die Besatzungsmacht, die Mehrheit hingegen wegen politischer Kollaboration, meist wegen Mitgliedschaft in der nationalsozialistischen Partei Nasjonal Samling, die eng mit den Deutschen zusammenarbeitete.[3] Im europäischen Vergleich ist diese generelle Strafbarkeit der Parteimitgliedschaft einzigartig.[4] Intime Beziehungen zu den Besatzern hingegen waren kein Tatbestand und wurden dementsprechend nicht strafrechtlich verfolgt – anders als etwa in Frankreich.[5]

Die Verfahren wurden von den regulären norwegischen Strafverfolgungsbehörden durchgeführt und per Gerichtsurteil oder Strafbescheid beschlossen. Von 1945 bis etwa 1952 waren knapp 93.000 Personen in Norwegen von Ermittlungen betroffen, rund

---

1 Auch die Todesstrafe wurde wieder eingeführt. Vgl. Baard H. Borge u. Lars-Erik Vaale, Grunnlovens største prøve. Rettsoppgjøret etter 1945 [Des Grundgesetzes größte Probe. Die Kollaborationsprozesse nach 1945], Oslo 2018², 24–58.
2 Almindelig borgerlig Straffelov af 22de mai 1902 [Allgemeines bürgerliches Strafgesetz vom 22. Mai 1902], § 86.
3 Vgl. Stein U. Larsen, The Settlement with Quisling and His Followers in Norway. Denazification as a Legal – and a Political – Process, in: ders. u. Bernt Hagtvet (Hg.), Modern Europe after Fascism. 1943 –1980s, Bd. 2, New York 1998, 1512–1561, 1520–1543.
4 Vgl. Anika Seemann, The Quislings. The Trials of Norwegian Wartime Collaborators, 1941–1964, Cambridge 2024, 217.
5 Intime Beziehungen kriminalisierte auch das französische Recht nicht, in der Praxis legten die Gerichte sie aber oft als strafbar aus, vgl. Fabrice Virgili, Shorn Women. Gender and Punishment in Liberation France, Oxford 2002, 17–21.

49.000 davon wurden verurteilt. Der Frauenanteil lag jeweils bei etwa einem Drittel[6] – ein hoher Prozentsatz im internationalen Vergleich. In einem Forschungsprojekt untersuche ich das *Rettsoppgjør* aus geschlechterhistorischer Perspektive.[7] Die Analyse strafrechtlicher Verfahren gegen Kollaborateurinnen zeigt, wie normative Geschlechterrollen und davon abgeleitete moralisierende Bewertungen weiblichen Verhaltens auf die Rechtsprechung einwirkten und umgekehrt von dieser bestätigt wurden – was Folgen für die norwegische Nachkriegsgesellschaft hatte.

1. Das *landssvikarkivet*

Die in den Kollaborationsprozessen entstandenen Verfahrensakten stellen einen reichen Fundus für die historische Forschung dar. Rund 90.000 von ihnen liegen als *landssvikarkivet* (Landesverratsarchiv)[8] im Reichsarchiv in Oslo und sind seit 2015 frei zugänglich. Die Akten enthalten neben Urteilsschriften und Strafbescheiden auch Vernehmungsprotokolle, Anklageschriften, Begnadigungsgesuche, private und behördliche Korrespondenz, Auszüge aus Melde- und Strafregistern, Beweismittel sowie Fotografien. An sie kann eine Vielzahl von Fragen zur Okkupation und Kollaboration, zur Praxis der Ermittlungs- und Gerichtsverfahren, zur Stimmung und Alltagsrealität der Besatzungs- und Nachkriegszeit und nicht zuletzt zu Einzelschicksalen gerichtet werden.

Die Forschung hat die *landssvik*-Akten bislang vornehmlich für rechts-, politik- und wirtschaftshistorische Arbeiten zur norwegischen Besatzungs- und Nachkriegszeit herangezogen.[9] Ergänzend dazu möchte ich im vorliegenden Beitrag nun anhand eines konkreten Fallbeispiels das große Potenzial dieser Quellen für die Geschlechtergeschichte aufzeigen. Die Akten geben nicht nur Aufschluss über Wirkung und Deutung der Kategorie Geschlecht in den Strafprozessen, sondern ermöglichen auch Einblicke in gegenderte Diskurse sowie soziale Praktiken und gewähren somit Rückschlüsse auf die gesellschaftliche Geschlechterordnung.

---

6 Vgl. Statistisk Sentralbyrå, Statistikk over landssvik 1940–1945 [Statistik über Landesverrat 1940–1945], Oslo 1954; Borge/Vaale, Grunnlovens, wie Anm. 1, 64.
7 Das am Institut für Zeitgeschichte München–Berlin angesiedelte Projekt „Die norwegischen Kollaborationsprozesse (*Rettsoppgjør*) nach dem Zweiten Weltkrieg in gendergeschichtlicher Perspektive" wird als Dissertation an der Ludwig-Maximilians-Universität München durchgeführt, vgl. https://www.ifz-muenchen.de/forschung/ea/forschung/die-norwegischen-kollaborationsprozesse-rettsoppgjoer-nach-dem-zweiten-weltkrieg-in-gendergeschichtlicher-perspektive, Zugriff: 2. 8. 2023.
8 Riksarkivet (RA), S-2S-12409 Landssvikarkivet, unter: https://www.arkivportalen.no/contributor/no-a1450-01000001390415?ins=RA, Zugriff: 3. 8. 2023.
9 Vgl. z. B. verschiedene Beiträge in Hans F. Dahl, Øystein Sørensen (Hg.), Et rettferdig oppgjør? Rettsoppgjør i Norge etter 1945 [Eine gerechte Aufarbeitung? Die Kollaborationsprozesse in Norwegen nach 1945], Oslo 2004.

2. Ökonomische Kollaboration und Geschlecht

Die Okkupation verschob die politischen und gesellschaftlichen Machtverhältnisse, eröffnete der norwegischen Bevölkerung aber auch neue Handlungsräume, die Männer wie Frauen nutzten. Aufgrund des großen Arbeitskräftebedarfs der Besatzungsmacht traten Frauen verstärkt aus der häuslich-familiären Sphäre heraus, um einen Job bei den Besatzungsorganen anzunehmen. Das setzte die bestehende Geschlechterordnung unter Druck.[10]

Als Norm galt ungebrochen die geschlechterbinäre Arbeitsteilung. Damit verbunden war die Vorstellung, der Mann sei der Familienernährer, während der Frau die häuslich-familiäre Fürsorgearbeit obliege.[11] Diese geschlechtsspezifischen Rollenbilder beeinflussten auch die Urteilspraxis. Bei der Bewertung von ökonomischer Kollaboration prüften die Gerichte, ob eine Tätigkeit für den Lebensunterhalt finanziell notwendig gewesen war. Vor diesem Hintergrund erhielten Männer in der Praxis häufig nur geringe oder gar keine Strafen für ein solches Vergehen. So etwa die rund 175.000 sogenannten Deutschenarbeiter, die für lukrative Löhne Flugplätze, Militärhäfen und Straßen für die Besatzer gebaut hatten[12]: Sie seien, so das Argument, auf den Lohn angewiesen gewesen, um ihre Familien zu versorgen.[13] In dieser Begründung spiegeln sich die normativen Geschlechterideale wider. Anhand des Tatbestands ökonomischer Kollaboration wurde nicht nur die Strafbarkeit bestimmter Aktivitäten während der Besatzung verhandelt, sondern auch die geltende Geschlechterordnung.

Das zeigt der Fall einer Malermeistergattin aus Bergen, Hausfrau und Mutter dreier Kinder. Sie war der Anklageschrift zufolge während des Kriegs passives Mitglied der Nasjonal Samling und hatte von September 1940 bis Kriegsende für die Wehrmacht und die Organisation Todt als Bürohilfe gearbeitet. 1946 stand die damals 38-Jährige vor Gericht.[14] Zu ihrer Verteidigung gab sie an, ihr Mann habe die Familie mit seinem Verdienst nicht ernähren können. Um zum Familieneinkommen beizutragen, habe sie

---

10 Vgl. Maria Fritsche, Spaces of encounter. Relations between the occupier and the occupied in Norway during the Second World War, in: Social History, 45, 3 (2020), 360–383.
11 Vgl. Kari Melby, Husmortid. 1900–1960 [Hausfrauenzeit. 1900–1960], in: Gro Hagemann u. a. (Hg.), Med kjønnsperspektiv på norsk historie [Geschlechterperspektive auf norwegische Geschichte], Oslo 2019, 327–429.
12 Vgl. Harald Espeli, Det økonomiske forholdet mellom Tyskland og Norge 1940–45 [Das wirtschaftliche Verhältnis zwischen Deutschland und Norwegen 1940–45], in: Hans F. Dahl u. a. (Hg.), Danske tilstander, norske tilstander. Forskjeller og likheter under tysk okkupasjon 1940–45 [Dänische Verhältnisse, norwegische Verhältnisse. Unterschiede und Gemeinsamkeiten unter deutscher Besatzung 1940–45], Oslo 2010, 135–166, 142.
13 Vgl. Ole Kolsrud, The Treason Trials in Norway after the German Occupation. Harsh, Just or Lenient?, in: Robert Bohn u. Jürgen Elvert (Hg.), Kriegsende im Norden. Vom heißen zum kalten Krieg, Stuttgart 1995, 133–142, 138.
14 Vgl. RA, S-3138, Bergen pkm, Dnr. 112, Tiltalebeslutning 6.2.1946.

deshalb nach Rücksprache mit ihm im Herbst 1940 eine Stelle als Bürokraft bei der Wehrmacht angetreten.[15]

Die Geschworenen, allesamt Männer, argumentierten jedoch, der Ehemann habe genug verdient, um die Familie zu versorgen. Es habe also „für die Angeklagte keine Notwendigkeit [bestanden], Arbeit bei den Deutschen anzunehmen". Damit stuften sie ihr „Verhalten als rechtswidrig und unangemessen" ein und verurteilten die Frau zu sechs Monaten Gefängnis und zum Verlust von Bürgerrechten, darunter das Wahlrecht, für zehn Jahre.[16]

Warum scheiterte die Frau – anders als viele männliche „Deutschenarbeiter" – mit ihrer Verteidigungsstrategie, die Kollaboration sei aus finanzieller Notwendigkeit heraus erfolgt? Die Urteilsbegründung führt als strafverschärfendes Moment an, die 38-Jährige habe „sich mit einer deutschen Militärperson eingelassen".[17] Tatsächlich hatte die Angeklagte ausgesagt, ihre längst zerrüttete Ehe sei 1941 geschieden worden. Daraufhin habe sie eine eigene Wohnung gemietet und zur Finanzierung ihres Lebensunterhalts bis Kriegsende weiter für die Deutschen gearbeitet. Später habe sie sich mit einem deutschen Wehrmachtsunteroffizier verlobt. Um die Kinder habe sich ihr geschiedener Ehemann gekümmert. Unterhaltszahlungen habe sie nicht von ihm gefordert. Vielmehr habe sie ihm finanzielle Unterstützung angeboten, die er jedoch abgelehnt habe.[18] Ihr Mann hingegen hatte bei seiner Vernehmung angegeben, sein Gehalt habe für die Familie ausgereicht, weshalb er seiner Ehefrau die Tätigkeit bei den Deutschen untersagt habe. Darüber habe sie sich hinweggesetzt. Von der Trennung habe er einige Monate später durch einen Brief seiner Frau erfahren. Ihr Unterhaltsangebot an ihn erwähnte er nicht.[19]

Für die Malermeistergattin eröffnete die Lohnarbeit also die Chance, die ihr vorgegebene Rolle als Ehefrau, Mutter und Hausfrau aufzubrechen und nach Unabhängigkeit zu streben. In einer patriarchalen Gesellschaft konnte ein solches Übertreten der Grenzen normativer Weiblichkeit zu Konflikten führen. Die Angeklagte hatte gesellschaftliche Erwartungen enttäuscht, die das Verhalten von Frauen betrafen: Anstatt sich als Ehefrau dem männlichen Familienernährer unterzuordnen sowie Kinderbetreuung und Haushalt zu übernehmen, hatte sie sich gegen den Willen ihres Mannes durch eigene Arbeit finanziell unabhängig gemacht, die Trennung beschlossen und ihrer Ehe und Familie den Rücken gekehrt. Schließlich hatte sie ihrerseits finanzielle Unterstützung für die Versorgung der beim Ehemann verbliebenen Kinder angeboten. Damit maßte sie sich männliche Entscheidungsmacht und die Versorger-

---

15 Vgl. RA, S-3138, Bergen pkm, Dnr. 112, Rapport 5. 1. 1946.
16 Vgl. RA, S-3138, Bergen pkm, Dnr. 112, Avskrift av rettsbok for Bergen Byrett 12. 3. 1946, wörtliche Zitate ebd., Übersetzung durch die Autorin.
17 RA, S-3138, Bergen pkm, Dnr. 112, Avskrift av rettsbok for Bergen Byrett 12. 3. 1946.
18 Vgl. RA, S-3138, Bergen pkm, Dnr. 112, Rapport 31. 10. 1945; ebd., Rapport 13. 12. 1945; ebd., Rapport 5. 1. 1946.
19 Vgl. RA, S-3138, Bergen pkm, Dnr. 112, Rapport 17. 12. 1945.

rolle an, während sie die Kinderbetreuung ihrem Mann zuschob. Dadurch stellte sie nicht nur ihre eigene Rolle infrage, sondern auch die Männlichkeit ihres ehemaligen Partners.

Dass der Ehemann finanzielle Unterstützung durch seine Frau ablehnte und den Behörden dieses Detail verschwieg, überrascht demnach nicht, machten doch Scheidung und Unterhaltsangebot sichtbar, dass er als Familienversorger versagt hatte. Das entschlossene Handeln seiner Frau ließ ihn als Mann unfähig und defizitär erscheinen. Entsprechend versuchte er, dem Eindruck, er habe diesem passiv und ohnmächtig – also unmännlich – gegenübergestanden, entgegenzutreten, indem er sich als pflichtbewussten Ehemann, potenten Versorger und resoluten Entscheidungsträger präsentierte. Ein Fehlverhalten konnte dieser Darstellung nach allein der Frau angelastet werden.

Das Gericht folgte der Schilderung des Ehemanns unhinterfragt und gewichtete dessen Glaubwürdigkeit somit höher als die der Angeklagten. Damit übernahmen die Geschworenen klar die männliche Perspektive auf das Verhalten der Frau. Sie bewerteten ihre Entscheidung, für die Deutschen zu arbeiten, als eigensinnige Weigerung, sich dem Familienoberhaupt unterzuordnen und die für sie vorgesehenen Aufgaben der Kinderbetreuung und Haushaltsführung zu übernehmen. Dass die Frau so handelte, deuteten sie zugleich als eigentlichen Grund für die spätere Verlobung mit dem Wehrmachtsunteroffizier. Bezeichnend ist die Empörung des Gerichts darüber, dass der Ehemann per Post vom Scheitern seiner Ehe erfahren musste. Die Geschworenen solidarisierten sich also mit dem geschiedenen Mann und betrachteten ihn als den durch die Kollaboration seiner Ehefrau eigentlich Geschädigten. Aus dieser Perspektive führte das normativ abweichende Verhalten der Frau direkt zum Fehlverhalten der Kollaboration – und bedeutete somit eine Gefahr für die Nation.

Obwohl nach geltender Rechtsauffassung das Privatleben der Frau strafrechtlich nicht relevant war, bezogen es die Geschworenen in die Abwägung des Strafmaßes mit ein. Sie vermengten den Tatbestand der „Deutschenarbeit" mit den privaten Entscheidungen der Angeklagten. Statt einer strafrechtlich definierten Handlung verurteilten sie moralisches Verhalten. Vorstellungen von normativer Weiblichkeit wirkten so vor Gericht bis in die Urteilsfindung hinein. Das erklärt die vergleichsweise hohe Strafe.

Angesichts der zentralen Rolle des *Rettsoppgjør* für den demokratischen Wiederaufbau Norwegens hatte der Einfluss normativer Geschlechterideale auf die Urteilspraxis weitreichende Folgen. Indem die Gerichte kollaborierende Frauen dafür bestraften, dass sie die Grenzen der vorgegebenen Geschlechterrollen übertreten hatten, bestätigten sie die generelle Gültigkeit ebendieser Geschlechterrollen und nahmen so auf die Geschlechterordnung der Nachkriegszeit Einfluss.

Die Analyse der *landssvik*-Akten mit Fokus auf die Kategorie Gender ermöglicht somit ein komplexeres Verständnis von Kollaboration und *Transitional Justice*. Das enorme Potenzial dieser Quellen beschränkt sich jedoch nicht auf geschlechterhistorische Themen, sondern gilt auch für die Untersuchung anderer Fragen der Intersektionalität.

Teresa Phipps und Deborah Youngs (Hg.), **Litigating Women. Gender and Justice in Europe, c.1300–c.1800**, London/New York: Routledge 2022, 252 S., ca. EUR 50,–, ISBN 9780367230289.

Frauen erschienen vor Gericht – als Klägerinnen, Beklagte und Zeuginnen. Das ist der erste gemeinsame Nenner der Beiträge, deren untersuchte Räume – das Mittelalter und die Frühe Neuzeit umfassend – von Marseille, Lyon und Paris über die Niederlande, England, Irland und Schottland bis Schweden, zu den Ländern der Böhmischen Krone und ins südliche Tirol reichen.

Zugleich treten die Autor*innen auch an, die bisherige Forschung zur Justiznutzung von Frauen kritisch zu hinterfragen und Befunde neu zu diskutieren. Ganz augenfällig führt das Julie Hardwick unter dem sprechenden Titel „Hidden in plain sight" vor. Die in den Archives Départmentales du Rhône in Lyon zahlreich erhaltenen, unter dem Betreff „déclarations de grossesses" (Schwangerschaftserklärungen) abgelegten Akten hat die Forschung aufgrund der Zuordnung zum Edikt von 1556 zur Verhinderung heimlicher Schwangerschaften sehr lange als staatliche Maßnahme gesehen, die gut zum Ansatz der Untertanendisziplinierung passte (S. 210). Stattdessen handelte es sich bei diesen Akten jedoch um die Initiative von Frauen, die im Arbeiter*innenmilieu in vorehelichen Beziehungen schwanger geworden waren und durch die Einforderung einer Entschädigung vom Partner vor Gericht zum einen fast immer Recht bekamen und zum anderen dadurch ihre Ehre wiederherstellen konnten, auch wenn es zu keiner Eheschließung kam. Diese aktive Rolle von Frauen wird häufig mit dem Konzept der *agency* in Verbindung gebracht. Doch warnen die beiden Herausgeberinnen in der Einleitung, dass die übliche Vorstellung von den zwei sich gegenüberstehenden Polen „patriarchy" und „female agency" zu kurz greift und die Komplexität verschleiern würde, insbesondere im Kontext der Justiznutzung (S. 5). Viele Frauen hätten beispielsweise den Gang vor Gericht nicht unbedingt als positiv interpretiert, sondern eher als Zeichen, dass ihre Ansprüche angefochten wurden. Damit seien sie oft dazu gezwungen gewesen, sich Recht zu verschaffen.

Die Autor*innen schauen auch sehr genau hin, wie Frauen vor Gericht tatsächlich auftraten – ob persönlich oder ob sie sich durch eine andere Person vertreten ließen. Je nach Kontext und Komplexität scheinen Frauen und Männer zuweilen Rechtsvertreter mit der Ausarbeitung betraut zu haben, waren aber häufig trotzdem selber bei den Verhandlungen anwesend. Vor allem stellte sich bei einer Vertretung vor Gericht die Frage nach dem Geschlechtsvormund, der in vielen Rechtskontexten für ledige und verheiratete Frauen zwingend als Begleitung vorgesehen war. In Tirol scheint das auch in der Praxis so gehandhabt worden zu sein. Allerdings verweisen Margareth Lanzinger und Janine Maegraith darauf, dass sich Frauen ihren „Anweiser" selbst aussuchen und für jeden Anlass wieder neu wählen konnten (S. 155). Damit hatten sie die Möglichkeit, sich stets die passende Unterstützung zu suchen. In anderen Rechtsräumen sprach die Praxis eine andere Sprache als die Rechtstexte. Selbst die so strikt ausgestaltete *Coverture*-Regelung für Ehefrauen im englischen Recht scheint in der Praxis nicht immer und überall zwingend gewesen zu sein, worauf Peter L. Larson verweist. Auch Mia Korpiola räumt in ihrer Untersuchung zu einer schwedischen Adeligen mit der Vorstellung auf, dass nur verwitwete Frauen eigenständig handeln hätten können, während ledige Frauen unter der Geschlechtsvormundschaft des Vaters und verheiratete Frauen unter jener des Ehemannes gestanden hätten. Sie kann zeigen, dass ihre Protagonistin Elin Johansdotter als verheiratete Frau allein vor Gericht agierte, wie auch deren Stieftöchter als ledige Frauen. Als Witwe nahm sie in einem Rechtsfall ihren zukünftigen Ehemann als Unterstützung mit. Auch Rebecca Mason plädiert in ihrer Untersuchung zum frühneuzeitlichen Glasgow dafür, Witwen nicht nur als eine Gruppe zu begreifen, sondern genauer zu differenzieren. Im Fall von sich wiederverheiratenden Witwen, die mit den Kindern, Stiefkindern oder Verwandten des verstorbenen Ehemanns um Eigentumsrechte stritten, spielte auch der zukünftige Ehemann eine Rolle, dessen Verwaltungsrechte damit berührt wurden.

Susan McDonough beschäftigt sich am Beispiel des spätmittelalterlichen Marseille genauer mit vor Gericht vorgebrachten genderspezifischen Narrativen. Die Witwe Lusieta Bariesse habe sich je nach Ziel ihrer Klage einmal, als sie um Unterhalt für sich und ihre Kinder ansuchte, als schutzsuchende Witwe präsentiert, ein anderes Mal hingegen trat sie gemeinsam mit ihrer Mutter als selbstbewusste Frau auf, um gegenüber der Verwandtschaft ihres verstorbenen Mannes die Position ihrer Herkunftsfamilie zu behaupten.

Interessanterweise konnten Margareth Lanzinger und Janine Maegraith in ihren Quellen keine entsprechenden Narrative finden, was sie sich durch eine eindeutigere Rechtslage als in den bisher skizzierten Räumen und Kontexten erklären. Aufgrund der Gütertrennung hätten Witwen ihr Recht auf ihr eingebrachtes Heiratsgut immer durchsetzen können, daher seien keine geschlechtsspezifischen Narrative notwendig gewesen. Der Selbstdarstellung von Frauen vor Gericht standen Zuschreibungen durch die Richter und Kontrahenten gegenüber. Peter L. Larson kann für den Nordwesten des mittelalterlichen England im Vergleich der Grafschaften Durham und Yorkshire spannende Unterschiede nachweisen. In Yorkshire waren Frauen sehr oft auch Pächterinnen und damit häufig vor Gericht präsent, wohingegen sie in Durham aufgrund des geringeren Landbesitzes kaum in Erscheinung traten. Das wirkte sich auf das gezeichnete Bild der Frauen aus, das in Durham mit Beschreibungen als „scolds" oder „fornicators" sehr negativ ausfiel, wohingegen sie in Yorkshire ähnlich den männlichen Klägern wahrgenommen wurden (S. 119).

Während die meisten Beiträge das Einklagen von Schulden oder Eigentumsansprüchen untersuchen, gehen Kristi DiClemente für das spätmittelalterliche Paris und Chanelle Delameillieure für die frühneuzeitlichen Niederlande in eine andere Richtung. Sie stellen die Einwilligung und den Zwang zur Ehe beziehungsweise die Entführung zum Zweck der Eheschließung in den Mittelpunkt. Auch hier kommt es zu einer Neubewertung der Quellen, wenn man Freiwilligkeit und Zwang nicht als ge-

gensätzlich gegenübergestellt, sondern die Ereignisse kontextgebunden als Prozess betrachtet. Während Kristi DiClemente noch annimmt, dass sich die Frage nach gültig geschlossenen Ehen nach dem Konzil von Trient mit seinen genauen Bestimmungen zur Beiziehung eines Priesters und Zeugen zum Akt der Eheschließung nicht mehr stellen würde, zeigt die Untersuchung von Michaela Antonín Malaníková zu Brünn und Zittau sehr anschaulich, dass sich dieselben Unklarheiten in Form von Eheversprechungsklagen auch in der Neuzeit fortsetzten.

Eine besondere Konstellation weisen die Untersuchungen zu Irland auf. Im Beitrag von Sparky Booker mussten Witwen aufgrund einer ‚falschen' Parteinahme ihrer Ehemänner in den ‚Rosenkriegen' zwischen Lancaster und York Anspruch auf das von der Krone eingezogene Gut erheben. Mary O'Dowd kann zeigen, dass irische Frauen im 18. Jahrhundert nach einem Misserfolg beim lokalen irischen Gericht ans englische Appellationsgericht gingen und dort aufgrund unterschiedlicher Einflussmöglichkeiten Erfolg haben konnten. Das verweist auf die nicht immer eindeutig hierarchisierte Pluralität der Gerichtsinstanzen, bei denen sich Klagen vorbringen ließen – neben lokalen und Appellationsgerichten waren auch kirchliche Gerichte dafür zuständig. Weniger bekannt sind die im Beitrag von Cordelia Beattie genannten Petitionsmöglichkeiten an die „Kanzlei" *(Chancery)* im spätmittelalterlichen England oder an das irische Parlament.

Neben dieser Vielfältigkeit der Gerichtshöfe, Klagen, Länder, zeitlichen Zugriffe, politischen und rechtlichen Kontexte sind es vor allem die theoretischen Debatten in den einzelnen Beiträgen, die eine bereichernde Basis für die weitere Diskussion bereitstellen.

Ellinor Forster, Innsbruck

Liv Helene Willumsen, **The Voices of Women in Witchcraft Trials. Northern Europe** (= Routledge Studies in the History of Witchcraft, Demonology and Magic), London: Routledge 2022, 510 S., ca. EUR 59,–, ISBN 978-1032186177.

Die Literaturwissenschaftlerin und Historikerin Liv Helene Willumsen legt mit dieser Monografie ihr Spätwerk vor, in das auch bereits publizierte Ergebnisse einfließen. Präsentiert werden 24 „voices of women in witchcraft trials", die aus einem von der Autorin festgelegten „nördlichen Europa" stammen. Dazu zählt sie die Spanischen Niederlande, Norddeutschland, Dänemark, Schottland, England, Norwegen, Schweden und Finnland. Aus jeder der angesprochenen territorialen Einheiten beziehungsweise den untersuchten Königreichen hat sie in langjähriger Arbeit drei chronologisch gereihte Prozessdokumente ausgewählt, die im Untersuchungszeitraum (1584–1685) ein jeweils früheres, mittleres und späteres Stadium der Hexenverfolgung repräsentieren sollen. Mit dieser spezifischen geografischen und chronologischen Anordnung folgt Willumsen den angenommenen Transferwegen dämonologischen Wissens und der damit einhergehenden Ausbreitung der Hexenverfolgungen nach Norden (S. 15). Jedem länder- oder regionalspezifischen Kapitel ist eine kurze Einführung vorangestellt, welche allgemeine Informationen zum jeweiligen Gerichtssystem und den dortigen Hexenprozessen gibt.

Zur Entschlüsselung des „courtroom discourse" bemüht die Autorin erneut den bereits in ihrer literaturwissenschaftlichen Dissertation (2003) angewandten „narratological approach", gemeinsam mit der Methode des „close reading" (S. 7–10). Sie durchforstet ihr Material auf zehn Vergleichsebenen: 1. die Geständnisse der Frauen unter Berücksichtigung möglicher beim Verhör angewandter gerichtlich vorgegebener Fragekataloge, 2. die Zeugenaussagen, 3. die narrativen Strukturen, 4. die Signale von Mündlichkeit, 5. das allein von Männern durchgeführte Verhör, 6. der dabei angewandte Zwang, 7. die erzwungenen Geständniserzählungen, 8. die „Stimme" der Rechtsprechung, 9. die „Stimme" des Schreibers sowie 10. der transnationale Transfer des „Wissens" über Zauberei, Hexerei, Magie und Dämonologie. Neben Genderaspekten (S. 18–22) berücksichtigt die Autorin ebenfalls die sich wandelnden Zuschreibungen beziehungsweise Geständnisse über „demonology, *maleficium*, healing" (S. 5–6). Sie lässt die „Hexen des Nordens" als selbstbestimmte Akteurinnen, als Mitglieder einer „sisterhood" (S. 51, 244, 329, 332), als versierte Geschichtenerzählerinnen auftreten, die sich mithilfe ihrer Erzählmacht bis zuletzt gegen Verhöre und aufgezwungene Schuldeingeständnisse gestemmt hätten. Bei aller Würdigung der vielschichtigen Interpretationsangebote bleiben jedoch Fragen zur Konzeption und Methode der Untersuchung offen.

Bei der Festlegung ihres Untersuchungsraumes exkludiert Willumsen die Vereinigten Niederlande (S. 29), weil dort die wenigen Hexenprozesse bereits zu Beginn des 17. Jahrhunderts endeten und mithin (ebenso wenig wie das überwiegend katholisch gebliebene, prozessarme Irland) nicht in ihre Konzeption eines „nördlichen" Verfolgungsraumes passen. Dafür inkludiert sie die katholischen Spanischen Niederlande in das Sample. Immerhin seien alle übrigen Königreiche und Territorien durch den theologischen Input der „Protestant Reformation" geprägt worden (S. 14). Kaum problematisiert wird, dass die jeweilige lutherische, calvinistisch-reformierte oder anglikanische Kirche durchaus unterschiedlichen theologischen Entwürfen (inklusive Teufelsmacht, Hexerei, Magie, Schadenzauber und sog. Aberglauben) gefolgt ist. Willumsens Norden erscheint als ein fast einheitlicher Rechtsraum („similarities within the field of law", S. 14), wenngleich sie die Unterschiede bei der Zulassung und dem Einsatz von Folter anerkennt (S. 370). Zudem habe die Nähe der ausgewählten Regionen zum Meer den austauschenden Transfer dämonologischen Wissens per Schiff begünstigt (S. 14–15). Der so konstituierte 24-stimmige „Hexen"-Chor kann jedoch kaum die Gesamtheit aller gegen weibliche Angeklagte im „nördlichen Europa" geführten Verfahren repräsentieren. Ein nur flüchtiger Blick in das herrschaftlich, gerichtsrechtlich und konfessionell stark fragmentierte Heilige Römische Reich deutscher Nation oder in die Provinzen der Spanischen Niederlande genügt, um die Diversität der Verfolgungspraxis aufzuzeigen.

Wie bereits in ihrer 2013 publizierten historischen Dissertation möchte Willumsen den als Hexen angeklagten Frauen Handlungsmacht und „Stimmen" zurückgeben („My desire is to get hold of the personalized voices of women, as they can be discerned in court records", S. 8). Zu diesem Zweck versucht sie anhand eines auf die Theorie von Gérard Genette gestützten narratologischen Instrumentariums, die jeweiligen „voices" der Angeklagten, der Verhörenden, der Zeugen und der Schreiber aus dem Material herauszuoperieren. Die Unterschiede zwischen „fictional" und „factual narratives" durchaus berücksichtigend, gewährt sie dem Gerichtsschreiber die Rolle eines omnipräsenten Erzählers („narrator"): „Court records [...] are interesting in two ways from a narratological angle. First, the entire document can be analysed as a narrative, with the function of the scribe similar to the function of the narrator, structuring and compiling the text. Second, the narrator can delegate voice to a person taking part in the trial, letting her or him tell a story. Such a story will structurally function as an embedded narrative within the larger narrative of the full trial" (S. 8). Damit verknüpft sich ihr Anspruch, möglichst viele Spuren von Oralität und volkstümlichem Erzählgut im Aktenmaterial aufzuspüren.

Dafür, so Willumsen, würden sich die Prozessdokumente ‚ihres' Nordens besonders eignen, denn deren redaktionelle und inhaltliche Standards unterschieden sich grundsätzlich von jenen im Südwesten Europas. Seien jene im Norden „very rich" und voller „accurate description", sei bei den anderen mit Kürzungen, Zusammenfassungen und offensichtlichen Eingriffen von Schreibern zu rechnen: „In such documents, women's voices can hardly be traced" (S. 13–14; 17). In den nördlichen Regionen Europas seien hingegen absolut zuverlässige Schreiber am Werk gewesen, die den „courtroom discourse" genauestens, ja sogar *verbatim* wiedergegeben hätten. Einschränkungen sieht sie bestenfalls bei den finnischen Verfahren, die jeweils in die schwedische Amtssprache übersetzt worden sind (S. 302–303). Warum eine solche Ehrenrettung des vermuteten „nördlich" exerzierten Protokollierens nötig ist, offenbart die Autorin selbst: „To perform a discourse analysis, it is crucial to have sources of great detail that cover what happened during the trial" (S. 14). Forschungen, die einen vorsichtigen, quellenkritischen Umgang mit dem vor Gericht entstandenen Material anmahnen, werden als irrelevant oder unzutreffend für ihren methodischen Zugriff und das von ihr ausgewählte Material bezeichnet, denn durch derlei kritische Ansätze würden „the voices of historical actors inaudible" (S. 17; ähnlich S. 358–361, 364–365).

Bei der Entzifferung des gerichtlichen Diskurses hat sich Willumsen trotz aller historischen Kontextualisierung wenig dafür interessiert, wie die von ihr gelesenen Texte überliefert worden sind, wer sie den entsprechenden Amtsbüchern und Protokollen einverleibt hat, ob die von ihr dann doch festgestellte kompilierende Vorgehensweise des Schreibers (S. 8, 60) – insbesondere bei der Anlage von Versendeakten an ein übergeordnetes Gericht (z. B. S. 3, 12, 246, 291, 314, 360–361) – möglicherweise einen redaktionellen Einfluss auf die von ihm festgehaltenen „Stimmen" genommen hat. Es bleibt bei unspezifischen Aussagen („The court records analysed in this book are mostly unpublished sources, preserved in handwritten minute books or as loose documents in archival boxes", S. 3). So erwähnt sie den Eintrag norwegischer und finnischer Hexenprozesse in „minute books", das heißt in Protokollbüchern, ohne zu klären, wie diese – nach einhelliger Forschungsmeinung – narrativ verdichteten Einträge entstanden sind (S. 234, 247, 304, 313).

Auch fehlt meist der Versuch einer sozialgeschichtlichen, biografischen oder kanzlei- und amtsmäßigen Verortung der Schreiber. Kaum diskutiert wird, dass an einem Verfahren mehrere Schreiber beteiligt gewesen sein konnten (S. 179), dass Notizen, Exzerpte, Mit- und Reinschriften als Stufen einer verdichtenden Verschriftlichung zu berücksichtigen sind. Die meist anonym bleibende „voice of the scribe" wird redundant als „reliable" (z. B. S. 80, 93, 126, 248), als neutral und professionell (z. B. S. 37, 61, 63, 156, 226) bezeichnet. Die Wertschätzung für den Protokollanten gipfelt in der Aussage: „And not least, it is the scribe's accurate work that has made it possible for a scholar to trust the records" (S. 100). Es scheint eine geradezu romantisierende Sicht auf die gerichtliche Protokollführung durch: „The women show strengths and weaknesses: they flee, protest, argue, give in, and narrate – their words written down with a quill (feather pen) by a scribe in large books" (S. 322). Die von Willumsen angewandte Methode des „close readings" schreibt mithin den Gerichtstexten literarische Autonomie, dem Schreiber eine neutral-beobachtende Rolle und den konservierten „Stimmen" Authentizität zu, obwohl derlei Stimmen nur gefiltert von Männern und sortiert durch deren Vor-Urteile, Wahrnehmungen beziehungsweise Deutungen zu Papier gebracht worden sind. In letzter Konsequenz lässt ihr dominierender Wunsch, den angeklagten Frauen ihre Individualität und *agency* zurückzugeben, keine andere als die gewählte Methode des Entzifferns zu.

Nun haben in den letzten Jahrzehnten internationale, nicht nur auf den deutschsprachigen Raum bezogene Vertreterinnen und Vertreter aus den Sprach- und Geschichtswissenschaften, der Soziolinguistik, der Narratologie oder der Historischen Pragmatik hinterfragt, ob Kriminalakten wörtlich protokollierte Dialoge, persönlich geformte Narrative oder Erzählungen konservieren, die den genauen, vollständigen Ablauf des „courtroom discourse" wiedergeben. Dabei hat sich gezeigt, dass diese Texte von ihrer Funktion her zu bewerten sind, dienten sie doch als Dokumentation einer rechtmäßigen Prozessführung mit juristischer Beweiskraft. So wurde zum Beispiel die Kanzleisprache untersucht, verknüpft mit Einblicken in die Ausbildung, Biografie, Aufgaben und das Arbeitsfeld von Gerichtsschreibern. Weitere Einblicke in die Anlage von ‚Kriminalakten', die juristischen Logiken folgten, bot komplementäres Material, wie zum Beispiel Kassiber, Berichte von Freigelassenen oder Überlebenden aus Hexenprozessen (darin auch die wichtigen Narrative des Nicht-Geständnisses), Supplikationen oder generell jene Klagen, die bei übergeordneten Gerichten wegen missbräuchlicher, skandalöser Verfahrensführung eingegangen sind.

Die dort fixierten Erzählungen über die vor lokalen Gerichten oder in den Folterkammern erlittene Erniedrigung und Gewalt enthüllen, wie sehr sich die Angeklagten gegen die ihnen aufgezwungene neue Identität der Hexe, sprachlich verpackt in entsprechende Geständnisnarrative, gewehrt hatten. In dieser Zwangskommunikation blieben ihnen jedoch nur genau jene Handlungsmacht und erzählerischen Strategien, welche die Verhörenden ihnen jeweils zubilligten. Die oftmals juristisch ausgebildeten, in der Tat professionalisierten Schreiber gehörten zum obrigkeitlich eingesetzten Gericht. Sie waren keine neutralen Beobachter, sondern konnten sich aktiv an den Verhören, auch der Folter, beteiligen. Sie unterlagen beim Protokollieren formalen Verfahrensvorgaben. Letztlich entschieden sie, welche Aussagen als gerichtsrelevant einzustufen waren, was als juristisch ermittelte ‚Wahrheit' zu gelten hatte und in welcher Form diese festgehalten werden sollte. Geständnisse tragen daher viel weniger als die Autorin vermutet den wortwörtlichen „stamp" der Angeklagten (z. B. S. 75, 80, 252, 287, 358). Auch wenn Willumsen die einschränkenden Argumente kennt, so hält sie es doch für möglich, „court records as reliable documents" zu nutzen, da in ihnen „the scribe has done his uttermost to take down on paper what was said in the courtroom during the trial" (S. 365). Hinter ihrer These scheint das fatale Missverständnis auf, Redaktion, Auswahl, Zuspitzung und Umformulierung der einzelnen Mikro-Narrationen zu juristisch beweiskräftigen Texten seien grundsätzlich als Manipulation, Betrug oder Fälschung der Schreiber einzustufen und damit die individuelle Authentizität der „voices of women" zu entwerten.

Noch in den 1980er Jahren hatten feministische Hexenforscherinnen dezidiert die Lektüre der von männlichen Akteuren und deren ideologischen Vor-Urteilen bestimmten Texte und Diskurse verweigert. Die gleichermaßen um die „voices of women" bemühte Liv Helene Willumsen dementgegen will die Kriminalakte von männlichem Einfluss reinigen, in dem sie den Schreiber nicht nur zu einem neutralen, omnipräsenten und erzählenden Beobachter, sondern quasi zu ihrem eigenen Assistenten gemacht hat. Dabei könnte gut auf dieses Konstrukt verzichtet werden, denn auch ohne das blieben etliche ihrer Erkenntnisse zum weiblichen Verhalten und Sprechen vor Gericht, zu den individuellen Strategien des Überlebens bestehen. Nur mit Hilfe interdisziplinärer Methoden und theoretischer Konzepte lässt sich der unbestrittene Informationswert der Gattung ‚Kriminalakte' angemessen erschließen und dieses reiche Material – ganz im Sinne von Liv Helene Willumsen – nutzen, um (neben anderen) die fernen Stimmen der Angeklagten herauszufiltern. Das hier vorgestellte durchaus beeindruckende Werk leistet dazu gerade wegen bleibender Fragen einen wichtigen Diskussionsbeitrag.

Rita Voltmer, Trier

Sonja Matter, **Das sexuelle Schutzalter. Gewalt, Begehren und das Ende der Kindheit (1950–1990)**, Göttingen: Wallstein Verlag 2022, 408 S., EUR 34,–, ISBN 978-3-8353-5306-0.

Sexuelle Gewalt gegen Kinder war in den letzten Jahren unter anderem im Zusammenhang mit der Aufdeckung von Missbrauchsfällen[1] Gegenstand intensiver Debatten. Sonja Matters Studie zur Geschichte des sexuellen Schutzalters liefert hier einen ebenso relevanten wie aufschlussreichen Beitrag. Zwar gibt es bereits eine Vielzahl an Studien zur Geschichte der Pädophilie[2] sowie zur Geschichte kindlicher[3] und jugendlicher Sexualität[4], bislang fehlte jedoch eine Arbeit, die diese Studien durch eine augenscheinlich simple Frage verbindet: Bis zu welchem Alter sollen Kinder vor (gewalttätiger) Sexualität geschützt werden, beziehungsweise ab welchem Alter sind Jugendliche als sexuell mündig anzusehen? Matter versucht diese Frage für Österreich zu beantworten, indem sie die entsprechenden juristischen, wissenschaftlichen und gesellschaftlichen Aushandlungsprozesse zwischen 1950 und 1990 analysiert.

Konzeptionell wurde ein sehr anspruchsvoller Ansatz gewählt: Kapitel eins und drei untersuchen für den Zeitraum 1950 bis 1990 nationale und internationale juristische, wissenschaftliche, gesellschaftliche und politische Diskurse mittels Diskursanalyse. Kapitel zwei beschäftigt sich hermeneutisch mit strafgerichtlichen Fällen, die zwischen 1950 und 1970 vor dem Kreisgericht St. Pölten verhandelt wurden. Den roten Faden der Untersuchung bilden im Wesentlichen zwei Fragen: Welche Rückschlüsse können anhand verschiedener Debatten zum sexuellen Schutzalter auf zeitgenössische Vorstellungen von Kindheit, Jugend, Geschlecht und Sexualität gezogen werden und welche Schutz- respektive Disziplinierungsfunktion hatte diese normative Altersgrenze für Kinder, Jugendliche, aber auch für die Gesellschaft insgesamt?

In Kapitel eins zeigt die Autorin, dass sowohl das österreichische Strafrecht von 1852 als auch die 1927 und 1928 gefassten Resolutionen des Völkerbundes derart durch zeitgenössische Vorstellungen von Geschlecht und Sexualität geprägt waren, dass nicht alle Kinder als potenzielle Opfer sexueller Gewalt wahrgenommen wurden. Jungen unter 14 Jahren beispielsweise, die Geschlechtsverkehr mit einer erwachsenen Frau hatten, seien im österreichischen Strafrecht nicht als Opfer berücksichtigt worden, da sie keine „Unschuld" zu verlieren hatten (S. 51). Die Resolutionen des Völkerbundes wiederum forderten lediglich die Altersgrenze des sexuellen Schutzalters „ausreichend hoch" anzusetzen, um Kinder und Jugendliche zu schützen (S. 64). Die überwiegende

---

1 Vgl. Bernhard Frings u. a., Macht und sexueller Missbrauch in der katholischen Kirche. Betroffene, Beschuldigte und Vertuscher im Bistum Münster seit 1945, Freiburg 2022.
2 Vgl. Katrin M. Kämpf, Pädophilie. Eine Diskursgeschichte, Bielefeld 2021.
3 Vgl. Julia König, Kindliche Sexualität. Geschichte, Begriff und Probleme, Frankfurt am Main 2020.
4 Vgl. Lutz Sauerteig, „Wie soll ich es nur anstellen, ohne etwas falsch zu machen?" Der Rat der Bravo in Sachen Sex in den sechziger und siebziger Jahren, in: Peter-Paul Bänzinger, u. a. (Hg.), Fragen Sie Dr. Sex! Ratgeberkommunikation und die mediale Konstruktion des Sexuellen, Berlin 2010, 123–158.

Mehrheit der Mitgliedstaaten hatte bereits die Altersgrenze von 12 Jahren als „Ende der Kindheit" strafrechtlich verankert (S. 59). Versuche, diese Grenze nach oben zu verschieben, um so auch Jugendliche zu schützen, scheiterten. Die im Vorfeld mit starken rassistischen Implikationen geführten Diskussionen über den Zeitpunkt sexueller Reife – und damit das anzusetzende Schutzalter – hatten eine Einigung verunmöglicht (S. 63).

Diese und ähnliche Lücken wurden in der Nachkriegszeit nicht geschlossen – im Gegenteil, es entstanden neue Lücken, so Matter. In den frühen 1950er Jahren wurden in Österreich parteienübergreifend politische Rufe nach einer drastischen Verschärfung der staatlichen Sanktionen gegen „Kinderschänder" laut. Gefordert wurden unter anderem eine drastische Erhöhung der Gefängnisstrafen, die Anordnung einer Periode der polizeilichen Überwachung im Anschluss an eine Haftstrafe oder die Einweisung ehemaliger Sträflinge in „Zwangsarbeitslager". Diese Forderungen folgten der Logik, dass ein besonders hartes Vorgehen gegen „Sittlichkeitsverbrecher" potenzielle Täter abschrecke und so Kinder vor sexueller Gewalt schütze. Gleichzeitig hoffte man durch die Entfernung „entarteter Menschen" aus der Gesellschaft die sittliche Ordnung wiederherstellen zu können (S. 93–95). „Anständige" erwachsene Männer, die von „verwahrlosten" Mädchen verführt worden seien, sollten hingegen vor zu hohen Strafen geschützt werden (S. 101). Matter argumentiert, dass die Skandalisierung sexueller Gewalt durch den Fokus auf „entartete" Täter eine Überdeckung der NS-Vergangenheit Österreichs bewirkte, aber keinen besseren Schutz für Kinder und Jugendliche.

In Kapitel zwei untersucht die Autorin 200 Gerichtsakten, die einleitend quantitativ analysiert werden. Sie macht deutlich, dass die überwiegend männlichen Täter – konträr zu den zeitgenössischen Debatten – vor allem dem sozialen Umfeld der überwiegend weiblichen Opfer entstammten, also keine Fremden waren (S. 121). Zudem arbeitet Matter heraus, dass Vorstellungen einer passiv-gewährenden weiblichen und einer aktiv-aggressiven männlichen Sexualität die gerichtlichen Verhandlungen im gesamten Untersuchungszeitraum prägten. Während Strafbehörden bei sexueller Gewalt gegen vorpubertäre Kinder (unter zwölf Jahren) deren Opferposition anerkannten, verhielt es sich bei adoleszenten Mädchen deutlich anders: Galt eine Jugendliche beispielsweise als „leichtes Mädchen" (S. 194, 197), genügte dies dem Kreisgericht St. Pölten noch 1970, um sogar bei einer Gruppenvergewaltigung eine mildere Strafe zu verhängen, da für das Gericht feststand, dass sich das „verwahrloste" Mädchen den Tätern „aufgedrängt" habe (S. 202). Weibliche jugendliche Sexualität wurde damit – so Matter – im gesamten Untersuchungszeitraum stigmatisiert und diszipliniert. Anders verhielt es sich mit der Sexualität männlicher Jugendlicher, die Matter zufolge seit den 1950er Jahren eine zunehmende Liberalisierung erfuhr (S. 181, 202).

Kapitel drei verdeutlicht – unter Rückbezug auf Kapitel eins –, dass sowohl die von der Generalversammlung der UNO verabschiedete internationale Erklärung der Rechte der Kinder (1959) als auch die Kommissionsentwürfe für die Reform des österreichischen Strafrechts (1960, 1962) in einem Spannungsverhältnis standen: Einerseits versuchten sie Kinder beiderlei Geschlechts vor Übergriffen zu schützen, andererseits bestätigten sie heteronormative und geschlechterhierarchische Prämissen. Erwachsene Männer beispielsweise sollten weiterhin höchstens milde bestraft werden, wenn sie angaben, von einem „verwahrlosten" Mädchens verführt worden zu sein (S. 283).

Einer vergleichbaren Logik folgten die Akteur_innen der sogenannten Pädophilenbewegung in den 1960er und 1970er Jahren, wie Matter darlegt. Diese verfolgten das Ziel, sexuelle Handlungen zwischen Erwachsenen und Kinder zu entkriminalisieren und gesellschaftlich zu normalisieren. Den Aktivist_innen gelang es, über den Ruf nach einer „Befreiung kindlicher Sexualität", eine gewisse Destigmatisierung von Pädosexualität zu erreichen. Die Forderung nach Straffreiheit fand jedoch trotz der Versuche, die behauptete Harmlosigkeit von angeblich einvernehmlichem Sex zwischen Kindern und Erwachsenen wissenschaftlich zu belegen, keine Durchsetzung.

Ab Mitte der 1990er Jahre galten derartige Reformvorschläge als politisch untragbar. Dies lag auch an einem in den 1980er Jahren durch die autonome Frauenbewegung erfolgreich initiierten Paradigmenwechsel im gesellschaftlichen Umgang mit sexueller Gewalt gegen Kinder und Jugendliche. Aktivist_innen outeten sich als Opfer von sexueller Gewalt in ihrer Kindheit und Jugend und verhalfen anderen Betroffenen öffentlichkeitswirksam zu Gehör. Dies und der Ansatz, sexuelle Gewalt im Kontext gesellschaftlicher Machtverhältnisse zu verorten, habe laut Matter den Weg für erste Präventionsprogramme und Aufklärungskampagnen zu Kindesmissbrauch geebnet.

Aufgrund des ambitionierten konzeptionellen Ansatzes hätte die rezensierte Arbeit von einem inhaltlich-thematischen Fokus, beispielsweise auf die im Buch durchgängig präsente Figur des „verwahrlosten Mädchens", profitiert. Ohne einen solchen Schwerpunkt wirkt die Studie in Teilen gleichzeitig überladen und lückenhaft. So wird etwa ein internationaler juristischer und wissenschaftlicher Quellenkorpus untersucht, Transnationalität in der Arbeit selbst aber nur stellenweise reflektiert. Ähnlich verhält es sich mit der lokalgeschichtlichen Perspektive der Arbeit. Die Analyse der Gerichtsakten des Kreisgerichts St. Pölten ist aufschlussreich. Doch es wird nicht hinreichend klar, ob die Autorin anhand der untersuchten niederösterreichischen Strafverfahren Rückschlüsse auf die Geschichte des sexuellen Schutzalters in Niederösterreich oder Österreich zieht, oder ob hier auch ein internationaler Ansatz verfolgt wird. Gleiches gilt für Matters Überlegungen zu einem Zusammenhang zwischen den Debatten um sexuelle Gewalt gegen Kinder und der österreichischen Vergangenheitsbewältigung. Sie überzeugen nicht vollständig, da die Nachkriegszeit und die 1950er Jahre in den Blick genommen werden, nicht aber die 1970er und 1980er Jahre. Mediale Ereignisse, die intensive Diskussionen um die nationalsozialistische Vergangenheit Österreichs auslösten, werden damit ausgeklammert. Hierzu gehören beispielsweise die Ausstrahlung der Serie „Holocaust" im österreichischen Fernsehen 1979[5] oder die Uraufführungen der Theaterstücke „Burgtheater" von Elfriede Jelinek 1985 und „Heldenplatz" von Thomas Bernhard 1988. Letztere führten zu regelrechten Skandalen, da beide Stücke die ungenügende Vergangenheitsbewältigung in Österreich scharf kritisierten, woraufhin Jelinek und Bernhard als „Nestbeschmutzer" verunglimpft wurden.[6]

Auch die an sich schlüssige These einer ambivalenten Schutz- und Disziplinierungsfunktion des sexuellen Schutzalters hätte durch eine stärkere Einbettung in die Forschungsdebatte zur Geschichte der Fürsorgeerziehung und deren Sozialdisziplinierung devianter Jugendlicher an Überzeugungskraft gewonnen,[7] vor allem da Matter häufig auf die Figur des „verwahrlosten" Mädchens rekurriert, zentrale Forschungen hierzu aber nur in Teilen rezipiert.[8] Trotz dieser Kritikpunkte lohnt sich die Lektüre des vorliegenden Buches, zumal es der Autorin gelungen ist, mit ihrer detailliert recherchierten, erhellenden und komplexen Studie einen innovativen Beitrag zur Geschichte der Kindheit und Jugend sowie der Geschlechter- und Sexualitätsgeschichte vorzulegen.

Anna Schiff, Bochum

---

5 Vgl. Heidemarie Uhl, Von „Endlösung" zu „Holocaust". Die TV-Ausstrahlung von „Holocaust" und die Transformationen des österreichischen Gedächtnisses, in: Zeitgeschichte-online, März 2004, unter: https://zeitgeschichte-online.de/themen/von-endlosung-zu-holocaust, Zugriff: 25. 2. 2024.
6 Vgl. Manfred Jurgensen, Sprachgewalt und Nestbeschmutzung bei Bernhard und Jelinek, in: Bastian Reinert u. Clemens Götze (Hg.), Elfriede Jelinek und Thomas Bernhard: Intertextualität – Korrelationen – Korrespondenzen, Berlin/Boston 2019, 57–71; Sanna Schulte, Nestbeschmutzung als Konstituierung einer Theorie des Gedächtnisses, in: dies. (Hg.), Erschriebene Erinnerung. Die Mehrdimensionalität literarischer Inszenierung, Köln u. a. 2015, 287–307.
7 Wegweisend hierfür ist Detlev Peukert, Grenzen der Sozialdisziplinierung. Aufstieg und Krise der deutschen Jugendfürsorge von 1879 bis 1932, Köln 1986.
8 Vgl. Julia Fontana, „Fürsorge für ein ganzes Leben". Spuren der Heimerziehung in den Biographien von Frauen, Opladen/Farmington Hill 2007; Kerstin Kohtz, „Ich war ihm zu Willen, trotzdem sträubte ich mich". Zur Sexualität „verwahrloster" Mädchen in der Zeit der Weimarer Republik, in: Christina Benninghaus u. Kerstin Kohtz (Hg.), „Sag mir, wo die Mädchen sind …". Beiträge zur Geschlechtergeschichte der Jugend, Köln u. a. 1999, 169–192; Heike Schmidt, Gefährliche und gefährdete Mädchen. Weibliche Devianz und die Anfänge der Zwangs- und Fürsorgeerziehung, Opladen 2002.

Sandro Guzzi-Heeb, **Sexe, impôt et parenté. Une histoire sociale à l'époque moderne, 1450–1850**, Paris: CNRS Editions 2022, 376 S., EUR 25,–, ISBN 978-2-271-13960-3.

Geschichte, schreibt Sandro Guzzi-Heeb, habe keinen Sinn, wenn sie nicht zur Erhellung der Gegenwart beitrage (S. 275).[1] Diesem Verständnis folgend will er mit dem vorliegenden Buch die historischen Wurzeln unserer heutigen Vorstellungen von Sexualität, Familie und ehelichen Beziehungen beleuchten.

Der Autor sieht in der bisherigen Forschungsdebatte einerseits ein Übergewicht an kulturellen Erklärungsansätzen in der Geschichte der Sexualität mit starkem Fokus auf Elitendiskursen, andererseits stört er sich generell an der seiner Ansicht nach monokausalen, verallgemeinernden Geschichtsschreibung zum Thema Sexualität. Guzzi-Heebs Anspruch ist demzufolge, mit seiner Sozialgeschichte der Frühen Neuzeit „die verschiedenen Interpretationen zu prüfen, die sich auf den Bereich der Sexualität beziehen, und dabei einen Bezug zu den sozialen, ökonomischen, politischen und religiösen Bedingungen herzustellen" (S. 10). Dabei stützt er sich auf die Historiografie mehrerer Sprachräume, deren Thesen er anhand eigener detaillierter Fallstudien im katholischen Wallis und im protestantischen Waadtland sowie weiterer Quellenanalysen überprüft. Mittels einer „approche micro-historique" (S. 41) betrachtet er die großen Entwicklungslinien am Beispiel von konkret situiertem, individuellem Sexualverhalten.

Die Monografie gliedert sich in drei chronologische Abschnitte, 1450 bis 1700, 1700 bis 1850 und „héritages contemporains" (gegenwärtiges Erbe), wobei im dritten, kürzeren Abschnitt die Erkenntnisse der ersten beiden Teile bis in die Gegenwart weitergedacht werden.

In den vier Kapiteln des ersten Teils zeichnet Guzzi-Heeb die großen Entwicklungstendenzen und deren Einfluss auf das individuelle Sexualverhalten nach. Das Zusammenwirken von Religion und Sittlichkeit nimmt dabei eine zentrale Rolle ein. Durch die Umdeutung der Ehe im Zuge von Reformation und Gegenreformation zum einzig legitimen Rahmen der Sexualität lasse sich die „Geburt der modernen Familie" auf das 16. Jahrhundert datieren und nicht, wie meist behauptet, auf das 18. Jahrhundert.[2] Die Konfessionalisierungsthese aufgreifend versteht er den erstarkenden Staat als eine neue Kontrollinstanz der Reproduktion. Der Staat verfestigte sich durch die Schließungstendenz der Eliten, was der Autor mit den sich wandelnden Auffassungen von Verwandtschaftsbeziehungen in Zusammenhang bringt, welche wiederum das Sexualverhalten beeinflussten. Damit unterstreicht er die „enge Beziehung zwischen der Genese des modernen Fiskalstaates und den Entwicklungen der Sexualität" (S. 112). So benötigten seit dem 15. Jahrhundert weltliche Herrscher vermehrt Steu-

---
1 Übersetzungen von direkten und indirekten Zitaten stammen vom Rezensenten.
2 Edward Shorter, The Making of the Modern Family, New York 1975.

ereinnahmen für militärische Vorhaben, welche sie dank einer stabilen Gesellschaftsordnung effizient eintreiben konnten. Die zentrale Einheit dafür waren die Haushalte, die ihrerseits zur Weitergabe von Besitztümern und Ämtern eine strikte dynastische Reproduktionsdisziplin verfolgten, welche langfristig, unterstützt durch Sittlichkeitsbestrebungen religiöser Prägung, eine neue sexuelle Disziplin hervorbrachte, die Abweichungen scharf sanktionierte.

Guzzi-Heeb gelingt es überzeugend, Diskussionen zu Sozialdisziplinierung und Konfessionalisierung, Staatsbildung sowie Familien- und Verwandtschaftsstrukturen zusammenzudenken, um das Sexualverhalten der Individuen zu historisieren. Insbesondere der Verwandtschaftsaspekt – „l'ordre de la maison", wie er den ersten Abschnitt betitelt – sei in der Historiografie der Sexualität bisher „seltsamerweise abwesend" gewesen (S. 14).

Der Entwicklung der Familienstrukturen in der Zeit von 1700 bis 1850 widmet sich Guzzi-Heeb im zweiten Teil seines Buches, in dem er unter anderem auch die folgenreiche Verschiebung „vom Haus zur Verwandtschaft" untersucht (S. 145). Während „l'ordre de la maison" ein statisches Verwandtschaftssystem mit Prinzipien der dynastischen Vererbung meinte, entstand im Laufe des 18. Jahrhunderts ein neues, weniger starres Verständnis von Verwandtschaft, das komplexere Allianzen zwischen sich mit jeder Generation neu vernetzenden Familien schuf (S. 146). Dabei wurde Liebe zu einer wichtigen Kategorie, die der Autor nicht als ein neu „entdecktes" Gefühl, sondern als einen neuen „code de classe" versteht (S. 151), der zunächst nur von einer belesenen Elite praktiziert wurde. Er beschreibt diese Entwicklung im breiteren Kontext des sich etablierenden Kapitalismus sowie dem sich wandelnden Verhältnis zwischen Staat und Bevölkerung. Das neue Verwandtschaftsverständnis schlug sich im Sexualverhalten der Menschen insofern nieder, als die Präferenz für Ehepartner_innen aus der eigenen Verwandtschaft zunahm. Dass die Zunahme an Verwandtschaftsehen nicht nur auf strategische – beispielsweise ökonomische – Faktoren zurückzuführen ist, zeigt die gleichzeitige Zunahme an illegitimen Sexualkontakten unter Blutsverwandten. Diese Entwicklung führte nicht nur zu einer Abgrenzung sozialer Klassen voneinander, vielmehr lassen sich auch innerhalb einer Klasse kleinere Gruppen mit ähnlichem Sexualverhalten ausmachen. Mittels der Analyse genealogischer Daten gelingt es Guzzi-Heeb beispielsweise, ab dem 18. Jahrhundert einzelne Waadtländer und Walliser Familien mit über mehrere Generationen hinweg überdurchschnittlich vielen Kindern nachzuweisen, was nicht allein auf Wohlstand, sondern auf eine spezifische Sexualmoral innerhalb eines Clans schließen lässt.

Im letzten Teil des Buchs werden die herausgearbeiteten milieuspezifischen Sexualpräferenzen oder „Familientraditionen" (S. 246), die sich beispielsweise auch an hohen Illegitimitätsziffern innerhalb eines genealogischen Zweigs festmachen lassen, mit weiteren Faktoren wie politischem Engagement oder konfessioneller Zugehörigkeit in Verbindung gebracht. Der Autor kann aufzeigen, dass das Sexualverhalten der Individuen durch mehrere Faktoren beeinflusst wurde und je nach Gruppenzugehörigkeit unterschiedlich rigide moralische Vorstellungen von Sexualität vorherrschten. Mit dieser komplexen Geschichte der Sexualität leistet er einen wichtigen Beitrag, die These von der „sexuellen Revolution" des 18. Jahrhunderts zu hinterfragen und zu nuancieren.

Als „Erbe der (industriellen und französischen) Revolutionen" (S. 275) diskutiert Guzzi-Heeb im letzten Kapitel die Ehe als einen auch noch heute zentralen Mechanismus der „Aufrechterhaltung sozialer Schranken" (S. 282). Daran schließt er nochmals im Epilog an, indem er die Schlüsselrolle der Institution Familie bei der Reproduktion von Ungleichheiten unterstreicht, eine Rolle, die sie während der Frühen Neuzeit erlangte. Der Mythos der modernen, emotionsbasierten Familie kaschiere lediglich deren traditionelle Rolle als „Faktor zur Strukturierung von ökonomischen und sozialen Hierarchien" (S. 299).

Sandro Guzzi-Heeb legt mit „Sexe, impôt et parenté" neue, die traditionelle Historiografie der Sexualität kritisch reflektierende Thesen vor, zum Beispiel, dass die moderne Familie im 16. Jahrhundert zu verorten oder die „sexuelle Revolution" des 18. Jahrhunderts wohl eher von der zunehmenden Verbreitung von Verhütung als von ansteigenden Illegitimitätsziffern geprägt gewesen sei. Bemerkenswert ist außerdem, wie es ihm gelingt, in seiner gut lesbaren, reichhaltigen und trotzdem differenzierten Studie, komplexe Zusammenhänge in kompakter Form zu erklären. Eine beeindruckende Leistung liegt im Zusammendenken und Synthetisieren verschiedenster Forschungsdiskurse und -traditionen sowie in den methodischen Kniffen, die der Autor anwendet, um das ansonsten kaum zugängliche Sexualverhalten der breiten Bevölkerung zu erforschen. Das Buch leistet einen wertvollen Beitrag zur westeuropäischen Sozial- und Sexualitätsgeschichte, sodass eine Übersetzung desselben ins Deutsche höchst wünschenswert wäre.

Tim Buser, Basel

Elisa Heinrich, **Intim und respektabel. Homosexualität und Freundinnenschaft in der deutschen Frauenbewegung um 1900**, Göttingen: V&R unipress 2022 (= Sexualitäten in der Geschichte 1), 320 S., EUR 52,–, ISBN 978-3847113119.

Der vorliegende Band von Elisa Heinrich, der auf ihrer Dissertation basiert, räumt endgültig mit der immer wieder in der Forschung tradierten Vorstellung auf, die Aktivistinnen der deutschen Frauenbewegung um 1900 hätten um das Thema weibliche Homosexualität einen großen Bogen gemacht.

Die Autorin geht der Frage nach, inwiefern Angehörige der deutschen Frauenbewegung um 1900 an der öffentlichen Diskussion über weibliche Homosexualität teilnahmen und unter welchen Bedingungen intime Beziehungen unter Frauen eine gelebte Praxis darstellten. Hierzu löst sich die Autorin vom Begriff der weiblichen

Homosexualität, der auf eine einengende Unterscheidung zwischen freundschaftlicher, romantischer und sexueller Beziehung hinausläuft und nicht den damals fließenden Grenzen zwischen diesen Beziehungsformen entspricht. Sie bevorzugt den analytischen Begriff „intime Beziehung", der ein weites Spektrum von nahen und vertrauten Beziehungen umfasst, von homosozialen Aktivitäten wie gemeinsame Reisen oder gemeinsames politisches Engagement über Wohngemeinschaften bis hin zu Frauenpaarbeziehungen. Die Studie ist auf die Zeit des Deutschen Kaiserreichs begrenzt, an dessen Anfang die 1871 im Strafgesetzbuch verankerte Kriminalisierung der männlichen Homosexualität stand. Die Debatte um die Ausweitung der Strafbarkeit auf weibliche Homosexuelle im Zuge der Strafrechtsreform von 1909 fand mit dem Ausbruch des Krieges 1914 ein abruptes Ende. Dass die Aktivistinnen der deutschen Frauenbewegung um die Jahrhundertwende durchaus in diese Debatte eingriffen, ist laut Heinrich ein bislang deutlich unterschätzter Aspekt dieser sozialen Bewegung.

Um die vielfältige homosoziale Praxis der frauenbewegten Aktivistinnen und deren Diskurs über weibliche Homosexualität zu untersuchen, verwendet die Autorin alltags- und mikrogeschichtliche Ansätze, die sie mit biografischen Zugängen und einem diskursanalytischen Ansatz verbindet. Die Studie beruht auf einer beindruckend breiten Quellenbasis. Im Wesentlichen werden acht überregionale Zeitschriften der liberal-bürgerlichen und der sozialistischen Frauenbewegung auf eine Thematisierung von Frauenfreundschaften, Liebe, Begehren und weiblicher Homosexualität untersucht. Ergänzt wird dieses Korpus mit Vereinsschriften und biografischem Material sowie vereinzelt mit sexualwissenschaftlichen Werken, juristischer Fachliteratur und Material der Kommissionen zur Vorbereitung der Strafrechtsreform von 1909. Die Analyse ist chronologisch aufgebaut und gliedert sich in sechs thematische Kapitel.

Das erste Kapitel skizziert die Bedingungen, unter denen Sexualität um die Jahrhundertwende zum Thema der deutschen Frauenbewegung wurde. Ab den 1890er Jahren wurde Sexualität unter dem Begriff der sogenannten Sittlichkeit debattiert, bei der es zunächst vor allem um Prostitution und Geschlechtskrankheiten, nach und nach aber auch um sexuelles Verhalten, Sexualaufklärung, Abtreibung und Eugenik ging. In dieser von Sittlichkeitsvereinen, Sozialreformern sowie von der katholischen und evangelischen Kirche geführten Diskussion positionierte sich die deutsche Frauenbewegung teilweise mit recht unterschiedlichen Vorschlägen zur Neugestaltung der Geschlechterverhältnisse. Die gleichzeitige Entstehung der Sexualwissenschaft und deren Nachbardisziplinen ermöglichte es den Aktivistinnen der Frauenbewegung, ihre Argumente auf eine wissenschaftliche Basis zu stellen.

Unter dem Titel „Unter Frauen leben" analysiert die Autorin im zweiten Kapitel anhand von biografischen Skizzen gemeinsames Wohnen, Frauenclubs und die Rolle von Reisen und Korrespondenzen als eine zentrale Praxis innerhalb der Frauenbewegung und Ausdruck mehrdimensionaler und komplexer Lebensmodelle. Aufgrund früherer Arbeiten der Autorin zur Frauenrechtlerin Käthe Schirmacher[1], die eine jahrelange Beziehung zu Klara Schleker pflegte, steht dieses Frauenpaar im Vordergrund. Das stellt einen willkommenen Kontrapunkt zur üblichen Fokussierung auf die wohl berühmtesten Frauenpaare der Frauenbewegung, Helene Lange und Gertrud Bäumer sowie Anita Augspurg und Lida Gustava Heymann dar. Die zentrale Erkenntnis dieses Kapitels ist, dass die Aktivistinnen der Frauenbewegung, die mehr oder weniger exklusiv unter Frauen lebten, für sich und in ihrem Umfeld keine Notwendigkeit sahen, sich auf eine Kategorie der Beziehung, etwa freundschaftlicher, romantischer oder sexueller Art, festzulegen. Viel bedeutsamer war für sie der ‚respektable' Charakter der Beziehung. Als respektabel galt es, wenn Frauenpaare in eheähnlichen Verhältnissen lebten, somit bestimmte gesellschaftliche Konventionen einhielten und intellektuell aktiv waren, etwa in der Frauenbewegung.

Etwas anders sahen dies allerdings die Vertreter der Sexualwissenschaft, deren Diskurs über weibliche Homosexualität den Gegenstand des anschließenden Kapitels bildet. Hier geht die Autorin auf die Entstehungsgeschichte der Sexualwissenschaft ein, die sich als eigene Disziplin zu etablieren suchte. Dass die weibliche Homosexualität viel zögerlicher untersucht und theoretisiert wurde als die männliche, ist bekannt. Die Autorin zeigt jedoch überzeugend, wie die Sexualwissenschaftler eine diskursive Verknüpfung zwischen weiblicher Homosexualität und Engagement in der Frauenbewegung herstellten, eine Sichtweise, die in der Folge auch von einer breiteren Öffentlichkeit übernommen wurde.

Elisa Heinrich benennt ganz klar die Veröffentlichung des Reformentwurfs für das Strafgesetzbuch, der im Jahre 1909 die Ausdehnung der Strafbarkeit homosexueller Handlungen auf Frauen vorsah, als Wendepunkt in der Thematisierung von weiblicher Homosexualität durch Aktivistinnen der deutschen Frauenbewegung. Dementsprechend untersucht sie in Kapitel 5 die diskursive Aushandlung von weiblicher Homosexualität durch Frauenrechtlerinnen unterschiedlicher politischer Couleur vor 1909. Hier bestätigt sich weitgehend die gängige Vorstellung, frauenbewegte Aktivistinnen hätten dieses Thema umschifft, wobei einzelne Autorinnen wie Johanna Elberskirchen und Anna Rüling sich schon vor 1909 in ihren Schriften mit den Theorien von weiblicher Homosexualität auseinandergesetzt hatten. Dafür – und dies ist ein weiterer Befund – boten Monografien einen geeigneteren Diskussionsraum als die Frauenzeitschriften, welche sich eher als Sprachrohr unterschiedlicher Richtungen der Frauenbewegung verstanden und somit eher intern konsensfähige Positionen vertraten.

Der Reformentwurf löste insbesondere von juristischer und medizinischer Seite Kritik aus. Bis 1913 wurden mehrere Gegenentwürfe vorgelegt und diskutiert, bis der Ausbruch des Krieges der Debatte ein abruptes Ende setzte. Im letzten Kapitel ana-

---

1 Vgl. Johanna Gehmacher, Elisa Heinrich u. Corinna Oesch (Hg.), Käthe Schirmacher. Agitation und autobiografische Praxis zwischen radikaler Frauenbewegung und völkischer Politik, Wien/Köln/Weimar 2018.

lysiert die Autorin, wie sich Aktivistinnen der deutschen Frauenbewegung im Soge dieser Debatten zu weiblicher Homosexualität positionierten, und zwar in ihren Zeitschriften, aber auch bewegungsintern und im privaten Umfeld. Sie zeigt, dass auch in den Jahren von 1909 bis 1914 innerhalb der deutschen Frauenbewegung unterschiedliche Positionen vertreten wurden, wobei jedoch alle eine Strafverfolgung weiblicher Homosexualität ablehnten. Die Autorin stellt „eine differenzierte Politik des Sprechens nach innen und des strategischen Schweigens nach außen" fest (S. 275). Sie betont, dass die Frauen, die sich zum Thema äußerten, „nicht als Homosexuellenaktivistinnen [argumentierten], sondern als Aktivistinnen der Frauenbewegung, die einen Weg suchten, um die potentielle Strafverfolgung ihrer Lebensmodelle abzuwehren" (S. 247) sowie um eine Lebensform und soziale Praxis zu verteidigen, die konstitutiv für die Frauenbewegung war.

Mit dieser sehr gut lesbaren Studie verknüpft Elisa Heinrich die Geschichte der Sexualwissenschaft mit jener der deutschen Frauenbewegung auf fruchtbarste Weise und schließt eine wichtige Forschungslücke. Das Buch ist allen zu empfehlen, die sich für Frauen interessieren, die sich um die Jahrhundertwende durch ihr Engagement in der Frauenbewegung emanzipierten, aber auch zugleich stark exponierten.

Anne-Laure Briatte, Paris

Benno Gammerl, **Queer. Eine deutsche Geschichte vom Kaiserreich bis heute**, München: Carl Hanser Verlag 2023, 272 S., EUR 24,70, ISBN 978-3446276079.

Das Buch bietet erstmals einen Überblick über die queere Geschichte in Deutschland seit dem späten 19. Jahrhundert, wobei Benno Gammerl „queer" als Archilexem für LSBTI* Personen verwendet.[1] Der Buchstabe T steht für trans*, das heißt Transvestiten, Transgender, Transsexuelle und nicht-binäre Personen, also für Menschen, die sich nicht mit dem Geschlecht identifizieren, das ihnen bei der Geburt zugewiesen wurde. Der Autor unterscheidet sieben Phasen der queeren Geschichte, die er in chronologisch geordneten Kapiteln erzählt: Kaiserreich, Weimarer Republik, Nationalsozialismus, Nachkriegszeit, 1970er Jahre, 1980er Jahre und die jüngste Zeitgeschichte seit den 1990er Jahren. Er betont die Komplexität queerer Lebensbedingungen in all diesen Phasen, die stets durch die Gleichzeitigkeit von Stigmatisierung, Emanzipation und Normalisierung[2] gekennzeichnet gewesen seien, wobei Gammerl

---

1 Er schließt damit an die auf seiner Habilitationsschrift beruhende Publikation an, die thematisch enger angelegt ist: Benno Gammerl, anders fühlen. Schwules und lesbisches Leben in der Bundesrepublik. Eine Emotionsgeschichte, München 2021.
2 Vgl. die maßgebliche Studie von Jürgen Link, der die sozio-kulturelle Konstruktion von Normalität theoretisiert hat: Jürgen Link, Versuch über den Normalismus. Wie Normalität produziert wird, Göttingen 1997.

die Begriffe „normal", „Normalität" und „Normalisierung" nicht theoretisch reflektiert. Beeindruckend ist die Vielfalt des analysierten Quellenmaterials, das Gesetzestexte, Zeitungen und Zeitschriften, Fernseh- und Rundfunksendungen, Ratgeber, Broschüren, autobiografische Dokumente, Literatur, Filme, Fotos und Ausstellungskataloge umfasst. Berücksichtigt wird außerdem die einschlägige Forschungsliteratur, die von Richard von Krafft-Ebing, Sigmund Freud und Magnus Hirschfeld über die Frauen- und schwul-lesbische Forschung der 1970er und 1980er Jahre bis zu Gender- und Queer-Theorien seit den 1990er Jahren reicht, wobei letztere als theoretisch-methodische Grundlage für Gammerls Arbeit dienen. Gelegentlich wird auch auf transnationale Bezüge zu europäischen Ländern und den USA hingewiesen.

Die Monografie besticht durch die Verbindung von mikro- und makrosozialer Analyse, eine intersektionale Perspektive und den langen Untersuchungszeitraum von rund 150 Jahren. Den makrosozialen Rahmen bilden der § 175 in Deutschland und der § 129 in Österreich. Gammerl zeigt auf, wie diese Paragrafen im Laufe der Zeit modifiziert und mal häufiger, mal seltener mit unterschiedlichen Strafbeimessungen angewendet wurden. Während im deutschen Kaiserreich Penetration und „beischlafähnliche Handlungen" zwischen Männern unter Strafe standen (S. 32), wurde derselbe § 175 im „Dritten Reich" drastisch verschärft: Strafbar waren nun alle Handlungen, die dem „gesunden Volksempfinden" widersprachen (S. 102), etwa Streicheln, ein Kuss, gemeinsames Onanieren. Über 50.000 Menschen wurden zwischen 1933 und 1945 verurteilt, viele in Konzentrationslager deportiert. Ganz anders war die Lage in Österreich, wo nicht nur männliche, sondern auch weibliche Homosexualität nach § 129 von 1852 bis 1971 als strafbar galt. In der DDR wurde ab 1968 nur noch gleichgeschlechtlicher Sexualverkehr mit Jugendlichen unter Strafe gestellt. In der BRD wurde 1969 § 175 ebenfalls in diesem Sinne verändert und schließlich 1994 im wiedervereinigten Deutschland ganz abgeschafft. Trotz der Kriminalisierung von Homosexualität entstanden zuerst in der Weimarer Republik und erneut in der BRD nach 1970 eine schwul-lesbische Emanzipationsbewegung und eine queere Subkultur. Die zentrale Forderung dieser Protestbewegungen war die Abschaffung des § 175, die ab 1979 bei Christopher-Street-Day (CSD)-Demonstrationen öffentlich, medienwirksam und oftmals provokativ vorgetragen wurde. Hatte das subkulturelle Leben in den 1920er Jahren hinter verschlossenen Türen von Kneipen, Bars und Tanzlokalen stattgefunden, immer mit der Angst vor Polizeirazzien verbunden, war queeres Leben in der BRD ab den 1970er Jahren sichtbarer: Homosexuelle zeigten sich nun in Cafés und Kneipen ohne Türklingel und Sichtschutz, aber auch offen auf der Straße und bei großen Treffen und Festivals wie dem Homolulu 1979 in Frankfurt.

Am Anfang jedes Kapitels steht eine Fotografie, zu der Gammerl Gedanken anführt oder Vermutungen anstellt, wie das queere Leben der abgebildeten Personen ausgesehen haben mag. Diese Fallbeispiele bilden ein mikrosoziales Komplement zum makrosozialen – juridischen und gesellschaftlichen – Rahmen. Der Autor macht ferner deutlich, dass gleichgeschlechtlich begehrende und gender-nonkonforme Menschen in mehrerlei Hinsicht Diskriminierung erfahren können, das heißt nicht nur aufgrund ihrer sexuellen Orientierung und Geschlechtsidentität, sondern auch hinsichtlich anderer Sozialkategorien wie Nation, Ethnie, Beruf, Klasse, Wohnort, Alter und Religion. So verfügen Menschen, die sozial bessergestellt sind, über mehr ökonomisches, kulturelles und soziales Kapital, um sich sexuelle Freiräume zu schaffen; Großstädter*innen haben mehr Möglichkeiten, am öffentlichen queeren Leben zu partizipieren als Landbewohner*innen; ältere Personen sind stärker von Exklusion bedroht als jüngere.

Die intersektionale Perspektive erweist sich auch als hilfreich bei der umstrittenen Frage, ob lesbische Frauen im „Dritten Reich" aufgrund ihrer sexuellen Orientierung verfolgt wurden. Wie Gammerl ausführt, suchten die Behörden nicht gezielt nach gleichgeschlechtlich begehrenden Frauen, wurden manchmal aber wegen anderer Eigenschaften und Aktivitäten auf sie aufmerksam, etwa weil sie Kontakt zu jüdischen Menschen hatten oder politische Dissidentinnen waren. Bislang ergibt sich kein einheitliches Bild von lesbischen Frauen, die in der NS-Zeit verfolgt wurden. Dank intersektionaler Studien gelangten in den letzten Dekaden auch LSBTI* Personen in den Blick, die bis dato von der Forschung vernachlässigt worden waren: Migrant*innen, *People of Color*, Jüdinnen und Juden, Menschen mit Behinderung und Sexarbeiter*innen. Wie Gammerl richtig bemerkt, hat diese queere Diversität auch Konflikte innerhalb der *Community* hervorgerufen und den gemeinsamen emanzipatorischen Kampf gegen Diskriminierung erschwert. Dies ist besonders deutlich in Berlin zu sehen, wo seit einigen Jahren mehrere CSD-Demos untereinander konkurrieren, zum Beispiel der kommerzielle Mainstream-CSD, der transgeniale CSD, der Dyke March und der Radical Queer March.

Ein weiteres Verdienst des Buchs ist es, den langen Zeitraum von 1870 bis heute abzudecken. Es füllt somit eine Forschungslücke, denn die letzte einschlägige Monografie stammt von Hans-Georg Stümke aus dem Jahre 1989.[3] Im Mittelpunkt von Stümkes Studie standen schwule Männer. Lesbische Frauen wurden nur am Rande, trans*- und intersexuelle Personen überhaupt nicht erwähnt und eine intersektionale Sichtweise fehlte. Der lange Untersuchungszeitraum von 150 Jahren erlaubt es Gammerl, Brüche und Kontinuitäten in der queeren Geschichte herauszuarbeiten. Der Autor unterstreicht, dass es sich dabei um keine lineare Erfolgsgeschichte handelt, sondern Fortschritte und Rückschläge beim Kampf um queere Gleichberechtigung alternieren. Auch die jüngsten rechtlichen Errungenschaften wie die Ehe für alle (2017), die Anerkennung eines dritten Geschlechts („divers", 2018) und das Gesetz über die Selbstbestimmung in Bezug auf den Geschlechtseintrag (2024) können daher nicht als für immer gesichert gelten.[4] Dennoch waren und sind Stigmatisierung,

---

3 Hans-Georg Stümke, Homosexuelle in Deutschland. Eine politische Geschichte, München 1989.
4 Längst überfällig erscheint dem Rezensenten die Änderung des Grundgesetzes, Artikel 3, der die Gleichheit vor dem Gesetz regelt. Absatz 3 besagt, dass niemand „wegen seines Geschlechts, seiner

Emanzipation und Normalisierung nicht immer koexistent, wie Gammerl behauptet. Dies gilt in besonderem Maße für die NS-Zeit, in der queere Menschen unterdrückt, verfolgt und in Konzentrationslager deportiert wurden; Spuren von Emanzipation und Normalisierung lassen sich in diesem Zeitraum nicht erkennen.

Es ist schon jetzt abzusehen, dass Benno Gammerls Monografie ein Standardwerk der queeren Forschung und Ausgangspunkt für künftige Studien sein wird. Sie ist aber auch für ein breiteres Publikum von Interesse, weil sie klar und allgemein verständlich geschrieben ist. Am Ende der Studie finden sich nützliche Hinweise für Leser*innen, die mehr über die queere Geschichte Deutschlands wissen möchten. Und Gammerls kenntnisreiches, kurzweiliges Buch macht in der Tat Lust zum Weiterlesen.

Klaus Wieland, Strasbourg

Abstammung, seiner Rasse, seiner Sprache, seiner Heimat und Herkunft, seines Glaubens, seiner religiösen oder politischen Anschauungen benachteiligt oder bevorzugt werden" darf. Hier gilt es, das Merkmal „sexuelle Identität" bzw. „sexuelle Orientierung" hinzuzufügen.

Abstracts

Mala Loth, In the Wrong Place at the Wrong Time. Negotiating the Right to Equal Treatment of Men before the European Court of Justice (1971–1984)

This article discusses the influence of dominant notions of gender at the European Court of Justice. It analyses three cases from the UK, Italy and West Germany that affected men's right to equal treatment with women in the labour market in the 1980s. Starting from the specific national debates on equal treatment the article analyses the arguments put forward by the various actors before and during the proceedings at the Court. It illustrates how the 1976 Equal Treatment Directive aimed at reducing gender discrimination was used by the various actors to confirm or change the national laws of the member states, and how different concepts of gender regarding the midwifery profession and paternity leave came to the fore in these proceedings. The article argues that the Court's application of the Equal Treatment Directive reproduced inequalities in fact. Traditional notions of gender, such as the persistent concept of the male breadwinner, prevailed among conservative governments and judges at the Court in the 1980s.

Maria Fritsche, Negotiations of (homo-)sexual identities before Wehrmacht and SS courts in occupied Norway (1940–1945)

This article explores the nexus of sexuality, masculinity and power. Based on a qualitative analysis of records from German military and SS courts stationed in Norway during WWII, it examines the defence strategies of German and Norwegian men accused of breaching § 175 of the German Penal Code, which criminalised sexual relations between men. The German military and SS courts were strongly masculine spaces, permeated by several power asymmetries. The study thus asks how these men responded to and interacted with these spaces to negotiate their (sexual) identities. The analysis reveals clear national differences in the defendants' strategies. Whereas most Norwegians either identified as homosexual or admitted to homosexual acts but denied homosexual feelings, most Germans strongly denied any homosexual tendencies. The article argues that this was the result of diverging legal traditions, as well as the opportunities the occupation created for both Norwegian homosexuals and outwardly heterosexual Germans seeking sexual adventure far from home.

Anne Montenach, Gender, Fraud and Labour Justice in Lyon's Silk Industry in the Eighteenth Century. The Case of *piquage d'once*

This article examines a specific form of fraud and conflict with the judiciary in the context of work: the misappropriation of small quantities of silk (*piquage d'once*), often taken from offcuts from unwinding and weaving, in Lyon's silk industry (*Grande Fabrique*) during the eighteenth century. As a widespread offence committed by both male and female workers, *piquage d'once* offers an excellent terrain for analysing the interplay of gender, fraud and justice. Drawing on 277 cases, this study explores the relationship between the courts and the men and women accused of *piquage d'once*. The analysis of the conflicts between *piqueurs* and *piqueuses d'once* and the justice system sheds light on the forms of domination at play within the judicial arena, the ability of the protagonists to mobilise resources when confronted with the institution, as well as the mechanisms of negotiation, resistance or accommodation that took place at the city court (*Consulat*). However, gender was, as the study illustrates, only one factor among many others in the complex mechanisms of power and domination within the *Grande Fabrique*.

Didier Lett, Women in Court. Gender in the Legal Practice of the Italian Municipalities of Tolentino and San Severino in the Fifteenth Century

This article examines gender differences in the treatment as well as the behaviour of men and women in the judicial arena. The study is based on a sample of small inquisitorial trials from two Marche *quasi-città*, Tolentino and San Severino, which are included in the criminal justice registers (*libri maleficiorum*) and communal statutes of this region. In these sources, women often appear as defendants, victims or witnesses. Women needed the authorisation of a male family member, usually the husband or father, to appear before court, unless they were widows or had committed a terrible crime. Because women were excluded from the political sphere and their testimony therefore considered of less value, they were not interrogated in or in front of the communal palace, as men were, but in or in front of a church, to make the social pressure and the divine supervision even more explicit. Despite the scepticism towards female testimony, they were indispensable witnesses to provide evidence of the time of birth and therefore of the age of persons, children, men and women.

Lisa Kirchner, "If Only Every Nation Had Such a Disciplined Army …" Gender Relations and Sexual Violence in Autobiographical Records of the First World War (Austria-Hungary)

The violence of the First World War, conceptualised as a modern 'people's war', sometimes extended to female civilians, including sexual violence. This article examines selected autobiographical accounts by soldiers and non-combatants of the Austro-Hungarian army. It argues that the authors did not completely obscure wartime sexual violence in their accounts. Sexual violence was addressed, but in specific literary configurations: the victims were female, embodying characteristics of purity and vulnerability, while the male aggressors were 'othered' and usually belonged to the enemy camp. The authors tended to portray themselves as uninvolved and sexually abstinent observers. Writing about sexual violence primarily served to construct and affirm morally upright versions of themselves. Such discursive mechanisms may have contributed to the fact that the perpetration of sexual violence by the Austro-Hungarian army during the First World War is still largely ignored in Austria today.

Anschriften der Autor*innen

Anne-Laure Briatte, UMR SIRICE / Sorbonne Université, Campus Condorcet, Bâtiment Recherche Sud, 5e étage bureau 5110, 5, cours des Humanités, 93322 Aubervilliers Cedex, France – anne-laure.briatte@sorbonne-universite.fr

Marta Bucholc, Faculty of Sociology, University of Warsaw, ul. Karowa 18, 00-324 Warszawa, Poland – m.bucholc@uw.edu.pl

Tim Buser, Departement Geschichte, Universität Basel, Hirschgässlein 21, 4051 Basel, Schweiz – tim.buser@unibas.ch

Ellinor Forster, Institut für Geschichtswissenschaften und Europäische Ethnologie, Universität Innsbruck, Christoph-Probst-Platz/Innrain 52, 6020 Innsbruck, Österreich – ellinor.forster@uibk.ac.at

Maria Fritsche, Department of Modern History and Society, NTNU Norwegian University of Science and Technology, 7491 Trondheim, Norway – maria.fritsche @ntnu.no

Lina Gafner, Gosteli-Stiftung, Archiv zur Geschichte der schweizerischen Frauenbewegung, Altikofenstrasse 186, 3048 Worblaufen, Schweiz – lina.gafner@gosteli-foundation.ch

Marta Gospodarczyk, Faculty of Sociology, University of Warsaw, ul. Karowa 18, 00-324 Warszawa, Poland – m.gospodarczyk@is.uw.edu.pl

Elisabeth Holzleithner, Institut für Rechtsphilosophie, Universität Wien, Schenkenstraße 8–10, 1010 Wien, Österreich – elisabeth.holzleithner@univie.ac.at

Christina Holzmann, Institut für Zeitgeschichte München–Berlin, Leonrodstraße 46 b, 80636 München, Deutschland – holzmann@ifz-muenchen.de

Simona Isler, Gosteli-Stiftung, Archiv zur Geschichte der schweizerischen Frauenbewegung, Altikofenstrasse 186, 3048 Worblaufen, Schweiz – simona.isler@gosteli-foundation.ch

Lisa Kirchner, Institut für Geschichte, Universität Wien, Universitätsring 1, 1010 Wien, Österreich – lisa.kirchner@univie.ac.at

Ulrike Krampl, Département d'histoire et d'archéologie, Université de Tours, 3 rue des Tanneurs, 37041 Tours, France – ulrike.krampl@univ-tours.fr

Didier Lett, em. Prof. für mittelalterliche Geschichte an der Universität Paris Cité, Laboratoire ICT – didier.lett@wanadoo.fr

Mala Loth, Department of Archaeology, Conservation and History, University of Oslo, Norway – mala.loth@iakh.uio.no

Sandra Maß, Fakultät für Geschichtswissenschaften, Transnationale Geschichte des 19. Jahrhunderts, Ruhr-Universität Bochum, GA 6/51, Universitätsstraße 150, 44801 Bochum, Deutschland – sandra.mass@ruhr-uni-bochum.de

Brenna McCaffrey, Departement of Anthropology, State University of New York, Geneseo 1 College Circle, Geneseo, NY, 14454, USA – bmccaffrey@geneseo.edu

Anne Montenach, UMR 7303 TELEMMe-MMSH, 5 rue du Château de l'Horloge, CS 90412, 13 097 Aix-en-Provence Cedex 2, France – anne.montenach@univ-amu.fr

Anna Schiff, Ruhr-Universität Bochum, Universitätsstraße 150, 44801 Bochum, Deutschland – anna.schiff@rub.de

Rita Voltmer, Universität Trier, Fachbereich III, Geschichtliche Landeskunde, Universitätsring 15, 54296 Trier, Deutschland – voltmer@uni-trier.de

Klaus Wieland, Département d'Etudes Allemandes, Université de Strasbourg, 22 rue René Descartes, 67084 Strasbourg Cedex, France – wieland@unistra.fr

Xenia von Tippelskirch, IFRA-SHS/ Institut français Frankfurt, Goethe-Universität, Theodor-W.-Adorno Platz 1, PA-PF 20, 60629 Frankfurt/Main, Deutschland – X.von Tippelskirch@em.uni-frankfurt.de

Weitere Hefte von „L'Homme. Europäische Zeitschrift für Feministische Geschichtswissenschaft"

35. Jg., Heft 1 (2024)
Ukraïne
hg. von Dietlind Hüchtker und Claudia Kraft

175 Seiten, kartoniert
€ 25,– D / € 26,– A
ISBN 978-3-8471-1677-6
eBook: € 23,–
ISBN 978-3-8470-1677-9

34. Jg., Heft 2 (2023)
Natur
hg. von Caroline Arni, Anna Becker und Claudia Opitz-Belakhal

174 Seiten, kartoniert
€ 25,– D / € 26,– A
ISBN 978-3-8471-1591-5
eBook: € 23,–
ISBN 978-3-8470-1591-8

Vorschau:

36. Jg., Heft 1 (2025)
MACHT(ver-)HANDELN um 1500
hg. von Christina Lutter und Julia Burkhardt

Erscheint im Frühjahr 2025

36. Jg., Heft 2 (2025)
Migration
hg. von Ulrike Krampl, Kristina Schulz und Xenia von Tippelskirch

Erscheint im Herbst 2025

L'Homme Schriften

Bd. 29: Maximiliane Berger / Mirjam Hähnle / Anna Leyrer (Hg.)
Männer über sich
Wissenschaft – Biografie – Geschlecht
2024. 166 Seiten mit einer Abbildung, gebunden
€ 45,– D / € 47,– A
ISBN 978-3-8471-1688-2
Open Access
ISBN 978-3-7370-1688-9

Bd. 28: Veronika Helfert
Frauen, wacht auf!
Eine Frauen- und Geschlechtergeschichte von Revolution und Rätebewegung in Österreich, 1916–1924
2021. 399 Seiten mit 15 Abbildungen, gebunden
€ 50,– D / € 52,– A
ISBN 978-3-8471-1184-9
eBook: € 50,– D
ISBN 978-3-8470-1184-2

Vandenhoeck & Ruprecht Verlage

www.vandenhoeck-ruprecht-verlage.com

Ältere Ausgaben von „L'Homme. Z. F. G." (1990 bis 2015) sind im Böhlau Verlag erschienen und über die Redaktion erhältlich: https://lhomme.univie.ac.at/ und lhomme.geschichte@univie.ac.at

Heft 26, 2 (2015)
Maria Fritsche, Anelia Kassabova (Hg.)
Visuelle Kulturen

Heft 26, 1 (2015)
Ulrike Krampl, Xenia
von Tippelskirch (Hg.)
mit Sprachen

Heft 25, 2 (2014)
Gabriella Hauch, Monika Mommertz,
Claudia Opitz-Belakhal (Hg.)
Zeitenschwellen

Heft 25, 1 (2014)
Margareth Lanzinger, Annemarie
Steidl (Hg.)
Heiraten nach Übersee

Heft 24, 2 (2013)
Claudia Ulbrich, Gabriele Jancke,
Mineke Bosch (Hg.)
Auto/Biographie

Heft 24, 1 (2013)
Ingrid Bauer, Christa Hämmerle (Hg.)
Romantische Liebe

Heft 23, 2 (2012)
Almut Höfert, Claudia Opitz-Belakhal,
Claudia Ulbrich (Hg.)
Geschlechtergeschichte global

Heft 23, 1 (2012)
Mineke Bosch, Hanna Hacker, Ulrike
Krampl (Hg.)
Spektakel

Heft 22, 2 (2011)
Sandra Maß, Kirsten Bönker, Hana
Havelková (Hg.)
Geld-Subjekte

Heft 22, 1 (2011)
Karin Gottschalk, Margareth
Lanzinger (Hg.)
Mitgift

Heft 21, 2 (2010)
Caroline Arni, Edith Saurer (Hg.)
Blut, Milch und DNA. Zur Geschichte generativer Substanzen

Heft 21, 1 (2010)
Bożena Chołuj, Ute Gerhard, Regina
Schulte (Hg.)
Prostitution

Heft 20, 2 (2009)
Ingrid Bauer, Hana Havelková (Hg.)
Gender & 1968

Heft 20, 1 (2009)
Ulrike Krampl, Gabriela Signori (Hg.)
Namen

Heft 19, 2 (2008)
Christa Hämmerle,
Claudia Opitz-Belakhal (Hg.)
Krise(n) der Männlichkeit?

Heft 19, 1 (2008)
Ute Gerhard, Karin Hausen (Hg.)
Sich Sorgen – Care

Heft 18, 2 (2007)
Caroline Arni, Susanna Burghartz (Hg.)
Geschlechtergeschichte, gegenwärtig

Heft 18, 1 (2007)
Gunda Barth-Scalmani,
Regina Schulte (Hg.)
Dienstbotinnen

Heft 17, 2 (2006)
Margareth Lanzinger, Edith
Saurer (Hg.)
Mediterrane Märkte

Heft 17, 1 (2006)
Ingrid Bauer, Christa Hämmerle (Hg.)
Alter(n)

Heft 16, 2 (2005)
Mineke Bosch, Hanna Hacker (Hg.)
Whiteness

Heft 16, 1 (2005)
Ute Gerhard, Krassimira
Daskalova (Hg.)
Übergänge. Ost-West-Feminismen

Heft 15, 2 (2004)
Erna Appelt, Waltraud Heindl (Hg.)
Auf der Flucht

Heft 15, 1 (2004)
Caroline Arni, Gunda Barth-Scalmani,
Ingrid Bauer, Christa Hämmerle, Margareth Lanzinger, Edith Saurer (Hg.)
Post/Kommunismen

Heft 14, 2 (2003)
Susanna Burghartz, Brigitte
Schnegg (Hg.)
Leben texten

Heft 14, 1 (2003)
Gunda Barth-Scalmani, Brigitte Mazohl-Wallnig, Edith Saurer (Hg.)
Ehe-Geschichten

Heft 13, 2 (2002)
Mineke Bosch, Francisca de Haan, Claudia Ulbrich (Hg.)
Geschlechterdebatten

Heft 13, 1 (2002)
Karin Hausen, Regina Schulte (Hg.)
Die Liebe der Geschwister

Heft 12, 2 (2001)
Waltraud Heindl, Claudia Ulbrich (Hg.)
HeldInnen?

Heft 12, 1 (2001)
Susanna Burghartz, Christa Hämmerle (Hg.)
Soldaten

Heft 11, 2 (2000)
Ute Gerhard, Edith Saurer (Hg.)
Das Geschlecht der Europa

Heft 11, 1 (2000)
Christa Hämmerle, Karin Hausen, Edith Saurer (Hg.)
Normale Arbeitstage

Heft 10, 2 (1999)
Hanna Hacker, Herta Nagl-Docekal, Gudrun Wolfgruber (Hg.)
Glück

Heft 10, 1 (1999)
Erna Appelt (Hg.)
Citizenship

Heft 9, 2 (1998)
Christa Hämmerle, Karin Hausen (Hg.)
Heimarbeit

Heft 9, 1 (1998)
Susanna Burghartz, Edith Saurer (Hg.)
Unzucht

Heft 8, 2 (1997)
Waltraud Heindl, Regina Schulte (Hg.)
Höfische Welt

Heft 8, 1 (1997)
Hg. vom Herausgeberinnen-Gremium der L'Homme. Z. F. G.
Vorstellungen

Heft 7, 2 (1996)
Andrea Griesebner, Claudia Ulbrich (Hg.)
Gewalt

Heft 7, 1 (1996)
Gunda Barth-Scalmani, Ingrid Bauer, Christa Hämmerle, Gabriella Hauch, Waltraud Heindl, Brigitte Mazohl-Wallnig, Brigitte Rath (Hg.)
Tausendundeine Geschichten aus Österreich

Heft 6, 2 (1995)
Gudrun-Axeli Knapp, Edith Saurer (Hg.)
Interdisziplinarität

Heft 6, 1 (1995)
Erna Appelt, Verena Pawlowsky (Hg.)
Handel

Heft 5, 2 (1994)
Susan Zimmermann, Birgit Bolognese-Leuchtenmüller (Hg.)
Fürsorge

Heft 5, 1 (1994)
Herta Nagl-Docekal (Hg.)
Körper

Heft 4, 2 (1993)
Christa Hämmerle, Bärbel Kuhn (Hg.)
Offenes Heft

Heft 4, 1 (1993)
Hanna Hacker (Hg.)
Der Freundin?

Heft 3, 2 (1992)
Waltraud Heindl, Jana Starek (Hg.)
Minderheiten

Heft 3, 1 (1992)
Hg. vom Herausgeberinnen-Gremium der L'Homme. Z. F. G.
Krieg

Heft 2, 2 (1991)
Brigitte Mazohl-Wallnig, Herta Nagl-Docekal (Hg.)
Intellektuelle

Heft 2, 1 (1991)
Erna Appelt, Edith Saurer (Hg.)
Ernährung

Heft 1, 1 (1990)
Christa Hämmerle, Edith Saurer (Hg.)
Religion

Diese Hefte sind Open Access unter https://lhomme-archiv.univie.ac.at abrufbar.